破译历史真相系列 ②

历史大谎言

我们不可不知道的历史真相

THE GREATEST LIES IN HISTORY

ALEXANDER CANDUCI ［澳］亚历山大·坎杜希 著 王鸿雁 张敬 译

群 众 出 版 社

读点

人类的历史和每个人的经历都不乏这样的事例，那就是真相容易被扼杀，精心编造的谎言却千古永存。

——马克·吐温

对谎言和编造谎言，我们在某种程度上负有责任。从忘记倒垃圾的小谎言到对配偶不忠的大谎言，无论是出于好意，还是根本动机不良，撒谎好像对许多现代人类来说，是最自然不过的事情了。它究竟是一种与生俱来的基因缺陷，还是高度进化的人类的保护性机制，那要看你询问的对象了。然而，有一点清楚的是在四万年的说谎历史里，我们变得越来越擅长此事。

为了削减他们的权力和教皇支持者的权力，“圣殿骑士团”被认定为异教徒

回顾历史，我们不难发现，许多人类成就的顶峰与大谎言联系在一起，密不可分。正如同历史上那些最糟糕的时刻一样，欺骗在塑造历史进程和决定国家命运方面，起着主要作用。谎言被用来证明战争的正义，是获取武器、奴隶、火种、食物、金子、土地、牲畜和工业机密的重要手段。撒谎是为了把梦想、意识形态或

是个人、群体的宗教信仰强加于他人。谎言使得一些人攀登到了权力、财富和影响力的顶峰——同时，把其他人踩在脚下。

这本书讲述的是这些谎言和它们所导致的结果。

世界历史中，充满了由对权力的追逐而导致的战争、迫害和苦难。今天，大多数理智的人们，不能接受利用欺骗和操控的手段，去实现社会或国家的目标。然而当赌注足够大时，或者当领导者们感到需要说服他们的国家，跟从他们作战时，许多政府依然在使用这些伎俩。本书剖析了历史中的一些片段，以探究为什么政治家们、宗教领袖们和其他人支持那些最骇人听闻的谎言，用它们来证实战争、镇压、迫害和野心的正义性。

本书所选的历史谎言，对世界有着某些持久的影响。这些谎言或者通过创立组织，以影响现代世界的发展，比如中世纪的教皇制度；或者迫害某些人群，比如在二十世纪对犹太人的迫害。这些谎言导致了巨大的苦难，引发了战争或对人权的侵犯，或是被当作“模板”在另一个国家或一段时期进行效仿。一些谎言令人惊奇地长久存在，另一些则很快被揭穿。然而，重要的不是谎言的编造有多成功，而是它们竟然被付诸使用，在引领世界的走势和财富方面起到了重要的作用。

本书分为四部分，每部分是历史上某一个特别的主题或类型的谎言。每部分的中心主题，又被分成若干章节，按照时间先后顺序对大谎言进行详细的描述，同时交代历史事件的真相。

第一部分：瞒天过海　探究在什么样的情形下，统治者或政府利用粉饰试图操控信息，用以掩盖失败或证明行动方案的正确，或提高公众对过去发生的历史事件的卑鄙动机的信任度——也就是说，为了使人对特定情形产生错误印象，对某些事实含糊其词，对其他的则着重强调。

第二部分：嫁祸于人　列举历史上一些著名的和不太著名的事件，这些事件见证了政府和官员们对一些人的不公正责备，目的是不问对错，把由权力拥有者引起的灾难归咎于他们。本部分还包括由于其他原因，比如贪婪和嫉妒，而遭受攻击的团体。

第三部分：一手遮天　通过一些事例说明政府如何制造大谎言，

并把虚假信息加入到官方对历史的描述中，宣称谎言为事实。无论是把统治者从历史记录中除去，把专制的时期描述为辉煌的，还是宣称某些人在一段耻辱的历史时期没有以官方的身份行使职责，所有的这些都在本部分被一一讲述。

第四部分：偷梁换柱　讲述一些事件，其中战争或诽谤运动的真正动机，已经被明目张胆的谎言所代替。说谎者或是想要挑起冲突，或是试图把一个历史时期变得对他们有利。这部分还包括那些在好意伪装下被一群声名狼藉的人操纵的事件。

每章分成三个部分。第一部分介绍历史事件的官方描述，即大多数人所了解的故事、在历史书籍中讲述的故事，或者当时那些负责编造谎言的人所推广的故事。这些故事中的一些广为人知，但是其他的则不然。

每章的第二部分阐述历史事件的真实面目，突出强调官方版本的故事歪曲事实的部分。有时两个版本——官方和真实版本——在出现分歧之前会有相同的部分；当谎言和宣传被用来代替相关事件的每个方面时，它们会从一开始就大相径庭。

每章的最后一个部分详细叙述了谎言和欺骗所造成的影响。一些也许只是对一两代人有重大影响，另一些则继续在历史上产生影响。无论哪种情况，谎言对当时的社会都有着深远的影响。

某些古代的谎言，由于年代久远，也许今天看起来离我们很遥远。然而那些故事很重要，因为每一个文明或民族就是这样被虚假引领着，在数个世纪的变迁过程中进化发展的。通过了解近代的谎言，比如对当今世界人们的生活持续有着重大和显著影响的“水门事件”，我们可以认识到谎言意味着什么。

再次讲述这些谎言，分析其出现的原因以及揭示真相，一直都很重要。正如乔治·奥威尔在他的恐怖小说《1984》中提醒我们的那样，“谁掌控现在谁就控制过去。谁控制过去谁就操纵未来”。历史不仅仅是昨天、去年以及昔日时代事件的全部重复。历史有选择性地重现，因为不可能把每个细节都包括在历史记录中；历史总是从记录者的视角被塑造的——他们的记叙必须包含一定的事实，并且排除其他的事实，这个记录过程可能总会被批评和反对。

这本书旨在剖析世界上一些重大的、从一开始就被歪曲的历史事件；揭露被隐瞒的证据，解释事件发生的原因，说明为了对事件的真相有更深刻的理解，为什么要反对这些事件的公认说法。

这种做法的重要性，不仅在于纠正过去的错误，或是展示修正主义者的历史观。本书的目的着重在于揭示这样一个不幸的事实，即当权者总是利用谎言、欺骗和寻找替罪羊，来实现他们的目的，他们希望人们总会盲目地跟从。哲学家乔治·桑塔亚那说，“记不住过去的人，要重复遭受过去之苦”。每次某些荒诞的谎言出现时，我们自己承诺会从中得到教训，不再让它发生。然而记忆总是短暂的，我们人性中自欺欺人的本性好像不知其极限。因此，也许我们应该听从伟大的古罗马自由保卫者西塞罗的忠告，记起他的警告，那就是“对你出生之前的事情一无所知，就永远是小孩子”。因为如果对过去事件的记忆，不能与更早时期的记忆融合在一起，那么人的一生还有什么存在的必要呢？

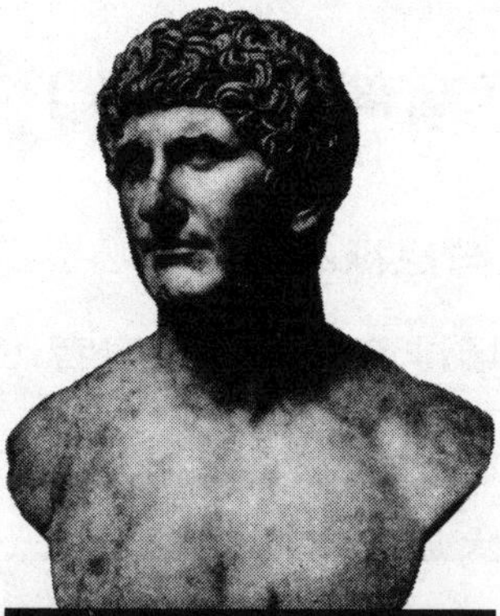

目 录

第一部分 瞒天过海

第二部分 嫁祸于人

第三部分 一手遮天

第四部分 偷梁换柱

第四次十字军东征的战士俯视凝望着君士坦丁堡

第一部分 瞒天过海

评论和观点不是粉饰。粉饰是利用周围的环境，使得事件与事实不符。

——美国政治评论家比尔·奥利雷

阿布辛拜勒神庙的浮雕作品，描绘了赫梯王国战败的情形

胜利者讲述的卡迭石之战
（公元前1275年）

“国王的兄弟们全都聚集在一个地方，他们乘坐两千五百辆双驾马车蜂拥而至，他们的脸上带着愤怒的表情，我的脸也由于愤怒而变得通红。”然后，我像威力无比的战神孟特一样，飞快地冲向他们，只一眨眼的工夫，就让他们尝到了我的厉害。一个人叫喊着倒在了同伴的身上，“这不是凡人，这是军队守护神赛特，是仇恨之神，是战斗神巴鲁；让我们赶快，让我们离开这里，让我们从死神手中逃命吧，让我们大口喘气拔腿而逃吧！”

——法老拉美西斯二世

“它”这个字的意思怎么理解，要由“是”的意思来决定。

——比尔·克林顿

谎言

拉美西斯二世独自一人作战，取得了卡迭石之战的胜利。

真相

拉美西斯幸运地活着从那儿逃了出来！

主要参与者

法老拉美西斯二世，埃及统治者。

穆尔西里二世，赫梯王国统治者。

流传迄今的故事

拉美西斯二世在公元前1279年登上埃及王位。在这期间，埃及是一个南起苏丹北部一直延伸到中东叙利亚的强大帝国。经过前几个王朝的犹豫畏缩之后，第十九代法老决心恢复埃及的强大。阻碍他们道路的是在今天土耳其境内的赫梯王国。阻止赫梯国向叙利亚、黎巴嫩以及更远地方延伸的关键，是军事重镇卡迭石。它也是埃及军队将势力深入赫梯国土并建立军事基地的主要战略要地。两国在卡迭石地区的冲突，只是迟早的事……

在埃及静谧的蓝色尼罗河流域附近，坐落着昔日辉煌的卢克索神庙，巨大的大理石石柱矗立在沙土之上，神情冷淡的巨石像凝望着远方。游客们从卡尔纳克出发，经过一条三公里（两英里）长的两旁是狮身人面像的道路后，迎面看到的是拉美西斯二世建造的巨型大门，足有二十四米（七十九英尺）高。曾经有六尊拉美西斯的塑像，竖立在门口，但是现今，只有两尊坐姿的塑像保留下来，默默地向世人显示着法老消逝的权力。在清晨的阳光中，游客们能看到门口的外墙上刻着的图案，描述了一场早已被遗忘了的战役。这些图画和配以象形文字的篇章，由拉美西斯下令刻在全埃及的神庙中，它们讲述了法老单枪匹马独自一人赢得了与邻国赫梯人战争的故事，以及他在公元前1275年卡迭石战役中的英勇事迹。

游客们也许以为他们所看到的，是留给后人的对这次战役的如实记录。但是他们真正看到的，却是为了纪念对历史的改写版。之所以会这样，是受到了一颗受伤心灵的驱使，在逃脱了厄运之后，为了尽其所能地挽回面子的一种举措。卢克索神庙墙上所刻铭文，纯属一个捏造的大谎言，这也是历史上第一个有文字记载的统治者为篡改历史事件而编造的对自己有利的谎言。

它们是历史上诸侯王子、神父、政治家和总统们使用不正当行为的一个实例，为了使局势朝自己有利的方向扭转，他们使用欺骗、迷惑以及彻头彻尾的谎言。

所有这些手段，都可以说是仿效了历史上一位早期的开创者——拉美西斯二世。

官方版本的故事——前来拯救人们的法老

据拉美西斯（鹰神荷鲁斯的化身，力大无比的神牛，真理的宠儿；

上埃及和下埃及的国王；永生不死的太阳神“拉神”的儿子）所述，与赫梯人的战争是在他继位的第五年第九个月的第九天爆发的，就在法老刚刚过完三十岁生日之后。

法老准备好他的军队，穿过西奈和迦南的土地向北行进。所有人在他面前都颤抖着，因为他们内心充满恐惧。当法老的军队穿过他们的领土时，人们都拜倒在他面前。许多天过后，法老和他的军队到达了雪松之城乌瑟马瑞-梅瑞阿蒙，他们从那儿北上到达了沙波图纳，此处离他们要攻打的目标——卡迭石城不远。就是在沙波图纳镇，两名当地的沙苏族人前来对法老说：“我们的家族是赫梯最大的家族之一，我们受命前来告诉法老：‘我们愿意成为您的臣民，伟大的法老，我们将离开亥塔国王，穆瓦塔利王；他现正在图尼普之北的阿立普之地，他不会来南边，因为他惧怕你。’”

然而，这些沙苏人对拉美西斯说了谎，因为他们是穆瓦塔利王派来的间谍，他们带着使命而来，要确保埃及人接近卡迭石时，在没有充分准备的情况下与赫梯人作战。听到他们的报告，拉美西斯把军队分成四支队伍：“拉神”支队渡过奥龙特斯河到达沙波图纳南部；“普塔赫神”支队被派往阿拉纳米城的南部；他还命令“苏泰赫神”支队继续沿着主路行进；拉美西斯亲自和第一支队“阿蒙神”渡过奥龙特斯河朝卡迭石行进。到达卡迭石后，拉美西斯发现穆瓦塔利国王在那里，而且他召集了所有部族的人从海边来支援他。有那哈因人、阿瓦达人、米萨人、卡石卡石人、克勒卡石人、卢卡人、卡兹威顿人、卡沙米什人、艾克瑞斯人、克德人以及从纳吉士、米什尼斯和卡迭石赶来的人。穆瓦塔利国王召集了这些部族的将领们到这儿，因此他们带领着自己的人和双轮战车赶来，人数如此众多，无人能够匹敌。他们覆盖了山上和山谷里，像蝗虫一样密密麻麻。穆瓦塔利国王倾尽了他所有的财富，把它们投入了这场战役中。拉美西斯即刻下达了命令，紧急召回其余的正在朝沙波图纳南部行进的部队。

突然，赫梯人从卡迭石南面发起了进攻，“拉神”支队还没来得及停下投入战斗，就被他们打散了。法老的步兵部队和双轮战车队，向北退到拉美西斯所在的地方。很快，穆瓦塔利国王的部队包围了法老和“阿蒙神”支队。当法老看到这种情形，他变得愤怒起来，就像愤怒的“巴尔神”的化身。他抓起他的武器，穿上战斗时的铠甲，骑上一匹马，冲向穆瓦塔利国王的军队和他的盟军。他环顾四周，发现自己独自一人，他的军队并没有跟随上，两千五百辆双轮战车包围了他。

法老怒火中烧，愤怒无比；他像是力大无穷的赛特，击杀他的敌人，把他们一个接着一个头朝前地扔进奥龙特斯河里。穆瓦塔利国王甘心服输，乖乖地把赫梯王国的首都交给了拉美西斯，放弃了对卡迭石的领土主权。

这段战役的描述以拉美西斯最后的声明结束：“当我独自一人时，我攻击了赫梯人和他们的盟军，我的步兵和战车部队丢下了我。他们中没有一个人站出来，与我轮换作战。我发誓，正如拉神爱我一样，正如我父亲阿图姆[①]宠爱我一样，对于我所说的每一件事，我在我的步兵和战车部队面前都真正做过。”

真相——拉美西斯幸运地逃脱

众所周知，一个人——无论多么强壮——能够抵挡成百上千人军队的说法，显然是荒唐的。我们有必要去探究真正发生了什么，以及为什么把这个故事改成这样，为什么要把如此多的荣誉放在拉美西斯身上。事实的真相是国家的名誉受到威胁，如果战场上的侥幸逃脱成为众所周知的事，拉美西斯可承担不起这样的后果。必须尽可能广泛地、确定地传播另外一种官方版本的描述。

> 卡迭石是一座位于奥龙特斯河畔的古城，在今天的叙利亚西部，距现代城市胡姆斯西南二十四公里（十五英里）。

拉美西斯二世统治时期的埃及（公元前1279-公元前1213年），已经进入古代文明；自金字塔时期以来的1500年间，国家政权曾经瓦解和

① 阿图姆即永生不死的太阳神“拉神”的别名。

埃及人记录的卡迭石之战的插图，
讲述拉美西斯二世单枪匹马击败敌人

复兴过两次。在历史上被称为新王国的这个时期，埃及的统治者是第十九世法老，他开始着手重建埃及在中东地区的控制权——自公元前1292年，第十八王朝瓦解以来一直失去的控制权。拉美西斯二世的父亲

拉美西斯和《圣经》

传说拉美西斯二世是《圣经》里《出埃及记》故事中的法老。这主要是因为在《圣经》中有关《出埃及记》部分，有一座城市有着同样的名字——Ra'amses，在古埃及被称为派拉姆西。

从这座城市的名字，我们可以猜测以色列人从埃及离开事件，一定发生在拉美西斯二世统治期间，以色列人被迫修建的可能就是这座城市。可是，《出埃及记》中的法老并没有名字——他只是简单地被称作"法老"。现代的学者们一直试图去求证这个法老到底是谁，但是没有成功。对此，有充足的理由可以解释——缺乏历史证据支持在《出埃及记》中描述的事件。实际上，《圣经》中有强有力的证据证明《出埃及记》里的事件，要早于拉美西斯时期。

在《列王记》第六章第一节中写道，"在以色列的孩子们走出埃及土地"四百八十年后，所罗门国王开始在他当政的第四年，在耶路撒冷建造他的庙宇。如果认为所罗门政权开始于公元前971年，即可以推算《出埃及记》里的事件发生在公元前1447年，也就是拉美西斯继位之前的大约一百六十年之前。另外一种看法认为"摩西"这个名字起源于埃及语：它实际上是"阿赫摩斯"的误传，"阿赫摩斯"是第十七、十八王朝时被广为使用的名字。但是在拉美西斯时期，这个名字已不再用了。

最有可能的是，《出埃及记》的故事复述了一个埃及的事件，即第十八王朝末期（大约在公元前1336年）废弃埃及的一神论。当以色列编年史家们对犹太君主政体进行编撰时，他们试图把建立犹太民族的故事基于一些人们熟悉的事情之上，他们选择了最著名的法老作为对立者，把他塑造成一个软弱、可怜的统治者，无法与威力无边的希伯来上帝耶和华相提并论。

赛特一世，曾经平复过在巴勒斯坦和叙利亚南部发生的几次叛乱，在收复前北部几省的一次侵略性质的战役中，因边境纷争与阿那托利亚的赫梯人交战。赫梯人是一支古老的民族，居住在今天的土耳其境内，截至公元前1340年，他们已经发展成为中东地区的强大势力之一，对巴勒斯坦和叙利亚一度虎视眈眈。赛特对赫梯人的战争取得了一些胜利，但是没能再次夺取对叙利亚的控制权，或守住已取得的土地。

同时，赫梯国王穆瓦塔利二世决心控制叙利亚。为了实现目的，他需要夺取卡迭石——一个重要的堡垒城市，有奥龙特斯河，靠近今天黎巴嫩和叙利亚的北部边境——为其提供天然防御屏障。因此，拉美西斯决心在赛特失败的地方，取得自己的成功。

在拉美西斯在位的第五年，他出兵夺取卡迭石。两万名精兵的先头部队带领着四支包含双轮战车和步兵的部队，北上穿越加沙、迦南、加利利和黎巴嫩，到达了今天叙利亚胡姆斯附近的奥龙特斯河。拉美西斯把他军队中的三支队伍派向三个不同方向，而他自己带领一支队伍渡河到达卡迭石南部十三公里（八英里）处的沙波图纳。两名被俘赫梯人的探子，把虚假情报报告给拉美西斯，说穆瓦塔利在阿立普，结果法老认为他要对抗的只有卡迭石当地的驻军。当他得知一万六千名赫梯人实际上隐藏在城市的后方时，一切都为时太晚了。

拉美西斯经常把自己比作“巴尔”——掌管暴风雨和天空之神，在埃及对他的崇拜是在第十八王朝建立的。

拉美西斯紧急派信使召回其余的部队，但是赫梯人进攻的速度实在是太快了。埃及人的青铜武器无法与赫梯人的超级钢铁武器和三人战车抗衡。赫梯人捣毁了拉美西斯的单支分队，使其四分五裂，混乱逃散，法老和一小撮战车上的贴身侍卫完全被敌人包围，他们只得挣扎反抗以保全性命。

到目前为止，一切如实。然而，就是在这个时刻，拉美西斯关于事情的描述完全与事实不符。拉美西斯没有只身一人打败赫梯人，把敌军打得溃退；相反，在他将要被打败时两个因素的出现救了他。

第一，独自行进的一支步兵分队出现了并加入了正在战斗的部队，阻止了彻底的大溃败。第二，赫梯军队没有追击逃跑的埃及人，而是开始抢劫埃及人的营地。赫梯士兵们作战没有军饷，因此全靠战斗中所能抢夺的物品。这意味着他们可能变得注意力分散，正如可能发生的一样。当赫梯人抢劫埃及人的帐篷并洗劫死亡的埃及士兵尸体时，他们前进的气势减弱了。由于贪婪，他们失去了活捉或杀死拉美西斯二世的机会，也失去了扼杀埃及军队声誉的机会。

这场战役的结果，对埃及人来说是技术上的胜利，因为他们能够迫使赫梯军队撤退。可是，它也是战略上的失败，因为拉美西斯没能完成任务夺取卡迭石。也没有任何迹象表明，拉美西斯如埃及人所声称的那样掌控了制胜的条件。

相反，由于双方都已疲惫不堪，领袖们同意停战。穆瓦塔利国王允许拉美西斯和他的军队撤退，使卡迭石置于自己的掌控中。当法老开始踏上返回埃及的漫长归途时，穆瓦塔利朝南部而不是北部行进。他攻下了库密底城，然后继续向南挺进，夺取大马士革，最后占领了整个埃及的前乌皮省。在那之后，他才北上去往阿那托里亚，把所占领的土地交给他的弟弟哈图施利掌管。

关于拉美西斯的神话

当一个重大军事遭遇战有着不止一个版本的描述时，卡迭石之战作为第一个被记载的历史事件意义重大。尽管大部分存活下来的是埃及人，但仍有足够多的赫梯文献，为我们提供了三千三百年前对这些事件更为全面的描述。

那么，考虑到在这场战役中还有其他观察者，为什么拉美西斯给这次战役编造出一个虚假的结论，声称他独自一人打垮赫梯人呢？为了弄明白这点，我们必须了解拉美西斯本人。

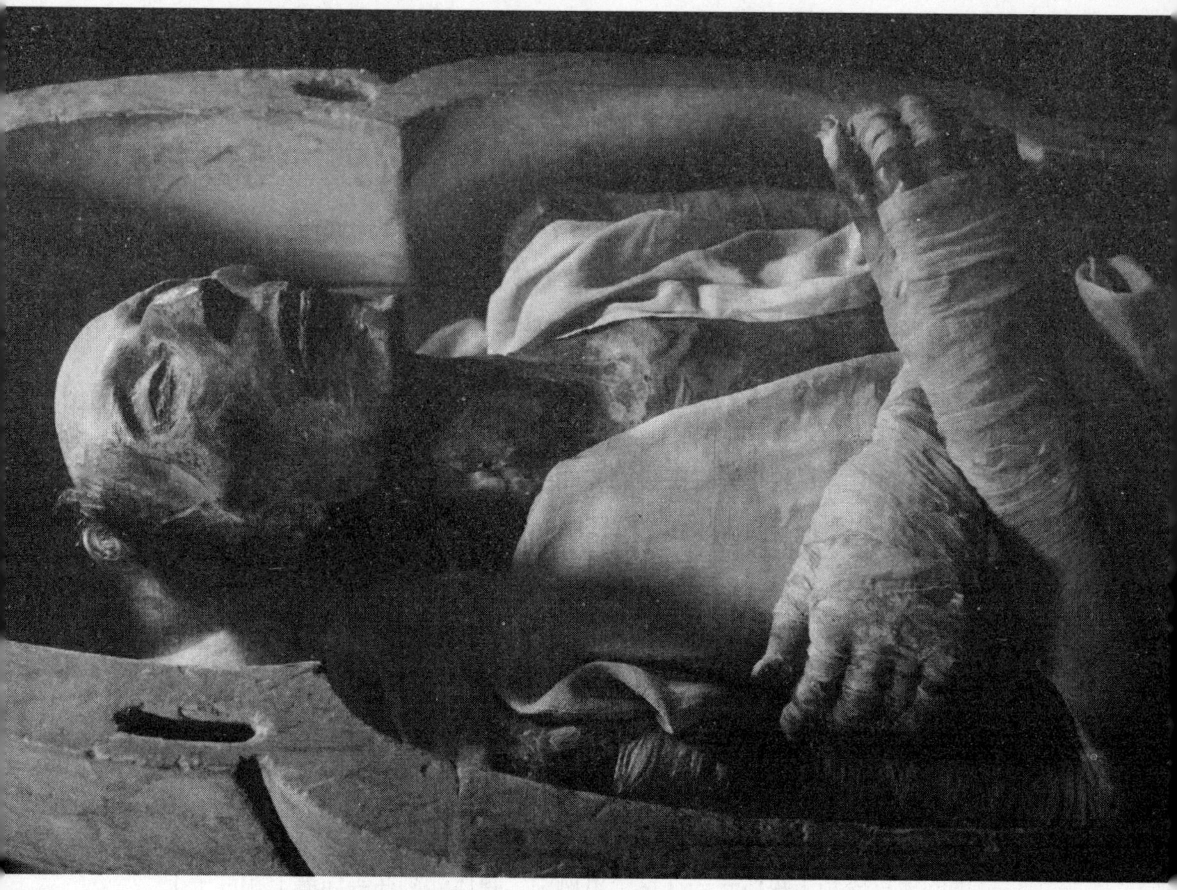

拉美西斯二世的木乃伊，发现于1881年代尔拜赫里，现存于开罗的埃及博物馆中

拉美西斯有很多身份——建造者、战士、国王和活在世间的神。但是，他不同于其他人的两个特点是极强的自尊心和对低贱的家庭出身的自卑。他的祖父拉美西斯一世是一名埃及小官员，在正确的时间正确的地点登上了埃及的王位，因此成为了第十九王朝的第一位法老。拉美西斯二世非常想确保这段耻辱的过去被他的一些作为遮蔽，确保他的功绩比起他成功的父亲赛特一世更令人难忘。

拉美西斯二世在埃及的声名建立在三件事上：他的长寿（他在位六十六年，死于九十岁高龄），庞大的建造工程以及他的军事活动。显然，拉美西斯想要在世界上留下他的印记，因为他为后代创建了最野心勃勃和彰显自我的建造工程之一。因为不满足于为自己建造新的寺庙、纪念碑和城市，他一步步地去除了公共建筑物上其他法老的名字，嵌入自己的名字以替代他们，因而也把建造它们的功绩归到自己名下。他把自己的塑像放在每个角落，数量之多，远远超过他的任何一位祖先。在每个想得到的地点——寺庙、公共广场，甚至像悬崖表面的偏僻地点，无论你走到哪儿，拉美西斯都在注视着你。他也是第一位敢以自己的名字命名城市的法老：派拉姆西阿那卡赫图，即“拉美西斯之家，胜利之神”。

但是，拉美西斯的伟大，最终还是他作为军事领袖的辉煌成就所造就的。而且，这种名誉主要建立在他从卡迭石的“胜利”中所取得的声望之上。尽管他后来又赢得了几次胜利，但都没有像第一次这样，如此大规模地庆祝。这可以理解：他当上法老才刚刚四年多，他迫切想要证明他是个军事天才；毕竟，十岁时他就被授予过埃及军队的上尉军衔。

然而，拉美西斯不能接受战役的实际结果。说得好一点儿，是打了个平手；说得差一点儿，是一次丢人的败仗。因此，为了在众人面前挽回面子，拉美西斯第一个尝试了现在被公认的政治策略——粉饰事件。就像今天人们所做的一样，拉美西斯一开始就控制了信息的来源，并用他的信息控制了媒体——在这个事例中，媒体即刻在寺庙墙上和柱子上的铭文。

因此，当拉美西斯战后回到埃及，他把著名的卡迭石大捷的细节刻在了许多寺庙和建造物上，展示所发生的事情。甚至更荒唐的是铭文写道，是法老自己赢得了那天的胜利。铭文讲述了拉美西斯怎样把他的军队抛在身后，只身冲向赫梯人，用武器重击敌人，从成千上万的敌军中杀出一条血路。敌人倒在他的面前，河里流淌着他们的鲜血。由于没有相悖的信息来源，古埃及人相信了他们听到的故事。

在拉美西斯之前，其他领袖们也曾经宣称，取得过如此不大可能的胜利和发生过类似的事件。例如，公元前1445年，在法老图特摩斯三世与叙利亚北部的米坦尼王国交战后，他声称他大胜敌军。当他们怯懦的贵族们藏在山洞中时，他自由穿行在他们的城市中，掠夺他们的财物。对历史学家们来说，这个故事的一些细节看起来是不可能的，但没有任何信息说明，米坦尼贵族没有藏在山洞中。事实上，所有保存下来的关于图特摩斯参加的这场战争的记录，都讲述了同样的故事。

但是卡迭石战役的情形却有所不同。历史上第一次出现了有分歧的不同说法，它们挑战了胜利者关于战争的描述。它们使我们看到，拉美西斯声称独自一人在卡迭石的胜利，只是一次政治粉饰行动，设计欺骗轻信的民众，维持埃及人民对他的信任。这次行动极其成功。

历史影响

拉美西斯二世建立的声誉，延续到他死后很长时间。在他活着的时候，他与赫梯人缔结的和平保持得很稳固。尽管，他没能守住在持续十六年的北方战争中侵占的领土，但他保留住了埃及的已有财产，而且把埃及的军事声望建立得如此之大，以至于之后的一百五十年间，没有人反抗它的权威。

赛特原来是埃及掌管风和沙漠暴风雨的神，追随者们向他祈祷以得到暴风雨的力量。

因为他之后的法老们，都不及他有能力，这声誉就更加引人注目。仅仅在他死了二十三年后，他所在的王朝就解体了。新的王朝（第二十王朝）建立，新王朝的连续九个法老都用拉美西斯的名字，他们认为这个名字能赋予他们荣耀。同样地，许多贵族声称有他的血统，试图把自己和他的名字扯上关系，而他的臣民们，则给了他一个恰当的名字——“赛斯”（征服者）。

然而，在接下来的几个世纪里，随着埃及文化衰落并消亡在尘埃中，拉美西斯二世逐渐被世人遗忘。时光流逝，当他的纪念碑被埃及的沙子覆盖，人们再也不能够读到他的英勇事迹时，他只是《圣经》里

《出埃及记》故事中的那个法老。

在十九世纪，当欧洲人发现被沙子掩埋已久的秘密时，人们再次看到了他的英勇事迹。象形文字被读懂后，一个名字从其他的名字中脱颖而出——拉美西斯。

埃及古物学家发现，到处都留有他的名字。他们认为法老们能够承担得起建造寺庙的数量，是埃及成功的有力标识。在这个基础上，他们认为拉美西斯二世的统治，在埃及历史上最杰出显著。纯粹是他表面上建造的寺庙的数量，加上他长时期的统治和刻在寺庙墙上的军事功绩，使得十九世纪的埃及古物学家们给予拉美西斯“大帝”的称呼。

当然，我们现在知道很多寺庙和拉美西斯的塑像不是他建造的，是他安排把现存的前法老们的成果归功到他的名下。另外，正如我们所看到的，他的军事才能被埃及人记录在对卡迭石之战的描述中，但是这没有证据支持。可是他对这些事件的粉饰，确实使许多人相信他的伟大，以至于到现在，他也被认为是古埃及最重要的法老之一。如果他今天活着的话，他肯定会感到高兴——三千年后，他对卡迭石事件的粉饰行动，仍然还有作用。

他留下的其他影响是：他对卡迭石真相的操纵，是历史上政府粉饰事实和进行虚假宣传的第一个具体实例。事实上，拉美西斯控制卡迭石事件的影响的做法，在许多方面是一个教科书案例，为之后的无数政府和统治者的所作所为，提供了参照。

拉美西斯确保没有与官方说法相悖的信息与其竞争。然后他发起了一场“媒体”闪电战，使得只有他的故事被人们听到，并且被经常听到。他把他的信息向全国传播，以使每个人都知道。最后，他从民族主义的角度构建了整个事件，以引发民众的爱国主义反响。虚假的宣传显示他的胜利是“好人”的胜利，帮助埃及脱离赫梯人和他们的生活方式而保持独立。

正如这本书中的其他故事将要揭示的，这套基本的做法，随后在接下来的几个世纪，被每一类政府使用——帝国的、君主制的、独裁的，甚至是民主的政府。如果认为粉饰、操纵和虚假宣传，只是对权力渴望的独裁者的独有行为，那就太天真了。因为有大量的证据表明，在现代民主社会里，真相被有权力的个人和团体所操纵和篡改。为了实现再次当选的野心，民主政府定期地控制、操纵与决策历史和行为后果有关的所有信息。可是这样的行为说明，他们只是在受到法老拉美西斯影响的众多模仿者中的新近加入者。石雕上法老的眼睛漠然地注视着远方，他的声名一直延续到现在。

屋大维年轻时的半身像

建立罗马帝国的小谎言（公元前27年）

愿我得到上天的恩宠，有幸在坚固和稳定的基础上，建立完整的国家，享受我所企盼的回报，但前提是我被称为最好的政府建造者；当我死去时怀有这样的希望，希望我为未来的政府打下的基础，将会坚固安稳。

——奥古斯都大帝

公职占有者喜欢权力并容易滥用权力。

——乔治·华盛顿

谎言

奥古斯都大帝准备把罗马共和国交还给元老院管理。

真相

奥古斯都从来没有交出权力的打算！

主要参与者

皇帝凯撒·奥古斯都（盖乌斯·尤利乌斯·凯撒·屋大维亚努斯），第一个罗马皇帝。

马克·安东尼（马克斯·安东尼斯），半个罗马世界的统治者。

流传迄今的故事

罗马帝国的独裁者尤利乌斯·凯撒在公元前44年，被罗马元老院以马科斯·布鲁图斯和盖乌斯·卡修斯·朗基尼斯为首的共和派刺杀身亡。凯撒的甥孙和选定的继承人屋大维，以及凯撒的得力助手马克·安东尼在菲力皮打败了刺杀者（公元前42年）。他们与另一名尤利乌斯·凯撒的支持者马克斯·利比德斯联手组成了统治罗马世界的三人同盟。屋大维统治欧洲西部，马克·安东尼统治东部，利比德斯统治非洲的北部。可是公元前36年，利比德斯被迫流亡，罗马世界被屋大维和马克·安东尼二人统治。安东尼的妻子埃及皇后克丽奥佩特拉，劝说他向屋大维宣战。屋大维渴望成为罗马的唯一主人，与安东尼在公元前31年阿克提乌姆战役中交战并打败了他。战争结束后，安东尼随即自杀。十年之内，屋大维得到了“奥古斯都”（“有权威的人”）的头衔和悬而未决的共和国的命运的统治权……

对于历史学家来说，奥古斯都大帝一直是谜一样的人物。作为罗马统治者，对于他所在时代的意义，很多人有不同的看法。在他之后的一千五百年间，他先是被欧洲大多数的受教育者崇拜，然后被推崇为偶像。可是到十八世纪中期时，历史学家对他的声名的评价，做了完全的改变。伟大的英国历史学家爱德华·吉本把他描述为“狡猾的暴君”，把他看作是一个摧毁了罗马共和国美德，从而登上权力位置的人。到二十世纪三十年代，奥古斯都的声誉重新被恢复，他又一次受到人们的敬佩，他被看成是把罗马从潜在灾难中拯救出来，并使罗马走向军事辉煌和帝国荣耀道路的英雄。在二十一世纪初，他的声名再一次被重新评价，这一次他被评价为介于两种极端之间的人物。大多数人认为他是一个狡诈的、对权力充满渴望的政治操纵者，在束缚了罗马自由的同时，做了应该做的事情。他把罗马从这种自由导致的结果——一个世纪内战的混乱和无序中拯救出来。也许这是个合理的观点，但我们不应忘记，他作为罗马帝国皇帝的统治是基于一个谎言。这个谎言，就是他作为第一公民的特殊地位，只是为了稳住罗马政治制度的暂时措施，他已经打算在他完成任务后，将统治权交回元老院和罗马人民。这从来就不是他的真实意图，在他领导罗马政体的四十五年里，人们高兴地对他的谎言信以为真，因为他们心甘情愿地把自已的自由和最高统治权送给了他。他给后人作出的贡献是，内战后稳定了罗马政体，给帝国提供了它存活下来所需要的体制，包括以后传到欧洲和西方的众多法律和制度。

罗马地方总督是具有高级官衔的官员，他们听命于罗马军队的指挥官。今天，罗马教皇的总督是教皇的对外私人代表。

罗马论坛是古罗马政治和宗教仪式的中心

官方版本的故事——屋大维试图放弃他的领导权

公元前27年1月13日的早晨，来到元老院的议员们没有想到当天的会议与他们参加过的无数会议会有什么不同。毕竟，作为最高执政官和罗马世界领袖的盖乌斯·尤利乌斯·凯撒·屋大维亚努斯（屋大维）已经执政十五年了。最开始是与马克·安东尼和利比德斯联盟的三人执政中的一员，之后，在阿克提乌姆之战中打败了安东尼后，做了四年执政官。他作出所有的行政决定，没有人想到要改变。当六百名议员聚集在一起，友好地谈论着当地的事件时，他们不知道有一个重大的事件将要发生了。

让元老院议员们保持安静后，三十五岁的屋大维从元老院会议上执政官就座的长椅上站起来讲话。议员们恭敬地安静下来聆听。屋大维明确地宣布，放弃在三人执政时期他取得的在罗马帝国的所有权力，并立即生效，因为这些权力与共和国的法律相违背。他只保留法律上执政官的职责所赋予他的那些权力。议员们几乎不敢相信他们的耳朵，许多人毫无疑问地想起了马克·安东尼的话，他断言恢复共和国体制的一个障碍就是屋大维。也许，屋大维最终认同了他的老对手的观点。

当震惊开始消退，越来越多的议员们提高了嗓门，加入到一片反对声中。他为什么要这么做？难道他不知道，如果他退出的话，诸神会抛弃罗马吗？为什么他要抛弃那个他做了一切努力，从敌人手中救下的这座城市？难道罗马的安危对他来说不再重要了吗？

但是，屋大维很坚决——他要下台，这是最后的决定。议员们吵嚷得更厉害了，那天整个上午，他们不停地恳求，使他筋疲力尽。他勉强同意了他们的要求，担当起对那些还未完全取得和平省份的统治职责，以及驻扎在那些省份的军队的领导职责。屋大维断然拒绝了独裁者的头衔，他只接受了符合共和体制的“地方长官”和“大元帅”头衔，并坚持他担任这些头衔的时间不能超过十年。为了在地位相同的人当中显示出他的重要性，他被授予“第一公民”的头衔——元老院中最受人尊重的成员。

在当日的会议结束时，屋大维站起来感谢元老院的好意，他说他是怀着沉重的心情，继续留任这些要职的。他仍然坚持他的梦想，在他任职的十年到期之前，内战带给共和国的伤痛会被完全修复。他希望恢复了以前荣誉和美德的共和国，不会再让担任罗马地方行政官职务成为危险的事情。因为他的权力超出了其他执政官的权力，对于他的谦卑和远见，元老院又给予了他一项殊荣，即从那时开始，他不再是屋大维，而是奥古斯都——“有权威的人”。

真相——权力和荣誉

奥古斯都大帝是一个非常精明的政治家。在他的政治生涯中，他一心要保住对罗马共和国的统治权，利用每个机会实现他的计划。是共和国自身的弱点培育了他，因为共和国太软弱，当他逐渐将它解体，建立起一个以他为首的帝国时，它束手无策。他的成功归因于两条。第一，当不同的情形出现时，他拥有天生的才能利用它们。他甚至会改变形象，以改变人们对他的看法。他个子不高，只有一点七米（五英尺六英寸），可是在公众场合出现时，他会穿着木制的厚底鞋增加身高，为了显得比实际更高、更令人敬畏。

尤利乌斯·凯撒没有嫡系子嗣，领养了屋大维做养子，在他被刺

奥古斯都的神的身份

正如古时候许多统治者的情况一样，开始出现的关于奥古斯都早年生活的故事，讲述了他被神所宠爱。在他统治期间，这些故事在某些方面应该起到一定的作用，它们确保人民把他作为新的国家元首接受他，让他们相信为了罗马的安康，他的职责是必要的。

这些故事数不胜数，并明显地相似。其中一个讲述了他的父亲怎样跑到元老院宣布他儿子的出生。当他告诉聚集在一起的人们孩子的出生时刻时，一名占星家大声叫道，“世界的统治者出生了”。另外一个故事讲述了还是孩子的他，有一次沿着亚壁古道正在吃午饭，这时一只鹰俯冲下来，从他手中叼走一块面包皮飞走了。神奇的是，它又轻轻地飞回来，把偷走的食物还给了奥古斯都。

第三个故事讲的是，一位著名的议员梦见几个贵族的儿子在丘比特神坛边玩耍，这时神出现了，召唤其中的一个男孩儿，把罗马女神像放在了他长袍的皱褶里。他还梦见同一个男孩儿坐在丘比特雕像的腿上。这位议员试图让人把他弄下来，但神告诉他不要，因为这个男孩儿作为罗马的救世主被养育。第二天，议员遇见了未来的奥古斯都，尽管他们从未见过，他宣称这就是他梦里的男孩儿。

杀前数月，尤利乌斯·凯撒指定他为主要受益人和继承人。结果，原名为盖乌斯·屋大维乌斯·图里努斯的屋大维把名字改为盖乌斯·尤利乌斯·凯撒·屋大维亚努斯。当尤利乌斯·凯撒被刺杀后，十九岁的屋大维迅速赶回罗马，索取他的继承权，包括对忠于他祖父的罗马军队的领导权。在尤利乌斯·凯撒死后随即出现的政治混乱期间，马克·安东尼被迫逃离罗马，果断的屋大维利用这个局势，出动他的军队占领了罗马，以便于他可以从元老院或是人民那儿，得到官方的指挥权。安东尼向罗马进军来教训他，但是发现他的两支军队已经叛变，他们把武器供给屋大维使用。难怪有人听到安东尼低声嘟囔，“你这家伙，欠一个人所有的一切”，之后他不情愿地与屋大维和马克斯·利比德斯的军队联合起来组成了三人政权，统治罗马世界。

屋大维和安东尼接下来带领他们的军队打败了刺杀尤利乌斯·凯撒的布鲁图斯与卡西。同年，屋大维返回罗马。二十岁时，他被选为罗马共和国的执政官。但是和其他两个人分享权力，不是他计划的一部分。因此，在公元前36年，当利比德斯愚蠢地向他挑起争斗时，屋大维指控他图谋造反，迫使他流亡国外。安东尼娶了埃及艳后克丽奥佩特拉，他和安东尼的决战，四年后才到来。

截至公元前32年，屋大维和安东尼是罗马世界的绝对统治者。屋大维在西，安东尼在东，不断激化的紧张气氛有可能在两人之间爆发。当安东尼的支持者——执政官索西乌斯谴责当时不在罗马的屋大维时，情形突然恶化。屋大维迅速带领一支队伍返回，召集了元老院并谴责了安东尼。屋大维的皇家军队就站在元老院里，元老院默许了这一行为，于是索西乌斯和他的执政官同伴艾赫诺巴布斯逃跑了，其他支持安东尼的议员们也跟着跑掉了。屋大维接下来从罗马魏斯托神女殿拿到了安东尼的遗嘱，把内容给留下来的议员们看。遗嘱的细节使他们震惊。安东尼宣布，克丽奥佩特拉的孩子们将被给予帝国的省份，他将被葬在埃及的亚历山大克丽奥佩特拉的身边。显然——或是屋大维这样声称——安东尼正图谋分裂罗马世界，并把东部的几个省的统治权交给一个外国皇后和她的孩子们。

因此，内战期间的最后一次行动开始了，这期间西部的几个省起誓效忠于屋大维本人。当屋大维在第二年入侵埃及时，安东尼在阿克提乌姆之战（公元前31年）中被击败自杀。结果，屋大维变成了罗马和所有省的真正统治者。他在三十二岁的时候，通过欺诈、运气、狡猾和政治技巧得到了全部权力。他在随后的四十五年里，一直凭借着他的声望统治着帝国。在他统治期间，他通过夺取重要省份和对其军队的控制权，巩固他的权力。最重要的是，他把内部不和降到最低，阻止了任何人像他自己一样，由于内战的混乱得到权力。

尽管他的手腕了得，它们却不是他能够掌权的主要原因。他能够统治罗马世界的第二个也是更重要的原因是，他使罗马元老院变得软弱。

公元前27年1月13日的事件

公元前44年，一些议员们策划了对尤利乌斯·凯撒的刺杀计划，因为他们害怕他有篡位的野心。然而，十七年后，没有通过谋杀，他们却把所有的实权交给了他的继承者。那个时候，元老院到底发生了什么事情，引发了这样的状况？

在共和制的罗马，元老院是国家政体中由杰出人物组成的机构。尽管它不能通过法律，但它拥有来自最显赫家族的最有权势和最重要的人物，所有人都非常清楚他们自己的历史和权势。他们痛恨过度膨胀的野心，经常在一起密谋，以确保没有人比其他人拥有更多的权力。这些家族受到两个事件的严重影响：第一，尤利乌斯·凯撒和共和派贵族之间的内战，比如与庞培（公元前49–公元前46年）的战争；第二，三人执政的取缔，这是在罗马世界范围内对安东尼、屋大维和利比德斯反对派的司法谋杀。很少有元老院家族经过这些事件，还能安然无恙地存活下来。

> 屋大维、安东尼和利比德斯之间的三人执政，准确地说应该叫作第二个三人执政。它的雏形是大约二十年前在尤利乌斯·凯撒、庞培和克拉苏之间建立的第一个三人执政。但是又与第一个不同，因为它是一个正式的法律协议。

安东尼倒台后，屋大维开始清理元老院。就是在那个时候，元老院变成了他的爪牙。他除去了几个仍然积极反对他的议员，并从骑士阶层提拔一代全新的家族到议员阶层。这些新的议员，数量达到几百名，他们知道能够得到新的地位和官衔，都是由于奥古斯都的提拔。自然，他们以任何能做到的方式，继续支持和回报他们的恩人。比如在公元前27年1月13日，当奥古斯都把共和国的管理权交给他们的时候，他们断然拒绝了。

对于屋大维来说，这是一出精彩的戏剧。他精心地计划了这个时刻，告诉几个主要议员们这个计划，更重要的是他希望他们在其中扮演的角色。因此，当屋大维向元老院宣布，他要放弃在任期间所拥有的权力时，这些被选定的议员们第一个站起来，恳求他不要抛弃共和国。尽管他假惺惺地不愿意，他们吵嚷着一再恳求，他只得以同意留下继续任职来回复他们。那些不知情的议员们——议员中的大多数——不相信他们的耳朵。可是，当屋大维的支持者们开始抗议时，他们能够看出事态发展的方向，于是就渐渐地加入了抗议的人群中。屋大维最后同意接受对高卢、叙利亚、塞浦路斯、埃及和西班牙大部分地区的统治权，而由元老院和人民统治余下的部分。为了减少人们对他可能成为独裁者的担忧，他保证他只接受这些权力十年，这期间他会任命地方总督代表他掌管这些地区。

马克·安东尼是尤利乌斯·凯撒的第一个被除名的表兄，他本应该被指定为尤利乌斯的继承人。

然而，正如可以预料的，当第一个十年过去时，屋大维的权力在下一个十年再次被确认。遵照法律上的假设，共和国还是一个存在着的有生命力的实体。屋大维（现在的头衔是“奥古斯都”）再次坚持称他要退下来，把共和国交回给元老院和罗马人民，结果被元老院“劝说”他的任务还未完成。甚至在他死后，这个故事还保留着。正如爱德华·吉本写道：“这场喜剧在奥古斯都在世时被重复数次，由于其空前的盛况，关于它的记忆被保留到帝国最后几年，罗马的终身君主总是以盛大场面隆重地庆祝他们统治的第十个年头。”

尽管元老院已经有效地被驯服，奥古斯都仍继续采取行动，以确保元老院变成只是一个行政人员的机构，它的职能只是执行他的意愿。为了削弱他们的重要性，他禁止了元老院议事记录的公布，这是由他的继父尤利乌斯·凯撒所设立的。但是，他小心翼翼以免引起议员们的反感，竭尽所能用无数但毫无意义的荣誉呵护他们的自尊心。执政官们继续担任公职，他选出议员掌管新的职位，例如城市的长官职位、导水管或公共修建工事的管理者职位。他经常向元老院寻求意见，以应有的尊重对待它，甚至允许在他讲话时，发表过激的言论。奥古斯都通过设立各种类型的内阁，给予议员们一些做决定的权力，内阁包括两名常任执政官、选拔出的地方行政官和随机选出的十五名议员。但是，所有的权力保留在他的手中，无论他在公共场合怎么说，他从没打算放弃权力和恢复共和国。他总是沉溺于权力，事实的真相正如罗马历史学家狄奥·卡西乌斯所指出的，“使凯撒不高兴的事情都没有发生”。

历史影响

奥古斯都的统治稳固了内战之后的帝国，并提供给帝国赖以存活下来的机制，最后把它的法律和体制传到后来的欧洲各国。奥古斯都的统治对世界的第一个影响，是他的长寿带来的。公元14年，他死亡时，大多数罗马市民除了他的元首统治和元老院对他的从属之外，不知道其他任何的政府体制。如果奥古斯都是一个更有原则的政治家，如果实际上如他在公元前27年时所承诺的那样辞去权职，之后的共和国肯定会再度发生混乱局面，新的独裁者会把国家带入代价惨重的削弱国力的内战中。

保持对权力长达四十多年的掌控，使奥古斯都稳固并在许多方面强化了罗马政权的职能。凭着奥古斯都争夺权力的自身经历和他的坚持、谨慎以及准确的判断力，他把罗马政权变成了一个稳定的君主国。正如加瑞特费根教授所写，“这个体制……远远不是完美无瑕的，但它给罗马帝国提供了一连串统治者，与史册上记载的西欧、中东和北非沿海地区相比，他们的统治跨越了统一、和平和繁荣的最长时期”。

马克·安东尼，屋大维的强大对手。安东尼、屋大维和马克斯·利比德斯组成了第二个三人执政

许多人参比罗马帝国，以寻求启发，因为它把延续两千年的国民和宗教体制的基础传到了欧洲和西方。例

如，基督教如果没有皇帝和帝国，就不会兴盛。罗马天主教尤其从帝国体制中吸取了很多。皇帝戴克里先统治时期，帝国被重新划分，把各个省划分在一个叫作主教辖区的新框架中，每个辖区有自己的牧师。罗马世界最高行政权力拥有者的代表，叫作地方总督。在基督教慢慢被吸收到罗马权力框架中的过程中，所有这些头衔被基督教会所采用。“大祭司长”——罗马的大主教是一个由皇帝担任的职位，它的存在使教皇作为罗马天主教的领袖更容易被人们接受。如果没有奥古斯都，这也许永远不会发生。

奥古斯都还在其他许多方面，给罗马带来了稳定。他设立了无数专职的常驻军，他们驻扎在边境或是在边境附近，从而保卫帝国安全不受“异族人”侵犯。他通过发展和采用帝制的继承，确保他所建立的政治协议在他死后延续下去。所有这些因素营造了适宜的环境，借此环境，罗马世界有幸得到一个它将享有两百年的和平繁荣的时期——被称作“奥古斯都盛世”——直到外族人的入侵，才开始了它漫长持续的衰落。

对于现代世界来说，从濒于解体的共和国到健康、顺应形势的帝国的转换，留给了我们巨大的财富。罗马留给我们统一的度量单位，例如英里、英尺和英寸。今天的火车轨道的标准宽度，与帝国时期使用的罗马双轮战车的标准宽度相同。拉丁语成为西方世界的通用语，大多数现代欧洲语言或者起源于拉丁语，或者像英语一样，深受拉丁语的影响。罗马还留给世界一个一千五百年保持不变的统一的历法。稍微被修改后，它今天在世界大部分地区仍然被使用。

被奥古斯都改革的君主制，在构筑许多欧洲国家和他们的前殖民地国家的体制方面，也起到了一定作用。以美国为例，建国先辈们明确地宣称他们要建立一个新的“奥古斯都时代”。正如律师斯科特·霍顿所指出的：

> 奥古斯都时代的新秩序包括国家的法律和战争的法律。这些被看作是建立帝国和同化新加入民族的基本工具。他们被看作是“罗马盛世”的基础。当美国的建国先辈们借鉴这个古典时期时，他们骄傲地声称——在美国，民主的引入标志着人类的新时代——正如奥古斯都时代，把建立在法律基础上的国家，看作是人类进化过程中的一个

自然阶段。

总统作为国家元首与制定法律的机构，和另一个审核法律的机构合作管理国家的情形，建立在由奥古斯都引入的罗马君主制政治制度之上。西方世界所依赖的基础公用事业的公众管理、公务员制度的普及、政府对军队退役人员的义务以及正式化的税收，都起源于君主制的罗马。

最后，使罗马共和国成为一个君主体制的国家，为法律的普及提供了有利的条件，这使得罗马的法律被引入到帝国的各个省，为全球一半地区正在使用的法律体系的构架提供了基础。尽管罗马法律的基础基于废弃的罗马共和国，奥古斯都使它以新的形式呈现，把它重新包装后使其服务于一个世界帝国。根据美国历史学家J.鲁夫斯·费尔斯在写给美国传统基金会时所说，截至第三世纪早期，罗马法学家们，比如乌尔比安，以奥古斯都的改革为基础，信奉这样一种思想，即帝国的法律是自然规律的延伸。这种观点认为，所有人生来是平等的，在法律面前被平等对待，更重要的是根据法律拥有权利——生存、自由和快乐的权利。在通过决策时，他们的任务是解释这种自然法则（自然法），把自然法则施加在人民的法律（万民法）上和国家的法律（市民法）上。这个罗马法律体制和准则，可能是奥古斯都对可怜的衰落的罗马帝国实施欺骗而留下的最重要的影响。如果没有那个谎言，罗马也许很容易灭亡，这就会阻止它的帝国将利益传给后代。

1204年，占领君士坦丁堡。十六世纪雅可布·洛布斯提·丁托列托画作

对第四次十字军东征的劫持
（1204年）

我们将建造可以运送四千五百匹马、九千名扈从的运输船，可以运送四千五百名骑士和两万名步兵中士的船队……如果你们按每匹马四个银马克，每个人两个银马克支付我们的话。无论我们在哪里，我们承诺用一年时间完成，从我们驶离威尼斯港口，为上帝和基督教国家效力那天算起。现在，以上指定消费的金额总数达到八万五千银马克。我们还能做得更多。出于对上帝的爱，我们为舰队支援五十艘战船，条件是如果我们合作作战，无论是在海上还是在陆地上，所有占领的土地或是得到的金钱，我们要分一半，你们拿另一半。

——威尼斯总督恩里科·丹多洛

上帝站在每个人的一边，最终，他站在有足够金钱和大批军队的一边。

——阿努伊

谎言

我们开始远征去解放耶路撒冷。

真相

第四次十字军东征的首领们，一直想洗劫君士坦丁堡！

主要参与者

恩里科·丹多洛，威尼斯总督。

阿列克修斯·安格洛斯四世，拜占庭皇帝。

博尼费斯伯爵，第四次十字军东征的首领。

流传迄今的故事

1099年，第一次东征从穆斯林统治下成功夺取了圣地之后，十字军在中东建立了各种不同的王国，最重要的一个是耶路撒冷王国。可是，这些王国存在时间不长。这期间，这些国家在互相争吵的同时，他们的领导者们花费大部分时间与东部的穆斯林国家作战，以及侵袭北部的信仰基督教的拜占庭帝国。1144年，穆斯林军队占领了埃德萨郡之后，第二次东征开始了，但以失败告终。1187年，在埃及和叙利亚的苏丹[①]萨拉丁率军占领耶路撒冷后，第三次东征开始，但也没有取得胜利。在这几次东征期间，一些基督教首领开始认为，拜占庭人背叛了他们的信仰，归顺了穆斯林教徒，这在法国、英国和意大利引起怨恨。就在那个时候，教皇英诺森三世开始鼓动新一轮的东征，这一次将攻击埃及的穆斯林教徒。他们所需要的是战船，而威尼斯有足够多的船……

君士坦丁堡的高高城墙和巨大的城楼，对来自欧洲荒僻地区的农民士兵来说，是一个非凡的景象。无论从哪个方向上看，城墙好像延续不断。许多士兵一定会不解地向同行的同伴问道：“这是耶路撒冷吗？”

人们可以想象，当被告知这是君士坦丁堡，聚集在城墙上的人们不是伊斯兰教徒，而是基督教伙伴时，他们当时失望的样子。当消息传来，这就是现在十字军的主要目标时，失望可能变成了困惑。他们会问：“那么我们此行的誓言是什么？”

可是，许多第四次东征的首领们一点儿不在乎那些誓言，也没有被那些随即被要求献出生命的士兵们的情绪所烦扰。当威尼斯人的队伍把贪婪的目光投向这座美丽的城市时，想到城里面的财富，他们一定在庆祝他们对付十字军骑士的巧妙方式。他们不仅操纵十字军放弃解放圣地的要求，还说服他们参与对最宝贵战利品——基督教国家中的最大城市——君士坦丁堡的占领。在这种情况下，他们隐瞒了事实的真相，即占领君士坦丁堡一直是他们的目标。作为这个欺骗的后果，拜占庭帝国的权力被削弱，这一行为最终见证了东欧在长达四百年的伊斯兰教统治下的衰落。

官方版本的故事——第四次十字军东征被转移了目标

第三次十字军东征的失败，意味着欧洲大多数王子们暂时失去了他们对再次东征所可能有的热情。他们忙于自己的小规模战事，无意加入

① 某些穆斯林国家的最高统治者。

去圣地的远征。英法陷于对领土的争夺战之中，西班牙的基督教国王们在国家的南部与一些穆斯林王国作战，德国亨利四世的父亲在第三次十字军东征期间死去，他刚刚被授予圣罗马皇帝王位。可是，1198年，圣彼得皇位新的拥有者的到来，将改变这一切。有感召力并且精力充沛的教皇英诺森三世投身于十字军东征运动中，决心扭转第三次十字军东征的失败。英诺森对军队的召唤，鼓动了法国的贵族，成千上万的人回应了他的代表——来自巴黎郊区纽利的富尔克。1199年11月，在阿登尼斯他的城堡附近举行的一次骑士赛会上，当香槟伯爵提伯宣布他将带领十字军进行东征时，这项事业有了一名非正式的领导人。那之后提伯很快病倒了，第四次十字军东征的领导权交给了一名意大利伯爵——博尼费斯·蒙费拉。被贵族首领任命为公使的吉奥弗雷·威利哈得因把伯爵描述为具有指挥头脑，作战经验丰富，最为重要的是与耶路撒冷的国王们有亲属关系的一个人。

认定埃及是一个薄弱点，十字军将领们决定在那儿登陆，然后从南部到达圣地。为了使他们到达目的地，他们找到了威尼斯人，威尼斯人同意为三万三千五百名十字军战士和四千五百匹马护航。威尼斯人要求给他们一整年时间，建造所需的大量战船，以及找水手驾船。在这期间，他们不得不终止城中大多数日常商业活动。协议规定十字军战士将直奔开罗，然后到达穆斯林世界的中心，他们设定起航日期不迟于1202年6月24日。

尽管他们的首领这样计划，许多十字军战士没有去往威尼斯，而是相反地从地中海其他港口出发。结果在1201年底，当大批的十字军队伍聚集在威尼斯时，没有计划好的三万三千五百人的队伍，只有一万两千人出现。与此同时，威尼斯兑现了协议中自己的那部分内容。正如所承诺的，五十艘大帆船，一百五十艘大运输船和三百艘马匹运输船停泊等待着——足够三倍多的准备登船的军队使用。威尼斯的总督，九十四岁的瞎眼恩里科·丹多洛坚持要求十字军付给全部欠款——八万五千银马克。十字军只能勉强凑够大约五万一千马克，一些首领贡献出了他们所有的一切，但也只有这些而已。威尼斯人作出愤怒回应。他们为了准备这次远征，花费了相当长的时间，削减了贸易活动，他们拒绝让十字军登船离开，直到全部欠款被付清。十字军恳求他们为了共同的基督教统一体和信仰放行，但总督不为所动。出乎所有人的意料，是丹多洛最后打破了僵局，提出他加入十字军并成为其中的一名首领的建议。他还建议，作为第一个目标，他们应该攻打达尔马提亚省的基督教港口扎拉。1186年，匈牙利人从威尼斯人手中夺走了扎拉。教皇的代表同意了，宣布为了阻止十字军东征计划的彻底失败，这样做是必要的。当十字军首领们不情愿地默许时，丹多洛在圣马克的巴赛里卡举行的公共仪式上加入了十字军。1202年11月，在对扎拉的围攻期间，拜占庭废君伊萨克二世的儿子阿列克修斯联系了十字军，并给他们提供优厚待遇，条件是他们进军君士坦丁堡，推翻现任皇帝阿列克修斯三世。这些待遇包括把东正教交给罗马教皇，付清欠威尼斯人的欠款，承诺支付讨伐埃及的费用以及提供一万名拜占庭士兵参战。尽管由于迫切的财政处境，十字军首领们同意了这个计划，许多低级军官却拒绝加入他们认为与自己的誓言相违背的事业。那些留下的人，在考夫岛与这个皇位讨伐者会合。1203年6月末，一支包含有六十艘战舰、一百艘马匹运输船和五十艘大型运输船的舰队，按照约定到达了君士坦丁堡的城墙之下。一个月之后，这座城市沦陷在十字军和他们的威尼斯盟军手中。

真相——目的地君士坦丁堡

在所有居住在地中海流域的民族中，威尼斯人是最有趣的。由于地理位置独立，从而导致他们生性傲慢、狡诈并且极为多疑。他们从来不是特别虔诚的教徒，在历史上有过数次对教皇的背弃。应该公平地说，他们对金钱比对宗教更感兴趣。威尼斯人宣称，他们只是在造完所有的被预订的船只后，对一桩与十字军的失败交易尽力而为。对此，有充足的理由怀疑他们的话。实际上，他们从未对去圣地感过兴趣。威尼斯人对第四次十字军东征的劫持，以及对君士坦丁堡的攻打都是怀着一个目的进行的——掠夺这座城市的财宝，占领拜占庭的领土。可是，威尼斯人如

> 在六世纪六十年代，伦巴族人入侵意大利北部和中部之后，威尼斯最早被建立成拜占庭的一个行政中心。

十字军进入被摧毁的君士坦丁堡

果装扮成回应教皇召唤的虔诚的基督徒，事实就完全不同了。

传说的君士坦丁堡的财富是欧洲谈论的话题，这主要是因为返回的十字军士兵讲述故事的结果，威尼斯人变得一心想洗劫这座君主制的城市。威尼斯人认为讲希腊语的居民软弱可欺，他们在寻找任何可以利用这些弱点的机会。但是还有其他的因素也掺杂其中。

威尼斯这个时候被中世纪一个最著名的人物所统治——九十四岁的瞎眼的威尼斯总督恩里科·丹多洛。他参与了一系列事件，使威尼斯开始了寻求毁灭拜占庭帝国的机会。威尼斯和君士坦丁堡之间的对抗，回溯到几十年前，拜占庭人特别迫切在他们的事务中减少威尼斯人的影响。1171年，他们的机会来了，他们指控生活在君士坦丁堡的威尼斯侨民毁坏加勒塔郊区的热那亚定居区。皇帝曼努埃尔一世逮捕了所有帝国内的威尼斯居民，并囚禁了他们。威尼斯人愤怒回应，召集了一支舰队，攻打君士坦丁堡，但是这次征战是一个灾难。1171至1172年间，丹多洛加入了由总督维特勒·米歇尔指挥的作战行动，但总督在威尼斯的一群暴徒手中耻辱死去，终以失败告终。第二年，威尼斯试图与拜占庭就此冲突达成外交解决，但没能成功，丹多洛当时被选派为君士坦丁堡的大使。就是在这个时期，他加深了对拜占庭人的仇恨，特别是在1182年的事件之后。那一年，君士坦丁堡发生了政变，希腊人起义并残杀城中每一个拉丁居民，包括妇女和儿童、老人和体弱者，甚至医院里的病人。在受难者中有大批威尼斯商人。当他在1193年1月1日，变成第三十九任威尼斯总督时，这些事件一定在丹多洛脑海中记忆犹新。丹多洛复仇的机会，随着第四次十字军东征的首领们来到了。法国领导层找到威尼斯人，与他们协商帮助解决船只和供给。他们由博尼费斯·蒙费拉带领，与官方描述相反的是，蒙费拉实际上身体虚弱、自私、毫无经验，又无知、傲慢、完全缺乏信仰，再加上毫无忌惮或自责——危险地将这几样集于一身。丹多洛发现操纵他和其余的十字军领导者很容易，正如未来发生的事件所证实的。威尼斯人用他们对财政的敏锐，把十字军巧妙地引入了一个欠他们一大笔钱的境况中。当他们支付不起时，威尼斯人提供给十字军一个免除债务的方法，用从扎拉掠夺的战利品抵债。

> 据说，威尼斯总督丹多洛在早期访问君士坦丁堡期间，拜占庭人使他变成了瞎子。

当教皇英诺森发现了这个协议时，他震惊了，裁定说十字军攻打基督教城市是不可接受的。可是教皇的抗议被忽视，十字军不能使威尼斯人改变主意——尽管不确定他们尽了多大努力，因为看起来博尼费斯完全被城里有巨大财富的故事所引诱。

交易的一部分是丹多洛成为十字军的首领——只是他没打算航行去开罗，没打算支持注定灭亡的耶路撒冷王国或是解放圣墓①。他头脑中只有一个目标：颠覆君士坦丁堡。就是这样，威尼斯人得到了机会，得以制造历史上的大灾难。

混乱中的拜占庭

拜占庭帝国在十二世纪末处于混乱状态中。它昔日的辉煌不复存在，两个竞争者在争夺帝国的王位。其中的一个——阿列克修斯王子，也就是被废黜的皇帝阿列克修斯二世的儿子——相信他能够利用东征的十字军完成他的理想。当年，阿列克修斯才十四岁，因此很容易被操纵。他从君士坦丁堡逃出，恳求十字军，如果他们能帮他废除他的叔叔——篡位者阿列克修斯三世，他将承诺给他们许多好处，包括促成东正教和罗马天主教的复合。总督丹多洛在年轻的阿列克修斯身上，找到了帮助他实现征服君士坦丁堡目标的合适傀儡。

十字军指定的目标是埃及，没怎么被劝说，就把路线定为了君士坦丁堡。1203年6月，他们出现在这座城市的城墙外，宣告年轻的王子为皇帝阿列克修斯四世，命令人民废除他的叔叔。沉溺于酒色的阿列克修斯三世，没有采取有效的抵抗措施。于是，对君士坦丁堡的围攻开始了。7月17日，十字军和威尼斯人攻占了城市，任命阿列克修斯四世和他的父亲伊萨克二世共同为皇帝。

阿列克修斯四世发现威尼斯人已经操纵了他，他试图通过给他们提供金钱，使在城墙外驻扎的侵略者继续他们的行程，但是完全没用。威尼斯人哪儿也不去，他们对他们的傀儡皇帝提出各种条件和要求。当这些要求和条件不能被满足时，拜占庭人试图把十字军关到城外。1204年1月底，城市民众起义反抗阿列克修斯四世，囚禁了他和他的父亲。上了

① 耶稣之墓。

陈列在圣马可博物馆大厅内的从君士坦丁堡抢来的青铜马

年纪的伊萨克很快死了，可能死于中毒，阿列克修斯在2月8日被绞死，使得反天主教派阿列克修斯五世杜克斯被立为皇帝。利用这些事件为借口，十字军决定占领这座城市为己有。尽管教皇英诺森三世下令不要攻打，但神父把教皇的一封封信件藏了起来，当威尼斯人从海上进攻时，十字军已为攻城准备就绪。拜占庭人抵挡不住，很短时间内，基督教国家中的最大城市就被占领和洗劫了。

一支本应该解放圣地的基督教军队做出这样的事，是东正教基督徒们永远也不能原谅的。正如在任何的城市洗劫中所发生的那样，强盗们犯下了无数残暴罪行，包括对伊莲娜·索菲亚大教堂的圣坛的亵渎。十字军用了三天时间洗劫城市，这期间许多古罗马古希腊作品被偷或被毁。修女们被强奸，东正教神父被逮捕并被残杀。君士坦丁堡所有的珍贵财宝（包括那些被乱冲乱撞的十字军毁坏的财宝）被带回威尼斯。当十字军首领们被教皇开除教籍时，罗马天主教会很快把拉丁仪式和拉丁高级教士引入东正教，与东正天主教对抗。十字军任命了他们自己的一员——弗兰德斯伯爵鲍德温为君士坦丁堡皇帝，他们保持对君士坦丁堡的控制权直到1261年。总督丹多洛胜利而归。在东罗马帝国残余的基础上，他为威尼斯建立了一个帝国，因此能够给他的城市冠以“八分之三罗马帝国的统治者和主人”的称号。

圣马可教堂的青铜马塑像

游客们走在圣马可广场上时，偶尔他们的目光会被一座教堂所吸引，这座教堂是为威尼斯的“主保圣人”所建。在大门上方高处，矗立着四匹青铜马，威武雄壮，摆出好像准备扬蹄飞奔的姿态。这些是现代复制品，为了挽救真品不受污染的侵蚀，在它们站立保卫了教堂将近六百年后，复制品被安装于二十世纪八十年代。在青铜马塑像被安装在威尼斯之前的大约九百年时间里，圣马可教堂的青铜马塑像使君士坦丁堡的竞技场北端熠熠生辉。这个由罗马皇帝君士坦丁堡本人建造的竞技场，坐落于君士坦丁堡市中心。在差不多一千年的时间里，它们俯视着城市社会生活熙熙攘攘的景象，注视着在那里定期举行的马车比赛。热衷于此的人们，在蓝队或绿队上，赌上巨大数额。

所有的这些，在君士坦丁堡被洗劫时都消失了。当十字军毁坏了一切他们能够拿到的东西时，更有修养的威尼斯人，急切地偷走他们所能放到船上运走的尽可能多的战利品。一件使总督丹多洛感兴趣的东西，是站在古竞技场上方的一组四匹马的塑像，也许以前来时被他看见过，因此他下令把它们拆下来带到威尼斯。具有讽刺意味的是，这些青铜马塑像也引起了另一个征服者的注意。1797年，拿破仑把它们带到了巴黎，装在凯旋门上。但1815年，它们被归还，重新装在了圣马可教堂的正面外墙上。

今天的游客们可以爬上一段陡峭的楼梯，到达教堂顶四匹复制品模型矗立的地方。在同一高度水平方向上，他们能够参观摆在房间里的真品。凝望着它们的同时，参观者欣赏着随着基督教国家中的最大城市的沦陷，而遭到抢劫的这些珍宝。

历史影响

洗劫君士坦丁堡削弱了拜占庭帝国的势力，之前，他们一直是阻止穆斯林军队通过最近路线，穿过达达尼尔海峡和博斯普鲁斯海峡进入欧洲的主要屏障。对东欧的未来来说，它的被占领导致了灾难性的结果，甚至在当时对许多人来说，这是明显的事实。正如历史学家罗伯特·佩恩所写："英诺森三世……惊骇于他们的行动。从他一封接一封的信件中，传来无助的愤怒的呼喊。怎么可能有人如此不讲道理、如此不讲策略、如此荒唐地去占领君士坦丁堡？难道土耳其军队没有行动？难道是无法确定拜占庭用来抵御土耳其军队的堡垒？"

随着君士坦丁堡的被占领，拜占庭帝国遭受重创，自此从未真正地恢复。尽管1261年，拉丁皇帝们被驱逐之后，它又存在了两百年，由于它的领土、海军力量和金钱被剥夺殆尽，它永远不会再是一个令人畏惧的国家了。

1204年，城市被洗劫后，当地立刻受到了影响。因为它使周边的巴尔干半岛各国，不受其约束地采取侵略的政策。这种影响作用得很慢，因为拉丁帝国还行使一些权力。可是，由于一次无果的内战，完全削弱了拜占庭帝国的残余势力。在14世纪，巴尔干各国加速了向外扩张。这个地区主要的短期受益者是塞尔维亚人，他们能够创建塞尔维亚帝国，并使大多数巴尔干半岛国家屈从于他们。这个短命的帝国留下的遗产，今天仍然影响着这个地区。大部分前南斯拉夫共和国之间的冲突和紧张局势，源自恢复帝国和"大塞尔维亚"所有土地的梦想。这当然也是发生在二十世纪九十年代科索沃战争的诱因之一。

> 2001年，教皇约翰保罗二世就第四次十字军东征对君士坦丁堡的攻击道歉。2004年，君士坦丁堡主教巴塞洛缪一世接受了道歉。

但是，也许这次灾难性的第四次十字军东征导致的主要后果，是拜占庭再也不能为阻止奥斯曼土耳其向欧洲的扩张提供壁垒。土耳其人赶超衰败的拜占庭帝国，一个个地征服了周边的国家。1453年，对即将灭亡的帝国的最后的致命打击到来了，穆罕默德二世率领的土耳其军队占领了君士坦丁堡。到1499年，他们完全占领了巴尔干半岛，此后四百年一直统治着这个地区。约翰·朱利斯·诺维奇说，“东部基督教国家的命运，本应该由打着基督教旗号作战的人们所决定——一半欧洲被迫屈从于大约五百年的穆斯林统治，历史上没有几个事件比这更具讽刺意味了”。

在一片损失和荒芜之中，拜占庭的削弱确实给世界带来一个持久的好处——激增了对文艺复兴的新影响。在拜占庭最后的日子里，皇帝约翰八世和他的希腊随行人员，在1448年访问佛罗伦萨做最后一搏，向西欧国家寻求帮助，以阻止君士坦丁堡落入奥斯曼土耳其人手中。他们没有得到援助，因为大多数西部国家意识到拜占庭帝国注定要灭亡。可是希腊代表团的杰出表现，给佛罗伦萨人留下了深刻的印象，激起了他们对希腊文化、历史和思想的浓厚兴趣。希腊人的第一次访问结束后，1453年，奥斯曼占领了君士坦丁堡，并在佛罗伦萨建立了一个希腊人聚居区。在这个聚居区有手工业者、哲学家和医生，他们带来了许多在西部已经失传几个世纪的古代文本。十五世纪六十年代，摩里亚——希腊南部伯罗奔尼撒半岛的一部分——沦陷后，更多的移民和外来文化涌入。这些事件，使意大利的文艺复兴融入了许多新思想，然后遍及欧洲，最后带来了人文主义的诞生、民族国家的开始以及最终引发宗教改革运动的思想。

十字军第四次东征，给奥斯曼人创造了征服东欧的条件，对之后的几个世纪继续产生影响，甚至是对二十世纪。在十九世纪，奥斯曼帝国的慢慢衰退，使它获得了“欧洲病人”的称号。这激励起民族主义情绪在巴尔干国家的高涨，最终导致叛乱的发生。塞尔维亚在两次起义后，从奥斯曼脱离取得独立，第一次发生在1804年，第二次在1815年，尽管土耳其军队继续占领首都贝尔格莱德，直到1867年。希腊在1830年取得独立，其他国家陆续也取得独立。同时欧洲的几个大国也参与其中，或是支持奥斯曼帝国（英国），或是试图摧毁它（俄国）。当巴尔干民族主义思想把脆弱的欧洲和平局面损毁，在之后的五十年里，这成为导致第一次世界大战的主要原因之一。第一次世界大战的根源，可以被追溯到过去遥远的大约八百年前，这是威尼斯和它的瞎眼复仇总督留给世界的“遗产”。

手工着色的宗谱图，追溯伊丽莎白一世的祖先为亚当

当可爱的英格兰变成一个警察国家
（1558–1603年）

我没有兴趣探究人们的心灵。

——女王伊丽莎白一世

政府的第一职责是保护人民，而不是操纵他们的命运。

——罗纳德·里根

谎言

伊丽莎白一世是英格兰最伟大的君主。

真相

伊丽莎白的宗教和解使许多国民变得激进，由此导致了十七世纪可以摧垮英格兰的宗教战争和内战！

主要参与者

伊丽莎白一世，英格兰女王。

马修·帕克，坎特伯雷大主教。

弗朗西斯·华兴汉爵士，非官方间谍机构的领导者。

流传迄今的故事

伊丽莎白女王一世的父亲亨利八世决定与他第一任妻子凯瑟琳·亚拉贡离婚，教皇拒绝准予离婚。因为这可能会惹恼凯瑟琳的侄子圣罗马皇帝，也许会导致武装冲突。由于亨利只有一个女儿玛丽，他迫切需要得到一名法定男继承人，他因此与罗马教会脱离，宣布自己是英格兰教会的领袖。与凯瑟琳离婚后，他娶了安妮·博林，她又给他生了一个女儿伊丽莎白。当亨利决心消除教皇在英格兰的影响时，从他的信仰和宗教习惯来看，他还是一名天主教徒。到1547年亨利死去时，影响遍及欧洲北部的宗教改革在英格兰的影响并不大。亨利与第三个妻子所生的儿子爱德华在宗教方面引入了更多的激进改革措施。但是，直至1553年他死去时，这些改革措施尚未完成。爱德华没有子嗣，他的姐姐玛丽继承了王位。她是一名坚定的天主教徒，她把天主教引入了英格兰。玛丽在1558年死去，也没有子嗣，这使得伊丽莎白登上了英格兰的王位……

电影《伊丽莎白》（1998年）的开头场景说明了一切。当狂热的天主教主教们骑马经过时，挤成一团的受压迫的农民们恐惧地蜷缩着。当玛丽女王——人们把她称为“血腥玛丽”——慢慢地变得疯狂并死去时，虔诚的反抗的新教抗议者们，为他们的信仰在火刑柱上被烧死。同时，当耶稣会神父们推进谋反的计划时，他们出没在权力走廊上。这与女演员凯特·布兰切特所扮演的“童贞女王”（伊丽莎白）形成对照，她为自己的国家感到自豪，决心与那些损害她的人民利益的人对抗到底。观众们欣赏到在皇宫跳舞演出的场景，等候的女仆，以及优雅的求婚者。这是伊丽莎白时代的传统场面，这个时代是英格兰的黄金时期，仁慈的君主统治着一个繁盛的国家，人民生活富足，享受着和平，在多年的天主教极端统治之后，享受着宗教的宽容。

真正的画面并不十分美好。伊丽莎白一世统治时期的英格兰是一个偏狭的社会，君主的怪念头决定着人民信仰什么，怎样做祈祷，甚至他们可以看什么表演。它是一个警察国家，任何人都可能会因为最不足信的罪名被捕和被拷问。在没有诉状、申诉权、陪审团和证人的情况下，嫌疑人可能被秘密判决。在这个国家里，皇家检查员审核戏剧的每一句台词，宗教权威确保个人信仰与国家认可的信仰保持一致，间谍和告密者躲藏在各个角落，搜寻各种不同形式的异议。伊丽莎白的统治带来了对天主教三百年的排斥和迫害。她命令镇压清教徒，并把他们从国教中清除出去，这把英格兰分成两个阵营。这种形势导致了一场毁灭性的内战，在她死后不到三十五年，整个王国就分裂了。

官方版本的故事——好女王贝丝

安妮·博林不被喜爱的女儿一定不会想到，有一天她会成为女王。直到那时，伊丽莎白一直在宫廷的阴影下生活。她被她的父亲丢到一边，被她同父异母的弟弟的政府遗忘，后来，在她同父异母的姐姐玛丽统治时，又经常被监视。1558年11月17日，她突然发现自己当上了英格兰女王。传说中的故事，是她正靠在一棵橡树下读着《圣经》，这时这个消息传来，当她听到这个消息时，正读到《诗篇》第一一八节："这是主的旨意，在我们眼中是非凡的。"

尽管她对现在所拥有的权力和自由充满感激，她却在一个艰难时期登上了王位。英格兰是一个贫穷、几乎破产的国家，被宗教斗争搞得四分五裂。自从她的父亲亨利八世与罗马天主教脱离，天主教和新教教徒一直为争夺国家的控制权而争斗。人民急需一个永久的解决国教问题的办法。天主教旧的禁卫军已经被重新组建成玛丽的势力，但许多新教的激进分子随着伊丽莎白的即位，开始返回家乡。在这两个相互较量的阵营中领导国家，将成为伊丽莎白第一个最重要的任务。

穿着加冕黄袍的女王伊丽莎白一世，约1585–1590年

在她父亲死后的那些年，局势促使她保持头脑清醒，并且时刻保持警觉，作为女王，她一直如此。很快大家明白，在政治上，伊丽莎白至少跟她父亲一样机敏。她忠实于她的国家，在她之前或之后，很少有君主能够做到像她那样，她通过选贤任能组建有作为的政府，并以此来帮助她统治国家。为了恢复英格兰的宗教平衡，她的首要任务之一，是要重建新教作为官方的国教。利用至尊法令和单一法令，她建立了改革的宗教，既满足大多数新教徒的利益，又保留了足够的礼仪，以避免伤害大多数的天主教徒。这个"英格兰的革新教"很快被她的大多数臣民们所接受，除了一些极端分子外，此教很快被所有人拥

护，一次性并永久地解决了宗教分裂问题。

伊丽莎白必须要面对的统治中剩下的主要问题，是欧洲外国天主教国家的敌对，他们决心把天主教再次强加给英格兰。为首的是西班牙国王菲利浦二世，他是伊丽莎白的头号死敌。1588年7月，菲利浦派出一支由一百三十支战船、三万人组成的“无敌舰队”，下令入侵英格兰。伊丽莎白在提尔伯瑞集合她的军队，进行抵抗。她骑着一匹灰色骏马，身穿白色佩银制胸甲的制服，她对将士们讲话，言语中充满了激情、愤慨和带有煽动性的爱国主义情绪。“我知道我只拥有女人软弱无力的身体，”她说，“但是我拥有一个国王的心胸和勇气，也是英格兰国王所拥有的心胸和勇气！西班牙或是帕尔马或是欧洲王子竟然胆敢侵犯我的边境领土，我认为这是对我的蔑视。”

英格兰凭借着海军的作战经验以及荷兰的帮助，挫败了西班牙的入侵，“无敌舰队”被赶到英格兰东北部海岸和苏格兰附近，许多战船沉没。在她的臣民眼中，这次胜利是她统治期间至高无上的荣耀。在十六世纪九十年代，人们开始谈及“伊丽莎白黄金时代”。这个时期出现了剧作家，比如威廉·莎士比亚、克里斯托弗·马洛、本·琼森；第一个环航世界的英国航海家弗朗西斯·德雷克；写出有影响力的哲学政治作品的弗朗西斯·培根。在这个时期，英格兰开始在沃特·雷利爵士和汉弗莱·吉尔博特爵士的带领下，在北美开拓殖民地。当1603年3月24日，伊丽莎白在里士满宫死去时，英格兰再也不是那个她继承时的贫穷分裂的国家，而是世界上最富强繁荣的国家之一。

真相——至尊法令和单一法令

《我的女王》——埃德蒙·斯宾塞献给伊丽莎白的诗的题目，使人联想起仁慈的君主统治下的神奇土地的画面。毫无疑问，官方记载的伊丽莎白统治时期的历史，与此同出一辙。但事实上，故事另有其真实的一面。历史学家威廉·普雷斯科特描述的伊丽莎白是：“自大，傲慢，粗俗，暴躁的；在具有这些粗暴的品质的同时，她性格中夹杂着深藏不露的虚伪和莫名其妙的优柔寡断。”

这种仁慈的女王和善变的暴君之间的矛盾从一开始就显露出来，正如在她统治时期制定的第一部主要法规中所体现的——1559年通过的至尊法令和单一法令。无论后来怎样宣传，伊丽莎白即位时的英格兰，不是一个完全被天主教和新教所分裂的领土。可是在贵族和神职人员中的天主教教徒和新教教徒之间，存在着激烈的对抗。无论是根据传统，还是意愿上，其他阶层基本信仰天主教。一次公民投票可以证实这个简单的事实——人们对他们父亲和祖先信仰的宗教满意，不想要他们的信仰惯例有任何改变。在亨利八世和伊丽莎白一世统治时期，发生了农民叛乱反对宗教改革，而在天主教“血腥玛丽”统治时期，却没有发生过，这样的事实是不言而喻的。宗教争斗发生在社会的上等阶层，因为这基本上是政治斗争而不是宗教斗争。正如历史学家马克斯韦尔·斯图尔特所说：“政治集团决心把新教信仰和礼拜的惯例强加给英国人民，无论他们喜欢，还是不喜欢，新教最符合这些政治阶层的要求。”

伊丽莎白统治期间，有五十三个刑讯授权令被颁布。

尽管英格兰人民对英国教会从天主教变成新教不感兴趣，他们的新君主可不是这样。伊丽莎白像她的父亲一样，是一名实用主义者。皈依英国新教是政治行为，而不是宗教行为。她作为新教徒被抚养长大，为了一个非常实际的原因，根本不想改变她的信仰：天主教不承认她父亲的离婚，这意味着她被看作是私生女。因此，如果这个国家是天主教国家，她不能够合法地拥有王位。可是如果她支持新教事业，她父亲的再婚和她对王位的继承，就变成合法的。因此，她把自己改革天主教的想法强加给英格兰，通过至尊法令和单一法令被制定成法律。

至尊法令准许伊丽莎白宣布自己为英格兰圣公会的最高管理人。至尊法令还包括至尊誓言，它强迫任何拥有政府或教会职位的人，发誓向君主而不是向教皇尽忠。不作出这样的效忠发誓，就会被定为叛国。借助这个法案，伊丽莎白要求收回对英国教会的控制权，阻止教会保持异议。

正如《公祷书》中所阐述的，至尊法令明确了一套宗教规章制度。其他做礼拜的形式，特别是传统的罗马弥撒被禁止，每个人必须一周去一次教堂，否则将被罚款十二便士——对于劳动阶层来说，这是一大笔数额。英格兰历史上周日去教堂做礼拜，第一次成了法律规定的义务。

用这些举措，伊丽莎白有效地建立了一个新的政府职能部门，并按照自己的意愿改造了它。它承认女王的统治合法，建立了一个新的依靠她来保持至高权力的宗教统治集团。她不信任国内盛行的天主教情绪，但不愿像许多新教教士们希望的那样做得太过，她实施了一个只满足于自己的宗教和解，惩罚所有反对者。

根据梵蒂冈档案记载，1533年，教皇克莱门七世起草了教皇诏书，准予亨利八世终止他与第一任妻子凯瑟琳·亚拉贡的婚姻。可是，由于来自圣罗马皇帝查理斯五世的威慑，教皇被阻止正式发布这道诏书。1527年，查理斯五世囚禁过克莱门，并且他是凯瑟琳的侄子。

伊丽莎白推行的改革，总的来说极不受欢迎，并且这种情况一直持续了一代人。事实上，单一法令的第一稿没有被上议院通过，因为天主教主教们和他们在国内的同党投票反对了这个法案。为了表达他们的不满，他们改变了议案的大部分内容，改变圣餐仪式中的应答祈祷①，允许信仰圣餐变体论；否认伊丽莎白教会最高领袖的头衔，只允许她担任教会最高管理人。

伊丽莎白时期的警察国家

为了确保这些法令被完全遵从，伊丽莎白建立了世界上最有效能的警察国家之一。大多数人永远不会把“警察国家”这个词和伊丽莎白黄金时代联系起来，但是普通人只能享受很少的个人自由权，那些被政府认为具有颠覆政府或具有叛国行为的组织中的成员，根本没有自由权。对伊丽莎白时期警察国家的淫威，感受最深切的是天主教徒和清教徒们。他们都试图改变政府的宗教政策，结果都被严厉地镇压。

在她统治期间，伊丽莎白对天主教的迫害一直持续着。她刚刚登上王位之后，新教烈士们的名字和事迹——那些被她的姐姐玛丽所处死的人——为了政治和宣传的目的被广泛地公之于众，有效地给天主教加上了一个野蛮专横的恶名。为了对新君主有益，她的前任者的统治，应该

① 应答祈祷，也称连祷，宗教仪式上的一连串祈祷，通常由一个教士做部分祈祷，其他人做另外一些祈祷。圣餐变体论：有些基督徒认为教堂宗教仪式上使用的面包和葡萄酒会变成耶稣基督的身体和鲜血。

尽可能地被诋毁。我们不可能了解伊丽莎白时期警察国家实施的镇压的全貌，但一个残忍的事件发生在1569年——因为敢于恢复多尔汉姆地区的天主教弥撒，六百多名天主教教徒被处以死刑，这个事件发生在所谓的“北方的崛起”时期。可以确定的是，截至伊丽莎白统治末期，天主教教徒在英格兰的数量由于死亡或流亡，从总人口数的百分之九十多减少到百分之三十。在几次反复发生的反对英国统治的叛乱中，成千上万人在英格兰死亡，数万名天主教教徒在爱尔兰被杀害。

然而，不只是天主教教徒被伊丽莎白的宗教和解触怒，更加嫉妒的新教教徒也是如此，他们相信宗教改革还没有彻底，遵从协议就是向

英格兰多铎王朝时期的莎士比亚

伊丽莎白时期的警察国家，甚至影响到著名人物的生活，比如莎士比亚。因为同时被皇家审查员和宗教机构密切监视着，莎士比亚不得不言行谨慎。皇家审查员总是搜捕谋反材料，任何希望讨好女王和王室成员的人都必须十分小心。例如，戏剧《理查二世》被当局检查，因为它的情节涉及打倒变成人民公敌的君主。

莎士比亚的历史剧对政治宣传的艺术，做了有趣的研究。为了证明多铎王朝的崛起是合乎情理的，莎士比亚不得不把近期英国历史以这样一种方式展示：多铎王朝有继承王位的合法权力，这一点清晰可见。为了做到这点，他不得不证明推翻金雀花王朝（理查二世）统治是合理的，颂扬兰开斯特王朝（亨利四世至六世），诽谤约克王朝（理查三世），显示历史事件是怎样为它们中最伟大的王朝——多铎王朝、兰开斯特王朝的合法继承者——铺平道路。尽管戏剧主要目的是为普通人和君主提供娱乐，但它们也是重要的宣传工具。

伊丽莎白是一个狂热的戏迷，因此从赞扬的角度展示近代历史的某些事件，以尽力讨好王室，对于当时的主要戏剧家来说只是常识。甚至在伊丽莎白死后，当詹姆斯一世登上王位后，莎士比亚应该知道詹姆斯是亨利七世的后代，并且小心提防着，不敢因批评他们的皇室祖先兰开斯特或多铎，而触怒斯图亚特王朝。

天主教教会投降。尽管，清教徒没有像天主教教徒那样遭受到严重的迫害，伊丽莎白仍然带着极大的怀疑看待非国教徒，把清教徒运动看作是对皇室控制教会的潜在危险。他们大胆表述自己的意见，批评伊丽莎白和她的大臣们强加给教会的组织结构和礼拜仪式，批评为了借助《公祷书》执行单一信仰，英格兰圣公会的主教们必须忍受的压力。拒绝遵守的大臣们被处死，政府开始通过禁止集会镇压非国教徒。成百上千的非国教徒，因为不参加英格兰圣公会礼拜被处以罚金，甚至清教徒的大主教们也不能被免责。大主教格林达被数次传唤到皇室法庭——伊丽莎白的秘密法庭，用来惩罚有嫌疑的叛国者和反抗者，目的是迫使他公开宣布，他错误地支持了对伊丽莎白构成危险的非国教徒集会。

莎士比亚的戏剧《哈姆雷特》在1602年伊丽莎白女王统治时期首演，里面描述了一个地方，在那儿，哈姆雷特的父亲的灵魂必须为他活着时所犯下的罪忍受折磨。这非常像天主教的涤罪的概念，尽管在剧中从未被叫作涤罪。这说明甚至是莎士比亚，都必须小心谨慎地避免官方的检查。

议会的清教徒成员，也没能逃脱伊丽莎白的妄想症迫害。正如在1593年，当彼得·温特沃什呈给老年女王一份要求她指定继承人的请求书时所发现的那样。她对这个请求的答复，是把温特沃什囚禁在伦敦塔，他在那儿呆了四年，直到死亡。

伊丽莎白甚至试图控制人们的所有思想和信仰。通过她的主教们，她创立了教义问答班，向领土内的年轻人介绍英格兰圣公会的基本教义。要求所有的父母们根据法律，把他们的孩子们送到这些班里，以确保新的一代支持被授权的国教和君主政体。

一个警察国家，不能单靠统治者一时的念头运转。它要求人们实际执行政府的命令，伊丽莎白统治的英格兰也不能例外。在宗教问题上，坎特伯雷大主教必须落实一个执行计划。从新教的观点看，这些大主教容易极端化，非常乐于镇压他们的非国教徒同行们。由于他们野心勃勃且惧怕君主，他们必须确保在伊丽莎白统治期间，人们只能信仰被定为国教的新教。

在非宗教事务方面，伊丽莎白由忠诚地听命于她的大臣们辅佐。为了确保警察国家的有效运行，她安排弗朗西斯·华兴汉爵士领导一个由间谍和探子组成的团伙。华兴汉是一名冷酷、诡计多端且狂热的新教徒，他是这项工作的最佳人选。他雇用了双重间谍，在英格兰境内找寻秘密蓄谋推翻君主的人。他的最大成就是揭露了计划除掉伊丽莎白用苏格兰女王玛丽代替她的阴谋。然而，大多数华兴汉付钱为他效力的探子是寻求逃出监狱的欠债者，这意味着他们的信息经常令人怀疑。在对外事务方面，华兴汉建立了一个广泛的间谍网，提供给他各种信息，包括欧洲各个天主教法庭随时谋划的计划，以及流亡到国外的英国天主教徒团体安插的探子。

最后，但很重要的一点是，警察国家需要人手做伤天害理的事情。尽管许多人愿意并能够为女王做事，但最邪恶无耻的要数理查·托普克利夫。他是议会的成员，这个臭名昭著的教士捕手、拷打者和强奸者直接受华兴汉领导，行动得到伊丽莎白本人的准许。

托普克利夫对天主教有异常厌恶之情感，参与了对为数众多的天主教教士和普通信徒的审讯和拷打。他得到了一个臭名，被称为“有效率的残忍的拷打者”。他自吹自己的工具和手段比任何官方的方法都更有效，甚至更过分的是，在没有授权时使用酷刑。他在伦敦家里建立了一个刑讯室，将被判了死刑的天主教教徒绞死，并剖尸裂肢。被托普克利夫迫害致死的包括耶稣会教士、诗人罗伯特·索思韦尔，他被反复拷问，要求说出国内其他耶稣会教士的消息，但没有成功。在一次对著名戏剧家本·琼森所作戏剧《狗的小岛》的内容调查中，托普克利夫甚至审问了琼森。

历史影响

为了领导一个介于天主教和更极端形式的清教两者之间的事业，伊丽莎白创立了一个对两者都压制的警察国家。当她能够除去天主教威胁时，已建立的英格兰圣公会和非国教新教中产阶级之间集聚已久的不和，将会在她死后三十五年内爆发成内战。当教会既不完全是天主教，也不完全是新教之时，她下令停止英格兰的宗教改革，这意味着这种由折衷造成的不稳定，最终会迫使高级与低级教会派别之间对决。这没有在她统治期间发生，但是她的远房表兄查理一世，就没那么幸运了。他

伊丽莎白和她的议会。考虑到伊丽莎白出名的坏脾气，她与议会的关系出奇地好；在五百零六个议案中，她仅对七十个行使了否决权

对国教的支持触怒了清教徒们，而他的软弱，使得他们更加大胆。为了扫除教会中最后的教皇残余，他们使不列颠群岛从1638年到1688年持续遭受毁灭性战争和政治混乱。这个时期的事件包括处死君主，建立一个由非国教的军事集团统治的共和国以及废除国教制度。

可以说伊丽莎白的警察国家，是使英格兰朝着君主立宪制国家和议会民主国家转变的一个因素，但这是事后聪明。当不太为人所知的斯图亚特国王们行使伊丽莎白制定的权力时，这导致了他们的垮台，因为他们的对手发展了更为有效的抵抗形式，并决心结束君主的专制权，特别是结束不召开议会就行使统治权的情况。他们在1688年的光荣革命中，彻底推翻了斯图亚特王朝的国王们，实现了目的。

西方社会的宗教多元化，也开始于1688年推翻詹姆斯二世的统治之后。从长远来看，市民们被迫按照法律要求采取一种规定的崇拜形式的情形不会被维持了。1688年，英格兰圣公会的绝对权威，正如法律所规定的那样——当非国教徒被允许集会并在他们自己选择的地点做礼拜时，终结了。

伊丽莎白时代留下的一些阴影，需要更长的时间消除。尽管皇权和宗教的权力被逐渐削弱，但对天主教教徒的迫害仍持续了几个世纪。天主教教徒在英格兰是一个被压迫的阶层，让人惊讶的是，直到近期才结束这种状况。他们一直以来被禁止进入议会、担任公职、庆祝弥撒或集体祈祷，甚至被禁止把土地和房屋传给他们的子孙后代。曾经有矫正这种状况的尝试，但由于公众和英格兰圣公会中存在着潜在的反天主教的偏见，全部努力都注定失败了。例如，1780年伦敦市民发生暴乱，是因为他们担心，作为帮助镇压北美殖民地叛乱的交换条件，在英联邦的天主教教徒被给予“天主教解放法案”。在一些伦敦历史上最严重的暴乱中，天主教堂被烧毁，英格兰银行遭到攻击。直到1829年，由于《天主教解放法令》的颁布，大多数反天主教法案才被废除。但在二十一世纪初，英国的君主或配偶成为天主教教徒还是违法的。可是，这对于政治家们没有障碍，前首相托尼·布莱尔一直等到2007年卸职，才皈依他妻子和家庭所信仰的天主教。

> 一些著名律师认为，一些十九世纪的法律，实际上可以阻止天主教徒成为英国首相，前首相托尼·布莱尔皈依天主教，可能会导致与他任命国教主教的职责相互冲突。

革命者释放囚犯时，巴士底狱地牢里的情形

巴士底的囚犯们发生了什么
（1789年）

我被扒去了自己的衣服，披上了腐烂了一半的破烂衣衫，手脚被铁链拴上，然后被扔进了有着几撮稻草的地牢。

——亨利·马瑟斯

相信一半你所看到的，不要相信你所听到的。

——丁娜·柯瑞克

谎言

巴黎的巴士底狱是人间地狱，成百上千热爱自由的公民们，被残忍的严苛的君主关进了监狱。

真相

在巴士底狱只有七名囚犯，其中两人是疯子！

主要参与者

卡米儿·笛穆蓝，革命者领袖。

伯纳德·德·劳，巴士底狱典狱长。

路易十六，法国国王。

流传迄今的故事

国王路易十六在1774年登上王位时，继承了一颗定时炸弹。他是一位专制的君主，娶了不受人喜欢的奥地利的玛丽·安东尼特为妻，统治着一个怨恨的、无权的贵族阶级，他们经常向往他们的祖先时常拥立和推翻国王的那些日子。政府总是缺乏资金，因为贵族和教士拒绝缴纳税金，这种负担不平等地落在了中产阶级和农民身上。中产阶级敏锐地感觉到，他们的财政缴款没有转变为政治权力，他们在找寻改变这种状况的办法。截至1789年，各种事件的发展达到了极点。法国在美国独立战争中的介入，使得国家陷入沉重的债务之中。由于找不到资金偿债，政府在一个又一个的危机中艰难维持。饥荒侵袭了乡村地区，物价猛涨，国王被劝说，唯一的解决办法是召集法国议会，而上一次召开是在1614年……

如果被问及法国大革命，大多数人也许会提起的三个词是玛丽·安东尼特、断头台和巴士底狱。在这三个词中，攻占巴士底狱可能会让人更多想到。巴黎普通市民揭竿而起，解放那些仅仅因为要求自由、博爱、平等而触怒专制的暴君被投入活地狱里的同胞们的故事被代代相传。

关于攻占巴士底狱的描述，几天之内传遍了整个法国。报纸、杂志出现在巴黎的大街小巷，叙述目击者讲述的故事，“牢房被打开，以释放无辜的受害者和虚弱的老人们，他们对重见天日感到惊讶”。

毫无疑问，整个故事令人兴奋的是它完全是虚构的。暴乱的抗议者们没有发现成百上千的政治犯在邪恶的狱墙中受折磨，只有一些罪犯或是疯掉的人。可是，为了确保他们的行动不是徒劳的，革命者们编造了一个赋予他们的事迹英雄般的故事——一个最终把革命带到恐怖时期血腥顶点的故事。

官方版本的故事——专制政权的象征

很久以来，巴士底在巴黎较为偏僻的地区投下它的阴影，阴森森地笼罩着圣安东尼城郊街。作为百年战争期间抵御法国人憎恶的英国人而建造的一座城垒，它后来变成了国家监狱。大约1630年，路易十三的首席大臣、红衣主教黎塞留认为用巴士底来囚禁国家的重要犯人是一个合适的地方，从那时起，它得到了一个恶名。一种神秘的气氛降临在这个监狱和不幸被囚禁在那儿的人身上。当地人小声地谈论它，讲述那些进去就从未出来的、被活埋在地牢里的人的故事。他们谈论新的科学的拷问方法、被囚禁在很小空间里的人，以及被多年折磨后破碎的心灵和肉体。

这种恐惧，总是潜藏于巴黎人的脑海中，给人们对1789年7月的事件带来了额外的紧迫感。路易十四召集的法国议会，变得对他不利。议会6月在巴黎召开，它判定自己具有最高统治权，变成国民大会，并要求改革。7月11日，当国王按照更保守的皇室委员会成员的建议把他的改革派财政大臣杰奎斯·尼克流放时，紧张的局势变得严峻起来。

巴黎人民把尼克看作可以把法国从毁灭和饥荒中拯救出来的人，他们决定这是反对皇室对法国议会的攻击的开始，继而公开反叛。军队士兵加入了一群振奋的由六千名壮汉组成的队伍，在卡米勒·狄斯莫林斯率领下成功地攻击了驻守在城里的皇家军队。事件胜利的消息迅速传开，很快，一支大约五万人的巴黎人群涌上街头搜寻面包和枪支。

一个藏有三万支毛瑟枪和一些大炮的贮藏所很快被发现，但是人群缺少弹药使用枪炮。当有传闻说有二百五十桶弹药被存放在巴士底时，人群登上了代表皇权的最后堡垒。7月14日，他们包围了这座监狱，提出了交出弹药和堡垒大炮的协商条件。

正午时分，人群变得骚动起来，他们涌向巴士底狱的院子。感到害怕和绝望的监狱典狱长伯纳德·德·劳内想要和谈，但人群指责他拖延时间。枪声响起，随即出现一片混乱，一场阵地战开始了，最终以皇室卫兵的投降、劳内的被捕和死在愤怒的人群手中而结束。

起义人群的首领们接着打开了牢房，让一群可怜的骨瘦如柴、憔悴虚弱的老人们眯着眼睛出现在光亮中，许多人的胡须长及腰间，身体虚弱，面色苍白。监狱的囚犯被清空后，里面的物品被拿出来并在人群前展示。这些包括铁制紧身衣和面罩、轮盘形的刑具、仍然被锁在金属的枷锁和镣铐上的受害者的遗骨。

在之后的几个月和几年里，这座监狱逐渐被拆掉，但是它作为人民权力的强有力的象征，一直被人们记忆。正如巴士底狱被推倒一样，国王和他的妓女王后以及被憎恶的国家的贵族们，也将倒台。

真相——人间地狱?

这些画面当然能唤起我们的回忆，但这个富有传奇色彩的故事隐藏了一个更加平淡无奇的事实，那就是大多数进入巴士底狱的囚犯是谋反颠覆皇位或是反对基督教和天主教教徒的贵族，他们违反了国家或是宗教机构的法律。其他的囚徒包括作品被认为有煽动性的作者，比如哲学家伏尔泰，以及应家属的请求，国王下令监禁的变态者，比如臭名昭著的马奎斯·德·萨德。因为进入巴士底狱的大部分是上层阶级成员，这座监狱最多能容纳大约五十名囚犯。这意味着它的条件，不像那时其他许多运营中的监狱那么差，当然根本不像二十世纪的集中营。

截至路易十六统治时期，巴士底狱的下几层不再被使用，剩下的那些层，还保留着当时的完好的形状。每个囚犯每天分到一些钱——数额根据等级而变——满足他们基本的营养需求。与人们所想象的狭窄、棺材一样的牢房不同，大多数牢房大约五米长五米宽（十六英尺），并配有床和窗帘、桌椅、炉子和壁炉。大多数囚犯被准许把私人物品带入监狱，包括宠物、书籍和衣服。社会等级更高的囚犯，可以在花园院子里和塔楼上散步。

食物按照阶级等级来提供。尽管那些低等级阶层的囚犯大都得到的是稀粥和汤，偶尔几顿会增加火腿，他们也能定期地得到面包、酒和奶酪。对于那些社会等级高的囚犯，伙食要好得多。历史学家让-弗朗索瓦·马蒙泰尔曾记录在他被短期监禁期间，有一次尝到了“美味的汤，多汁的牛肋肉，油滋滋的炖鸡腿，一小盘油炸卤汁洋蓟；真正好的克雷森梨，新鲜的葡萄，一瓶勃艮第陈年酒和最好的摩卡咖啡”。

更有特权的囚犯，还有其他供应，比如酒和烟。同一个牢房里的囚犯，允许玩扑克牌游戏。尽管对于较贫穷的囚犯来说条件一般，但这座监狱也并不像后来传媒所描述的那样供应不足。实际上许多较为贫穷的囚犯，在这里可能比他们在外面更健康，并且可以说吃得更好。

巴士底狱的坏名声大部分来自于曾经被囚禁在那儿的作家的回忆录。他们对于表达自己的观点而被带走并被锁起来感到不公正，这意味着监狱提供的所有的舒适与被囚禁的不公正比起来都不重要。就是这种愤怒感和伤害，使得他们夸大了在狱中的艰苦条件。一个旧床垫被说成虫蛀的垫子，完好的衣服变成了虫蛀的衣服，并爬满了寄生虫。

监狱生活的作息活动，对于那些受过良好教育的极富创造力的启蒙运动的宠儿们来说是额外的负担。每天发生的事情，诸如在院子里散步时有卫兵跟随，一些小件物品如剪刀被没收，被迫与他们认为道德堕落的人待在一起，意味着他们感到自己被要熄灭他们创造力火花的官方丧失人性地残酷对待。

因此他们的回忆录经常试图对他们认为虐待过自己的体制进行报复。像西蒙·林圭特的《巴士底狱回忆录》以及路易·麦纽尔的《巴士底狱揭秘》都被人们急切地阅读，无论他们对作者所讲的故事是厌恶还是着迷。就是像这样的一些故事，在极为重要的1789年加剧了燃遍巴黎的愤怒之火，被革命的领导者作为他们斗争的宣传武器。

宣传革命

1789年7月14日，在巴黎发生的事件发展到了数月、甚至是数年以来暴乱的极点。法兰西王国背负着问题日益严重的长期债务，由于美国

据说攻打巴士底狱的人群包括男人、女人、儿童……和一名装扮成独眼巨人的演员

独立战争时期为十三个殖民地的大陆会议提供援助，近来债务更是大量地增加。法国决定支持美国人反抗英国统治以争取独立，但这种支持建立在他们不能承担的代价之上。

在路易十五和路易十六统治期间，有几位大臣曾经徒劳无功地建议，对税收制度进行修改，把贵族包括在纳税人之中。为了逃避他所继

马奎斯·德·萨德

1784年到1789年间，巴士底狱具有传奇色彩的囚犯之一是臭名昭著的马奎斯·德·萨德。他因对年轻男女的性虐待和肉体折磨而被冠以恶名，因他的作品宣扬不受任何一种宗教或道德约束的极端放荡而出名。

尽管革命事件的宣传者根据想象编造大部分反皇派分子被关在巴士底狱，马奎斯·德·萨德是监狱真正用来囚禁的那一类恶棍。与流传中的描述相反，不同于巴士底狱牢房里受苦的囚犯们所忍受的恶劣的条件，德·萨德在监狱中过得很舒适。

作为一名贵族，在他被关押期间，他被给予许多特殊关照。他可以有一张桌子和一个衣柜，许多衬衫，丝绸马裤，外套，浴袍，四张家庭画像，挂在牢房墙上的壁毯，天鹅绒的垫子和枕头。他有三种气味的香水——玫瑰、橘子和古龙水——以满足他的个人需求，还有蜡烛和油灯，为他晚上从储藏丰富的图书馆借来书籍阅读所用。当他的视力衰退时，他被允许请来眼科医生给他做诊断，以帮助他看得更清楚。

1789年7月2日，德·萨德向巴士底狱窗外大喊：“他们在这里杀害犯人！”为此，他被转移至查宁登的精神病院。1790年，他获得自由，并以“公民萨德”之名被选入国民大会。可是，他的贵族背景给他制造了很多麻烦，即使他对恐怖统治的公然反对，也不能有所帮助。1792年，他再次被送进监狱，后来被判死刑。但是他与“断头台夫人”的约会碰巧在前一天由于罗伯斯庇尔的倒台被延期。1803年，他被宣布变疯。他活到七十四岁高龄，1814年死于查宁登精神病院。

监狱里的马奎斯·德·萨德

承的财政问题，路易十六任命一名温和的财政大臣处理这个危机。1788年8月8日，他同意召集定于1789年5月的法国议会。当法国议会1789年5月5日在凡尔赛宫召开时，事态清楚地表明代表新兴中产阶级的第三阶层寻求激进的变革，大臣们试图使会议只集中在税收问题上，但他们所做的努力都失败了。5月28日，第三阶层进一步行动赋予议会立法权。三个星期后，议会投票通过了一项激进的举措，把自己称为法国议会，代表“人民”而不是第三阶层。

随着事件急剧发展到失控的地步，路易十六关闭了议会，但是议会只是转移到了国王的网球场。在那儿议会继续商议，并进行了“网球场誓言”的宣誓，一致同意团结在一起，直到为法国制定一部宪法。截至6月27日，为数众多的军队开始出现在巴黎和凡尔赛宫附近，这使得巴黎人民非常紧张。当路易十六撤掉他的改革派财政大臣时，人民相信这些事件是皇室镇压的序幕，这推动了巴黎革命的开始。

“巴士底日”事件的真实情况笼罩在神秘的气氛之中，并且被后来的故事大加美化。真相是在7月14日，反叛者们，包括巴黎普通市民和演员、作家以及巴黎卫兵对巴士底狱进行猛攻，他们认为里面藏有弹药和反皇派囚犯。

当人群开始向前推搡，巴士底的战斗开始了；在混乱中有人开了一枪，双方都认为对方对此负有责任。通往城堡内部院子的吊桥被一些革命者放了下来，但是人群误认为是典狱长命令把它放下，目的是引诱他们进入，这样他们就会被院子里的大炮大规模地射杀。结果，当人群最后逮住他时，他们没有放过他。

当巴士底狱的牢房们被打开时，只有七名囚犯出现在人们眼前——被法庭审判并认定有罪的四名造假者；两名精神病人，其中一个认为自己是尤利乌斯·凯撒；另一名是一个危险的性侵犯者——苏拉奇伯爵。所有成为路易十六残酷政权的囚犯受害者们，都到哪里去了呢？他们都不存在。

可是，这不是年轻的革命者们想要全国人民听到的。如果巴士底狱事件没有满足他们的目的，那么他们就必须要制造出来一个新的故事。因此革命的领导层编造了被他们解放的囚犯，并尽可能广泛地刊登他们解救囚犯的故事。出现在巴士底狱的这几个令人讨厌的人物，迫使革命的辩护者凭空捏造出一个人——罗尔日爵士。这个被虚构出的人物，被不公正地囚禁并被单独锁在潮湿的牢房里长达四十年，直到7月14日被放出来，他完全茫然不知何故。为了强调这个可怜的人的不幸，他始终被描述成长期营养不良的人，长着可以想象出的最长的白胡须，骨瘦如柴的胳膊向前伸出，感激营救他的人。

为了使故事更生动，革命者们从城堡中拿出了中世纪的盔甲，把它们当成摧残不幸囚犯的铁制紧身衣展示。一部旧印刷机的锯齿状的零件，被描述成轮盘形的刑具。当遗骨从监狱中的坟墓中被挖出来时，他们马上宣称那是死在牢房中的囚犯的遗骨，被守卫遗忘并还在墙上锁着。事实上，它们更有可能是几个世纪以前死去，并被埋在城堡里的守卫的遗骨，但这并不能阻止它们在这出上演的戏剧中被当作几个角色。在庄严的仪式上，这些遗骨被正式地移走，并按照追悼的仪式入殓。每件发生的事情被仔细地改编，以求达到最大的效果，目的是使巴士底狱变得危言耸听——通过它使专制的君主制恶魔化——把在重建国家时站在最前方的人民神圣化。

历史影响

攻陷巴士底狱对于法国大革命的发展是一个关键的事件。它的被攻取，显示了国王在坚决反抗面前的软弱。7月27日，国王被迫返回巴黎，在充满敌意的呼喊声中接受了一个授给他的制作拙劣的三色帽徽，这时他的软弱再次被生动地展现出来。由于关于巴士底狱的宣传变得广为人知，路易十六被认定对监狱中所谓的罪恶负有责任。

巴黎的事件激起了法国国内更多的起义。在乡村地区，民众变得更加激进，许多农民烧掉地契，抢夺地主的土地。法国议会废除了封建制度，并任意地去除了贵族的土地所有权和教士征收的什一税，在它的帮助下，无政府的混乱状态出现。最后他们宣告成立议会的一个单独机构，并宣布没收教会财产以减轻他们的财政危机。

当国家经历一个又一个危机艰难前行时，一个声音反复响起——有必要找回革命开始时那些最光辉岁月里的价值观和激情。当部分军队起义，抗议法国议会议员超过当选期限任职时，他们被指控是想要败坏围攻巴士底时取得的成果的反革命分子。

国王确信他躲不过这场混乱，在1791年，他试图秘密携全家出逃。他们打扮成仆人模样，打算逃到蒙特米德的保皇派大本营，但是他们的出逃失败了，国王被认出，一众人等在瓦伦被逮到。路易十六被带回巴黎后，被认为有更大的欺诈和背叛嫌疑，并被迫接受了1791年9月确立法国成为君主立宪国的新宪法。

为了驾驭攻陷巴士底狱所释放出的力量，法国议会在吉伦特派和雅各宾派两支政治派别的影响下，试图通过把革命推广到欧洲其他国家，建立一个新的世界秩序。1792年，在吉伦特派政治家杰奎斯·皮艾尔·布里索的带领下，法国对奥地利宣战，这促使几周以后，普鲁士加入奥地利一方。起初战事对法国不利。法国军队缺乏纪律和物资，被对方轻松击退，这使得奥地利和普鲁士军队共同入侵法国。同时由于当年的收成一般，以及立法会议上制定的农业政策，出现了严重的食物短缺。

物价猛涨，人民开始袭击商店和仓库。人们认为饥荒是皇室用来帮助入侵的外国军队的计谋。1792年8月，一群暴民攻击了巴黎王宫，并逮捕了国王。一个月后，议会废除了君主制，宣布成立共和国。1793年1月21日，根据法国议会的命令，国王被处死，同时王位的继承者——七岁的路易十七被投进监狱，三年后死在牢房里。著名的美貌王后玛丽·安东尼特在1793年10月16日，继她丈夫之后也被送上了断头台。

雅各宾派在国民大会中是一个激进的团体。他们要消灭“古老王国”中旧有秩序的所有痕迹。在罗伯斯庇尔的领导下，他们建立的“恐怖统治”从1793年9月5日开始，一直持续到1794年7月27日。今天，他们的名字已成为了政治极端主义的代名词。

当物价继续上涨，穷苦的劳动者和激进的雅各宾党人爆发骚乱，雅各宾派以阻挠可能的反革命活动为借口，通过议会政变夺取了政权。到这时为止，在事态恶化的情况下，巴黎市民会指责所谓的反革命分子，继而走上街头发动暴乱，以试图重建攻陷巴士底狱时所带来的氛围和市民的自豪感。如果政府试图控制谷物价格，如果饥荒范围扩大，或者如果暴乱人群中受喜爱的人物被刺杀或逮捕，在鼓动者的煽动下，巴黎人民会随时起来抗议。正是这些鼓动者的参与，引发了1789年7月14日的事件。可是，这时法国议会吸取了教训。

1793年，共和国安全委员会由冷酷无情的马克西米利安·罗伯斯庇尔领导，他在1789年曾作为律师被选入法国议会。雅各宾派施行恐怖统治，并由罗伯斯庇尔作为实际的法国独裁者领导。大约一万七千人死去，其中许多人被送上了断头台。他们包括一些罗伯斯庇尔以前的朋友，比如他的雅各宾派同僚乔杰斯·丹东。一点点反革命想法或活动的迹象就足以使任何人受到怀疑，被执行的那些审判经常是骗局而已。在恐怖统治期间，主要的受害者是那些最先开始革命的人。罗伯斯庇尔深知一个事实，那就是如果暴力不被政府所控制，它最终会毁掉政府。但是最后他做得过了头，并最终被推翻，因为国民大会的其他成员担心自己的性命不保，转而反对他。罗伯斯庇尔试图饮弹自杀，但没能成功，第二天没经过审判就被送上了断头台。

当代世界持久地受到法国革命思想和范例的影响。尽管深刻地受到美国先驱者们的影响，但法国的事例仍对全世界有着极大的影响。法国革命产生了现在许多人所理解的民主政治，创立了英联邦的威斯敏斯特体制以外的政府总统体制的构架和类型。

十九世纪和二十世纪，全世界的革命者们都会学习法国的经验，为他们的实践寻找启示。例如，俄国革命直接受到1789年事件的鼓舞。正如列宁所宣称，“我们需要真正的遍及全国的恐怖使国家复苏，伟大的法国革命就是靠它取得了辉煌”。

欧洲民族主义的复苏，和伴随而来的第一次世界大战的恐怖，都起源于这次革命。原来是强大帝国一部分的少数民族，把法国革命看作是一个可以效仿的例子，渴望得到自由并建立他们自己的民族国家。在许多方面，因为他们寻求解放，导致欧洲在一定程度上局势不稳，最终在1914年爆发了战争。

安德鲁·杰克逊是十九世纪二十年代和三十年代美国政治的主要参与者

美国印第安人被迫迁移
（1830年）

我常常真诚地希望，对于印第安部落，在我们能力所及之内奉行一个公正开明的政策，并对他们的权力和需求给予人道和体贴的关注。他们的权力和需求，与我们政府的习惯和我们人民的感受是一致的。

——安德鲁·杰克逊

暴力只能被谎言隐瞒，谎言只能被暴力维持。任何曾经宣称把暴力作为手段的人，都不可避免地被迫把谎言作为他的准则。

——亚历山大·索尔仁尼琴

谎言

彻罗基族和其他美国印第安人和平自愿地向西迁移。

真相

总统安德鲁·杰克逊残忍地对待美国印第安人！

主要参与者

安德鲁·杰克逊，美利坚共和国第七任总统。

马丁·范布伦，美利坚共和国第八任总统。

流传迄今的故事

1776年，美国的十三个殖民地宣布脱离英国独立之后，他们迅速开始了巩固政权的过程，建立了联合政府和州议会。尽管新成立的美国被认为是一个国家，但在它的境内，还有一些把自己看作独立国家的民族——美国印第安人。许多印第安人被给予在州议会管辖之外的领地，他们在那儿居住并拥有自治权。可是，白人移居者不断增长的对土地的需求，意味着印第安人的领土由于被非法侵占正在慢慢地被缩小，并且这经常发生在政府部门的默许之下。截至十九世纪二十年代，许多白人政治家拥护一个计划，即跨过密西西比河，把印第安人向西迁移到一片在可预见的未来里，不可能被纳入美国的土地上。这可以使他们夺取目前被印第安人拥有的占据的并开发的土地。印第安人当然哪儿也不愿意去……

对于生长在二十世纪中期的许多孩子们来说，西部片是当地电影院周六日场电影的常规节目。情节差不多经常是相同的。例如，在约翰·福特导演的电影《关山飞渡》中，阿帕切族印第安人袭击了马车，多亏了英勇的美国骑兵队的及时赶到，印第安人在最后时刻被击退。印第安人总是这些历史故事中的反面角色，尽管孩子们也许不会质疑这个模式，但一些成年人也许好奇，为什么印第安人总是袭击拓荒者。

电影中只描述了印第安人所做的事，但在现实生活中，他们这样做是出于无比的愤怒——愤怒于白人侵占他们的土地，愤怒于整个十九世纪里强迫他们向遥远的西部迁移。

强迫移民开始于十九世纪二十年代和三十年代，政府政策的官方记录，特别是总统安德鲁·杰克逊起草的计划的记录，煞费苦心地强调强制疏散是和平和自愿的性质。一份接一份的报告宣称，强制疏散进行顺利，除了一些反抗者，印第安人在新环境中很幸福。

在白人议员为国内消费准备的账目中，事实不能再从经过处理的账目所呈现出的画面中被抹杀。和平的疏散之谈，是一个谎言。杰克逊的计划是蓄意谋杀和极端的，是导致与此相关的印第安人遭受苦难的元凶。他的政策也许开启了对北美无限的自然资源的开发，为美国未来的繁荣打下了基础，但把印第安人驱赶出东南部数州的强硬策略，是以成千上万男人、女人和孩子的生命和幸福为代价的，他们被迫离开了自己的家园。

官方版本的故事——印第安人自愿的迁移

勇敢的边远地区家庭变得愤怒起来。大片的森林和延绵起伏的草原，吸引着这些喜欢冒险并雄心勃勃的拓荒者，但问题是它们合法地被印第安人所占有。

截至十九世纪二十年代，所有人对于居住在密西西比河东部的印第安部落的问题，都看得很清楚。白人开拓者和土地投机商偷盗印第安人的牲畜，烧毁他们的村庄，侵占他们的土地，持续侵扰印第安人，来自他们的这种压力引起双方的冲突、灾难和死亡。在今天佐治亚州的彻罗基土地上发现了金矿，这更加恶化了接近燃点的形势。

南方数州，比如阿拉巴马、佐治亚、田纳西、密西西比和卡罗莱纳，向总统安德鲁·杰克逊提出请求后，他同意必须做点儿什么，为这个问题找到一个永久的解决办法。他在密西西比河西部划出一个地区给印第安部落。在1829年国会上的一次讲话中他宣布："这次迁移应该是自愿的，因为强迫原住民放弃他们父辈的坟墓，在遥远的土地上建设新家园是残忍和不公正的。但是他们应该清楚地被告知如果他们继续留在各个州境内，他们必须受其法律的约束。"

印第安人在密西西比河另一端他们自己的领土上平安地生活，他们可以慢慢地被介绍给一些白人文明的优势，也可以被提供庇护不受那些掠夺成性的无耻的拓荒者的侵扰。选择留在祖先土地上的人，应该与其他公民一样被同等对待，应该"很快融合在我们的民众之中"。1830年，《印第安人迁移法案》正式被通过。

迁移涉及的主要部落是彻罗基族、克里克族、巧克陶族、契卡索族、塞米诺族的印第安人。对于这些部落，杰克逊总统承诺以大方合理的条件换取他们祖先的土地，并保证给予他们不受白人干预的自治权。他声称自己不是一个仇恨印第安人的人，他坚持说一旦印第安人迁移到密西西比河以西，他们的文化不会受到破坏，他们不会被唯利是图的白人灭绝。因为大多数美国白人相信，他们的国家永远不会扩展到密西西比河以外，印第安人在他们的新区域里会很安全。

迁移协议立刻得到批准，涉及的印第安人主要集中在南部的几支强大部落，北方的几支弱小部落也包括在内。杰克逊在任期间的这段时间里，政府批准了大约七十个个人协议，包括大约四万六千名印第安人。

重要的是，按照杰克逊的话，迁移法案没有明确地强迫印第安人离开他们的土地。因为许多印第安人没有去往密西西比河西部长途旅行所需的工具和食物。法案明确说明，联邦政府要提供食物和交通工具予以帮助。可是，在迁移的过程中，杰克逊对那些留在土地上的印第安人的担心成为了现实。对于大部分留下来的人来说，他们发现自己被剥夺了土地，并被当作二等公民对待。如果任何印第安人敢于回到原来的房子，他们就会遭到现住居民和新建立的州政府的公然敌意。

当彻罗基族人跑到最高法院反对佐治亚州颁布的强迫他们迁移的一系列法律时，杰克逊请求部落长老们和酋长们通过谈判达成联邦政府的协议，避免升级成暴力的潜在可能。"那么考虑一下这些事情吧，"他说，"不要去听坏的劝告。看看你们现在的状况，然后考虑一下如果你们接受我给你们的建议结果将会怎样。"他们同意了，然后开始向西行进，结果截至1838年，只有不到两千人留在佐治亚州。

因此马丁·范布伦总统——杰克逊的后继者，颇感自豪地向国会宣称"在最后一次会议上国会授权的措施……已经起到了令人满意的作用"，并且"彻罗基族没有明显的不情愿地迁移"到了密西西比河另一端，到达了他们的新土地上，也就是今天的俄克拉荷马州和堪萨斯州。

真相——安德鲁·杰克逊其人

尽管公开承认把印第安人的利益放在心中，但杰克逊总统真正更感兴趣的是使得他的政治选民们满意。这些选民们是南部和西部的开拓者，他们行为粗鲁，直来直去并且身体健壮。为了他们的利益并且因为他们对印第安人土地的欲望，《印第安人迁移法案》第一次被构想。

杰克逊的选民们对他们的代表有着极大的信任，因为在几年时间里，他已经向他们证明了自己的价值。他身高将近一点八五米（六英尺一英寸），有着一头长而浓密的红头发，随着年龄的增长已经变成了灰色。他的脸和手上留有利剑划过的伤疤，这是他年轻时拒绝给一个英国士兵擦靴子，被那个人划伤的。可是这些伤疤比肉长得更深，它们标志着他像钉子一样刚强的为人不会被天真的感伤情绪所动摇。他可以成为一个忠实的朋友，但也是难以和解的敌人。

反抗印第安人强制迁移的彻罗基族首领塔哈奇

1815年，少将安德鲁·杰克逊赶走了在新奥尔良的英国人。一年前，他还在阿拉巴马州的马掌克里克战役中与印第安人作战，当时克里克族印第安人已失去了佐治亚州南部和阿拉巴马州中部的九百万公顷（两千两百万英亩）土地。1818年，他利用塞米诺尔人为逃亡的奴隶提供避难所的惯例作为借口，侵入了西班牙的佛罗里达并与其交战，夺取了更多的领土。杰克逊发动的战役是具有谋杀性的，导致家园的大规模损毁、成千上万人的死亡和酋长的被俘。塞米诺尔人被迫放弃他们的土地，向西朝着还没有被白人拓荒者看好的土地迁移。

杰克逊又把目光投向了现在是佐治亚州的彻罗基族人的领地，他的支持者们知道，无论付出多大代价他都会得到它。当南部各州在十九世纪二十年代早期开始对联邦政府施压，以执行强制印第安人迁移政策时，他们意识到必须把他们的代表送进总统办公室。

1828年的大选中他们这样做了。阿拉巴马州、密西西比州、佐治亚州和田纳西州的选民们授予杰克逊极大的广泛的权力，用此授权实现激进的改革，以把印第安人安置在联邦领土上。杰克逊当选美国总统后，立刻通过他的国防部长发表的声明表明态度，他又对国会宣布，他“不再保护印第安人免受需要土地的南部各州的侵扰了”。

尽管杰克逊承诺和平的迁移，但事实却完全不同。那些最了解他的人，特别是那些知道他叫“老山胡桃”的人，明白他把印第安人强制疏散描绘成自愿的迁移，是用虚构故事遮掩残酷的事实。无论代价是什么，有一点总是清楚的，那就是杰克逊打算尽他权力所能，促使他们梦想的实现，即把白人领导权扩展到整个美国东部。正如他自已所宣称的，“什么好人会喜欢一个覆盖着森林，遍布着几千野蛮人的国家，而不喜欢我们广袤的共和国，密布着城市、村镇和繁荣的农场……并得到

老山胡桃

1812年，抗击英国人的战争为安德鲁·杰克逊博得了民族英雄的声誉，这个身份很大程度上来自于他在1815年1月8日新奥尔良战役对战英国时取得的决定性胜利。

在这次战斗中，杰克逊的四千名士兵和民兵面对大约一万人的英国军队。英国军队用他们常用的战术，以常规阵式行军通过一片空地，但是杰克逊已经在一排棉花包后隐蔽了十六门重炮，用它们歼灭前进的英军。战役结束后，英军遭受两千多人伤亡，杰克逊军队只有十三人死亡、五十八人受伤或失踪。杰克逊在这场遭遇战树立了声誉，成为一名作战老练的指挥官，在他的军队中广受欢迎，但更重要的是，他成为了一名知道如何取胜的首领。

在一次冲突中，杰克逊得到了绰号“老山胡桃”。他接到命令把他的田纳西民兵部队派往密西西比州的纳切兹，但当他赶到那儿时，他被命令解散部队，因为他们不再被需要。杰克逊拒绝了这个命令，下令部队行军返回田纳西。对于行军的人来说，纪律是严格的，但他们不由自主地开始敬佩杰克逊的坚定和权威，评论他像老山胡桃一样坚韧。这是一个大家公认的名字，也是他带着自豪接受的名字，他相信这个名字概括出面对逆境的一种坚定的不屈不挠的态度。

自由、文明以及宗教的赐福？”

这是一个大家公认的名字，也是他带着自豪接受的名字，他相信这个名字概括出面对逆境的一种坚定的不屈不挠的态度。

尽管杰克逊对于他所建议的行动进程没有良心不安，但对于国会中其余的人不能这样说。国会在这个问题上痛苦地分成两派，许多人把它看作是对载入宪法的自由和平等原则的难以接受的攻击。可是，最后总统占了上风，国会以最微弱的票数优势，使议案通过变成了法令。

杰克逊现在取得了他所需要的合法权力，以此把印第安部落从密西西比河东部疏散到西部。对于印第安人来说，这是悲惨的调换，因为这牵涉到他们离开已经定居的土地去往荒蛮之地。尽管政府承诺它会“永久”为他们以及他们的“后代或继承者”“保卫”这块土地的安全，“保证”这块土地属于他们，并且为他们对东部土地所做出的开发提供赔偿，可这些从未兑现过。但是，印第安人想什么不太重要，因为任何拒绝遵守强制令不走的人，都被国家的民兵从他们的家园赶走了。

杰克逊对于铲走印第安部落自然要摘取所有功劳，宣称印第安人对让上帝害怕的殖民者和拓荒者构成的危险解除了。共和国的公民现在可以自由地使用土地，以传播文明和上帝的圣令。这种观点被杰克逊的同胞们完全认可，1833年，他们再次选举他连任总统。杰克逊宣称他迁移印第安人是为他们着想，他的同胞们对他的话信以为真并照着去做。很少有人知道或关心这些变化对印第安社会和他们的生活方式将带来的破坏性的影响。

“血泪之路”

彻罗基族人的命运悲惨地证明了印第安人的困境，不顾官方怎样宣传，他们不愿意搬走。起初在1794年，乔治·华盛顿保证他们在佐治亚州、阿拉巴马州和密西西比州的部落土地的所有权。他们还赢得了被看作是具有独立主权民族的权利。彻罗基族是美国印第安人中被西化程度最深的一支部落，他们已经采用了殖民地的许多生活方式和习惯。他们

安德鲁·杰克逊把他的总统继承者马丁·范布伦说成是“没有诡计的正直的人”

接受了美国的法律，已经开始使用殖民者的农耕技术，开垦了果园和菜园。学校和西化的教育已经被引入，他们从事贸易和制造业，已经皈依基督教，拥有非洲奴隶，甚至还完善了一部书面形式的宪法。

可是，无论他们怎样“先进”，彻罗基族人看到随着时间的推移，他们的土地从1800年的十三万平方公里（五万平方英里）被缩减到1828年的三万九千平方公里（一万五千平方英里）。不过，他们固执地拒绝把他们的土地卖给国家或佐治亚州，因此州政府通过没收他们的财产，强迫他们搬到另外的地点予以回应。当佐治亚州议会把权力扩展到彻罗基族所有的领土上时，他们知道他们的独立受到了威胁。

当《印第安人迁移法案》开始生效时，彻罗基族采取反抗的态度。他们在1830年上诉联邦政府，陈述“我们不愿意搬离，如果我们被以这种极端的手段对待，如果这将要发生，而且没有通过论证……但这只是因为我们不能忍受被剥夺民族和个人的权利，不能屈从于这种令人无法忍受的压迫过程”。他们的这些话语令人激动，但杰克逊却对他们的抗辩充耳不闻。

给予彻罗基族人一些希望的一件事，是来自东部几个州的对政府政策的批评。他们开始提交法律诉讼，希望这会迫使迁移法案被废除。他们提交到最高法院的第一个诉讼被驳回，理由是印第安人是一个“隶属于美国的民族”，因此没有资格提交任何反对联邦政府的诉讼。

第二次努力更成功一些。一名佛蒙特州的传教士向最高法院提出诉讼控告佐治亚州，主要内容是住在佐治亚州的彻罗基族是否与其他公民一样是本州法律法规的受益者。让杰克逊的支持者们感到惊慌的是，最高法院宣布彻罗基民族不是宪法中所写的“外族联邦”。彻罗基族是他们所居住土地的合法所有者。因为《印第安人迁移法案》旨在剥夺彻罗基族的土地，并且把佐治亚州的法律扩展到彻罗基族的土地上，最高法院陈述“所有这些法律（包括《印第安人迁移法案》）被宣告无效，因为它们与现行生效的条约相抵触，与美国宪法和1802年国会法案相抵触”。

尽管美国通过1803年的“路易斯安那购地”取得了密西西比河西部的土地，但它的目的不是扩展美国领土，而是制造一个缓冲地带，为了阻止法国和西班牙在国家的西侧发展势力。

彻罗基族首领们欢呼雀跃一个独立的司法部门能够阻止行政机构滥用权力，正如那些拟定宪法的人们所意图达到的。但是他们的喜悦没有持续太久。佐治亚州拒绝法院的裁决，火冒三丈的杰克逊总统拒绝执行法院的判决。他花费了大量的时间和精力促成驱逐印第安人一事，他不会让一个法院的判决挡住路。由于宪法规定最高法院不能自己废除相关的法律，它被束缚住手脚，因此关于实施驱逐彻罗基族的军事管制得以宣布。

杰克逊政府对彻罗基族首领们施加了最大压力。1835年，部落成员们带着他们最终同意的条件出现。《新埃阔塔协议》把佐治亚州所有彻罗基族的土地以总价五百万美金卖掉，并且规定彻罗基族迁移到密西西比河西部。可是，因为彻罗基族的酋长不是协议签署者之一，部落大多数人宣布协议不合法。他们再次把诉讼提交到最高法院，但再次败诉。当立法机构的全体成员经过长时间的辩论，以一票的优势批准了此协议时，所有的希望最终都破灭了。

1838年，当马丁·范布伦成为美国总统时，大多数彻罗基族人还没有开始迁移，因此他派出七千人的部队用刺刀相逼把他们赶到临时的居留地。他们不允许彻罗基族人收拾他们的财物，因此当他们离开时，他们的家园遭到洗劫。居留地的条件极为恶劣，结果印第安人染上了痢疾和一系列其他疾病，许多人最后死掉了。在这些临时居留地，彻罗基族人被分成不同的队伍，被迫从佐治亚州向俄克拉荷马州迁移，这段历程也就是人们所了解的彻罗基民间故事中的“血泪之路”。在这些强制迁移过程中，超过四千人死于疾病、饥饿和寒冷，占离开祖先家园的人的四分之一。

历史影响

对东南部印第安人的强制迁移，导致了若干后果。最重要的是对美国印第安人的独立民族命运的影响。在杰克逊总统任期之前，东部沿岸的不断扩张的白人居住区，和占据内陆的美洲原住民之间时有冲突发生。可是，支持印第安民族独立的观点一直是从乔治·华盛顿以来所有前政府的立场，藉以通过保护和相互交往逐渐“教化”他们。

直到约翰·昆西·亚当斯任期时的所有联邦政府的立场，一直是阻止印第安人从他们被授予的土地上迁移。对比亚当斯对印第安人的关切保护的天性——比如他拒绝执行由佐治亚州通过的一份有争议的条约，迁移克里克印第安人——和杰克逊征服的经历，虽然都是通过武力和条约的方式，结果显示在对待原住印第安部落的政策上，有明显的改变。获得联邦政府批准的驱逐行动造成的影响，是正式地把一种观念制度化，那就是印第安人永远跟白人是不平等的，跟印第安人维持协定，只是浪费时间和精力。

当乔治·华盛顿的智慧被安德鲁·杰克逊和他的支持者的贪婪所取代时，印第安人占有宝贵土地的事实意味着他们不会安全。快速扩张的美国经常冲撞分隔两个种族的界限。永远的印第安边境的概念被不可避免地废弃，留下来的少数印第安人或者被杀死，被赶到一起形成小居住群，生活在没有经济价值的土地上，或者被日益单一的文化所包围并被浸没。

许多美国人认为试图教化原住民，没有太大价值，同时他们又惊讶于葡萄牙和西班牙对待南美洲印第安人的方法。他们不仅试图把印第安人完全并入到他们定居的居住区，还按照多米尼加和圣方济各会传教士所要求的，给予他们天主教会正式成员的身份。甚至更糟的是，他们开始通婚并和印第安伴侣生出"混血儿"。美国人没有与原住民通婚的愿望，这样会使他们作为上帝的选民的传统变得不纯正，他们试图杀掉或迁移那些他们认为社会地位和精神上低等的人。杰克逊留给后人的是使印第安人从眼前消失，这个政策差一点儿就成功地使印第安人永远被遗忘。

据估计，截至1824年，彻罗基族拥有超过一千两百名黑奴。

强制迁移的第二个后果，是它恶化了自独立战争以来在婴儿时期的美国蓄势待发的一个地域冲突。高度工业化的北方，越来越把自己的利益看作与拥有奴隶的南方的利益相对抗，两个团体都试图使每种情形对自己有利。通过《印第安人迁移法案》——北方和南方对此态度明显不同——佐治亚州看到了一个机会，随着种植园数量的不断增长和奴隶制度的蔓延，借此机会可以把南部生活方式延伸到新地区。南方的其他数州，也看到了减慢政治衰退的潜在可能，通过夺取更多的土地对抗北方快速增长的人口和工业产量。随着两个地域差异的增大，相互间的憎恶不断增加，这些逐渐加剧的紧张形势将主导美国接下来的二十年。情况由糟糕变成疯狂，最终爆发了1861年的内战。

强制迁移美国印第安人的辩解者宁愿声称这项政策留下来的最重要的影响是它开发了美洲大陆的大量资源，为美国未来的繁荣和强大提供了基础。拓荒者现在可以进入密西西比河沿岸的肥沃土地，那儿最适宜种植庄稼和养牛。还有大片的森林，足够满足对木材的需求，充足的淡水、鱼和猎物为不断扩张的人口提供了食物。金子、贵重金属和一系列其他自然资源在以前印第安人的土地上被发现，所有这些有助于刺激工业的发展，特别是对北方的工业。迅速增长的人口，迫使人们为了寻找土地从人口中心迁移到越来越远的地方。十九世纪三十年代所有的工厂都经历了一个繁盛期，这是夺取印第安人领土的结果，光是东南部地区，被夺取的土地总数就达到大约一千万公顷（两千五百万英亩）。这犹如一块奠基之石，美国未来的强大就建立在此之上，但这是一个以牺牲美洲大陆最早的原住民为代价而换来的未来。

1942年“巴士底日”，夏尔·戴高乐将军在伦敦检阅“自由法国军”

法国的合法战时政府
（1940–1944年）

面对……一个完全被敌人控制住……的瓦解的政府，我，戴高乐将军，一名法国士兵和军事首领，意识到我现在代表法国讲话。以法国的名义，我作出以下庄严的声明：继续斗争是所有持有武器的法国人分内的责任。

——夏尔·戴高乐

一个崇高的谎言胜过一个糟糕的真相。

——罗伯逊·戴维斯

谎言

成立于1940年的维希政权是不合法的，不代表法国。

真相

维希政权是法国的官方政府！

主要参与者

夏尔·戴高乐，法国抵抗运动领导者。

亨利·贝当，第一次世界大战的英雄和维希政权的领导者。

流传迄今的故事

截至二十世纪三十年代，法兰西第三共和国处于混乱状态中，被长期争斗的派系搞得四分五裂。正当德国在希特勒领导的纳粹党的有害影响下重整军备之时，平庸的无足轻重的人们变成了政府领导者，法国失去了方向。但是德国构成的危险没有被重视起来。法国社会主义者专注于和平主义和绥靖政策，而天主教各派别支持法西斯主义者，把法西斯主义看作是抵御共产主义的唯一堡垒。当1939年临近时，法国的军队兵力和设备严重不足……

这是一个书写法国历史的审判。1997年，莫里斯·帕彭——一名维希政权的前法国政府公务员，曾经担任过戴高乐集团的财务大臣，由于战争犯罪被送上法庭。他被指控在担任波尔多市犹太事务部秘书长时，亲自下令逮捕一千五百六十名犹太人，并把他们驱逐到德朗西驱逐营，包括儿童和老人，经常置他们于不人道的环境之中。

在审判过程中，奥利维埃·吉夏尔——戴高乐任总统时期负责数省经济发展的一位前部长，被要求作为被告证人。当他被问到战争时期帕彭与维希政权勾结是否被人所知时，他回答道：“在解放运动时期，戴高乐非常想解放国家。这就是为什么他编造了维希政权实际上并不存在的故事，另外一个虚构的故事是我们赢得了战争。戴高乐试图使大多数法国人民免受审判。他的理由是你们不能为了一个根本不存在的国家的利益，而归罪于人民！”法庭震惊了，陷入一片寂静之中。但是不止这些。当然，所有将军手下的部长们之前都在维希政权任职。但是既然维希政权是非法的，这件事就好像没有发生过一样。

这就是真正的原因，它终于被公之于众——为什么戴高乐所做的战后声明说维希政权是非法的，它并不代表法国；为什么这个声明宣布“法国”驻扎在伦敦，以及欧洲大陆仅有的法国公民是抵抗运动的一部分。戴高乐为了战后国家的统一，蓄意编造了一个虚构的故事。真相是维希政权是法国的官方政府，被许多国家承认，包括美国，并且当维希政权看起来要倒台时，许多领导层的合作者成为了抵抗运动的成员。这个谎言留下的后果，是它掩藏了战时的暴行和通敌的罪行长达半个世纪以希望历史会忘记，但是甚至今天它还引起激烈的争论。

官方版本的故事——驻在伦敦的法国

1940年5月10日，死神逼近法兰西第三共和国，那就是德国的国防军和空军。德国的闪电战迅速、残忍，完全出乎意料，结果仅仅几周时间，盟军的抵抗就被完全击溃。5月27日至6月4日间，超过三十三点八万人从敦刻尔克海滩撤退，6月14日，德军胜利挺进巴黎。两天以后，6月

16日，法国六百四十九名议员中的五百六十九人投票赋予亨利·菲利浦·贝当元帅全部和特别的权力，来拯救即将战败的国家。第二天，贝当元帅宣布他的新成立政府有意与德国占领者谈判达成停战协定。在德国1918年被迫签订停战协定的同一节火车车厢内协定被签订，根据停战协定的条款，法军被解除武装并被遣散。整个国家被分成两个地区，德国占领大约百分之六十，包括整个大西洋和英吉利海峡沿海地区，以及法国西部、北部和东部最富饶的地区。未被占领的“自由地带”位于南部，在这儿一个半独立的法国政府被建立起来。在疗养胜地维希小镇，八十四岁的贝当元帅组建了政府，维希变成了它的行政中心。巴黎仍然是整个国家的首都，新的政治制度被称作法兰西国，而不是法兰西共和国。贝当被授予立法、司法、行政、执法和外交权，以及“法兰西国元首”头衔。维希政府保留下来的法律对沦陷区和未被占领区有效，前提是这些法律不撤销德国的指令。维希政府就这样产生了。

但是，所有真正的法国爱国者最后的希望，是做好准备等待机会的到来。1940年5月，夏尔·戴高乐上校在两次装甲战中成功地击退德军的进攻后，被提升为陆军准将，随后被召回成为法国内阁成员。当法国的抵抗被镇压时，他强烈反对向德国投降。这种观点被共和国总统保罗·雷诺所赞同，因此在他的同意下戴高乐戏剧性地逃往英国，在那儿他目睹了法国政府的倒台。他因此把伦敦作为军事行动的基地，在那儿号召所有法国人拿起武器反抗外国占领，反抗第三共和国被非法解体后设立的非法傀儡政府。成千上万的人回应他的号召，结果著名的法兰西抵抗运动诞生了。

戴高乐在伦敦建立了流亡政府，自己作为首领，指明他是合法的雷诺政府的最后一名能行使权力的成员，声称贝当的任职是违背宪法的政变。他坚称法国在欧洲大陆不再以任何政治意义存在，他和他的支持者们拥有唯一的合法机构，其余的法国人与现实的和历史意义上的国家相脱离。然后他创建了“自由法国军”，它在1944至1945年解放法国时起到了重要作用，在“诺曼底登陆日”之前总数达到四十万人。因此是戴高乐和他的“自由法国军”——当然也包括法国——与其他同盟国一起击败了德国。当戴高乐登陆诺曼底巴约时，他受到狂欢人群的欢迎，他们喊着“共和国万岁，戴高乐万岁”。1944年8月，在他胜利地进入巴黎之后，傀儡政权的成员们，包括贝当，因勾结德国人被送上法庭。许多人被处死，贝当本人因为他的高龄（他年近九十）和在第一次世界大战中的卓越战绩由死刑被改判为终身监禁。

于是，戴高乐把真正的法国政府带了回来，正如他向所有等待他回来的人们承诺的那样，战后他成为新共和国的总统。这个故事的最后一个行动发生在1953年，即法国国民议会通过一项大赦法令赦免所有曾经服务于维希政府的人。他们做过什么并不重要，因为戴高乐的法兰西——“真正的”法兰西——胜利了。

真相——对维希政权的认可

法国人杜撰了一个短语用来描述他们历史上的这个时期，包括维希政权、戴高乐领导的抵抗运动和重建共和国时期；他们把它叫作“泥浆”，这个名字心照不宣地承认这个时期是黑暗和肮脏的，玷污了每一个与此有关的人。

戴高乐对于过去的修正主义做法，对于法国人来说并不是新鲜事物。1815年，拿破仑倒台后，新复辟的国王路易十八政府建议对复辟前发表敌对言论者实行政治特赦。结果保皇派、共和派和拿破仑主义者都一起共事，好像之前的二十五年从未发生过。这确保了帝国和复辟君主国之间行政、军事和宗教的延续性。可是，对于戴高乐来说，他在流亡时期和后来当选为共和国总统时期一直倡导的想法是极力抹去一段耻辱的历史并重新设计它，使它适合一个新法国。在这一段被重新设计的历史中，全国人民英勇地抵抗德国侵略者，“法兰西”在战争期间总是与戴高乐同在伦敦，维希政权的建立是非法的。这是一个虚构的故事，但那部分袖手旁观无所作为的法国人，却心存感谢地接受它，特别是无数曾经积极地执行维希政权政策的政府官员们也接受它。

戴高乐的第一个谎言是宣布维希政权是非法的。早在1940年6月18日，他通过广播向法国人民呼吁拒绝接受维希政府。这就是他的观点，这也是自战争结束以来所有法国政府的观点。前法国总理皮埃尔·梅斯梅尔1998年摆出熟悉的言论："从维希政府在停战协定上签字那一刻起，它就是非法的。一个非法的政府不代表法国，也不能管理法国。"但这不是世界或者法国民众自己当时真正所持有的观点。

根据宪法给予贝当全部权力的表决是合法的，宪法的修订被政府的两院（参议院和国民议会）所接受，正如当时的情况一样，是依照法律进行的。在法国人所面临的危急时刻里，那些留下的第三共和国当选的代表们自作主张试图拯救国家。为了这个目的，他们投票给予贝当几乎独裁的权力。贝当——第一次世界大战的一名英雄，成为了他沮丧的、被围困的同胞们希望的象征，包括成千上万为躲避节节逼近的德国军队而堵塞道路的人们。对他们来说，贝当是法国的救世主。当他经过时，普通民众因欣喜而哭泣，法国天主教统治集团给予他全力以赴的支持。他相信法兰西政府不会离开法国的土地，这也是官方和政治圈里大多数人的看法。当停战协定被签署和执行时，新闻记者和作家罗杰·科亨写道："贝当的政府被法国国内以及实际上整个广阔的法兰西帝国所承认……因为当贝当领导的政府成立的消息一传到各个殖民地时，无论军方还是平民团体，几乎无一例外地与其取得一致……通过默许的但全国范围的公民投票，他被委以使法国脱离战争的任务。"

维希政权在国外也被广泛地接受为法国的合法政府。直到1945年8月，政权的国书被美国和许多其他国家承认是合法的，其中包括加拿大和奥地利。甚至英国一度与维希政权保持着非官方的联系，至少直到他们与德国人完全相勾结的意图变得显而易见之前。1941年，维希政权支持德国入侵苏联，苏维埃社会主义共和国也收回了对它的承认。因此很明显，法国国内大多数人以及大多数的外国政府，甚至一些反对德国的人，承认新的法兰西国家的存在和合法性。但是夏尔·戴高乐和他的支持者们没有。

戴高乐从1944年9月开始，担任法兰西共和国临时政府总统，直到1946年1月辞职。尽管在之后的几年里，他的影响还深刻地存在，但他没有再任职。直到1958年，他帮助建立法兰西第五共和国并成为第一届总统。

由于从伦敦广播出的战斗号令缺少热情的回应，戴高乐发布的他代表真正法兰西精神的声明遭到一记重击。这些广播对于激起反抗德国和法国通敌者起到重要作用的说法，也是战后的一个虚构故事。事实上，最开始无论是在法国，或是法国的海外领土，没有多少人支持戴高乐的号召，尽管赤道非洲和法属喀麦隆是绝对的例外。尽管英国人支持戴高乐，并提供给他重要的物力财力继续战争，但他们的关系经常很紧张。

在大西洋另一端，美国人深深怀疑戴高乐和他的愿望，罗斯福把他叫作“准独裁者”。直到盟军占领了北非，事情才开始有了好转，戴高乐能够作为对外的自由法国军和国内的抵抗运动领导者，以单独的被认可的身份出现。但是甚至在那时，盟军仍没有对他和他的军队给予他想要的重视。他们怀疑，他没有能力从被占法国或维希政权争取到支持，并且当被号召采取军事行动时，蔑视法国采取的应对行动。实际上，盟军不信任戴高乐以至于直到登陆的前一天才告诉他“诺曼底登陆日”的计划——这对于一个自认为是流亡法国政府的官方代表，并宣称是法兰西国家唯一的真正代表的人来说，是一次屈辱的经历。即使如此，在法国，国内形势还是发生了转变。

> 贝当指挥法兰西第二军团在1916年凡尔登战役中击退德军的进攻，被拥立为民族英雄。

从通敌到抵抗

很快每个人都看清楚，德意志第三帝国不可避免地插手维希政权的事务。德国人开始提出具体的要求，政权对于他们的顺从加剧了法国国内的抵抗。随着战争逐渐变得对盟军有利，这也有助于戴高乐为“自由法国军”征集兵力。不管怎样，人人都想成为胜利的一方，这也是为什么1940年法国国内如此多的人支持贝当和维希政权。但是任何认为法兰西国家的所有人，或至少大多数人抵抗德国占领的想法，都是战后虚构的故事，是为了帮助掩盖过去的分裂而编造的。

据估计，在法国战时人口中，只有大约百分之一的人积极地参与

天主教对维希政权的支持

天主教会是乐于看到贝当和维希政权到来的一派；事实上，他们成为了维希政权的最强大的支持者。因为共和国在法国大革命中诞生，他们取代了天主教统治集团，加之他们具有的普遍的反天主教情结，天主教会从未掩饰它对法兰西共和国的厌恶。第三共和国（1870–1940年）尽管没有像第一共和国那样狂热，仍然有很多左翼、反教权主义的共和党人，迫切想减少他们所认为的天主教威胁。就是因为这个原因，当第三共和国倒台，被另外一个政权所取代时，主教、教士和大多数普通天主教信徒感到高兴，因为这个政权拒绝接受共和国的自由、非宗教的传统，赞同独裁主义和家长式统治的天主教社会。新的法语格言，“工作，家庭，以及祖国”反映了教会自己的认知；“这三个词是我们自己”，红衣主教热利耶宣称，“贝当就是法国，法国就是贝当”。

法国沦陷后，法国主教们认定，支持新的民族政府是正确的行动进程，特别是因为这个政府是亲天主教的。他们把贝当看作是“受难中的法国的化身”，很不幸他们信错了人。当贝当在1940年10月推行各种反闪米特族法律时，教会变得焦虑起来，但只有一小部分坚定勇敢的法国主教，表达了他们的担忧。新教教徒的反对声音更为响亮，他们开始采取措施，帮助在逃的犹太俘虏。

1942年7月，一万两千多名巴黎犹太人被捕并被扣押，形势开始发生变化。天主教统治集团感到恐惧，他们以巴黎枢机主教的名义，给贝当写了一封抗议信。之后的8月逮捕更频繁地发生，这一次是在维希政权内部，他们作出的回应更加有力。高级教士公然反叛维希政权，红衣主教热利耶在八十四名儿童被送往德朗西的路上，亲自营救下他们，使他们置于教会的保护之下。随着教会撤走对政府的支持，逮捕和驱逐被取消了。结果比起从其他任何沦陷国家被驱逐的犹太人来说，从法国被驱逐的犹太人占更小的一部分，这主要是由于天主教会后来改变了立场。

1940年10月，在法国被占领后，贝当元帅与阿道夫·希特勒握手

抵抗运动，而大约同样数量的人积极地从事亲纳粹活动。其余的百分之九十八，或者被动地或者公开地支持贝当和维希政权的政策和领导，包括天主教教会。这与通常宣称的抵抗运动得到了广泛的支持，特别是在1940至1941年间，大不相同。需要利用一些重大事件来减弱维希政权得到的广泛支持，这就是开始于1941年6月22日的德国对苏联的侵略。在那之前，抵抗运动在很大程度上没有起到作用，但是一旦德苏协议破裂，之前一直支持纳粹消灭抵抗运动行动的共产党，把全部重心收回放在了反维希武装力量上。他们的激进分子参加了抵抗运动的一些行动，提供给他们发起大规模活跃的地下运动的经验。法国现在陷入了一种内战的状况，右翼维希支持者与变成左翼的抵抗运动展开了持久战。这种变化

使每个人感到吃惊，特别是戴高乐，尽管他快速地转变，以使这种形势为己所用。

随着时间的推移，当抵抗运动变得更有成效时，维希政权的重要人物开始改变立场。可是，直到事态明朗，德国人将要战败，维希政权气数将尽之前，许多人尽量与它保持长达多年的联系。那个时候，他们断绝了与维希政权的所有关系，变成羽翼丰满的抵抗运动战士，不知疲倦地为法兰西的解放服务。许多维希政权的官员在战争结束后普遍讲述的故事是，他们是双重间谍，只是在装作服务于纳粹和维希政权的同时，为抵抗运动工作。

第五共和国总统、左翼领导人、抵抗运动中著名的英雄弗朗西斯·密特朗就是一个经典的例子。他在自传中透露，他是佛朗哥将军的狂热支持者和西班牙内战中的法西斯分子，当法国被占领后分裂，他选择了贝当政权，并作为一名公务员为维希政权工作。“在他死之前”，诺贝尔奖获奖作家厄尔纳·帕立斯写道，“密特朗公开表示五十年来，法国人‘懂得’：抵抗运动和通敌之间的界限，经常是容易改变的，一些人对两方都保持……忠诚。他自己在1943年加入抵抗运动，然后在战争中出类拔萃；同时他继续与维希政权的极右翼朋友们保持联系”。

甚至许多年之后，被判反人类罪的莫里斯·帕彭还受到了被戴高乐提出的关于抵抗运动的虚构故事所保护。一位部长回忆，戴高乐宣称帕彭在解放运动时期，为他在波尔多的代表提供了很多帮助。当戴高乐回到法国，帕彭、密特朗和其他许多曾经为亲纳粹政权工作过的人一起，呐喊“共和国万岁”。法国赢得了战争，每个人，都为他们曾经在反抗专制和不公正的战斗中所起到的作用感到自豪。

历史影响

显然，戴高乐的战后谎言是必要的。在一个被战争蹂躏的国家里，当不同的派别互相争斗时，人们最不希望看到的事情是对内战的担忧，以及在相互指责和复仇中国家的分裂。维希政权垮台和德军撤退后，团结将成为新共和国被关注的词。当然，这并不意味着人人都能重新开始新生活，并逃避罪行和通敌的惩罚。解放以后，当戴高乐建立临时政府时，十二万名高级官员和维希政权的领导层官员被送上法庭。其中，一千五百人被判处死刑，包括贝当，尽管后来在戴高乐的命令下他被免除一死。可是，为这些审判而设立的法庭，在涉及重要人物的案件时，不总是遵守法律程序。例如，总理皮埃尔·赖伐尔在审讯过程中被禁止说话，不允许为自己辩护，其后被判处死刑。他在行刑之前喝了毒药，但被及时地救醒，带出去枪毙了。

在戴高乐控制司法过程之前，估计有一万或更多的通敌者，通过非官方的形式被处死。战后的清算不能永远继续下去，戴高乐决定不会让它继续。政府很快宣布了一段时期的特赦，在这期间许多维希政权的代表站出来宣布对自己的赦免。其他许多被定罪的人，被给予假释和官方的赦免。在宣布特赦时，戴高乐通过提及维希政府的非法性，证明他的决定是正确的。但是这样做的一个重要的后果是，赦免了许多以政权名义犯罪的维希官员。结果，许多人继续服务于法兰西国家，或者作为警察，或者作为在之后三十年左右时间里各届法国政府的成员。

这样做的进一步后果，是法国还没有开始处理它的公民在第二次世界大战期间的活动，这个问题，被戴高乐和他的后继者们自发的健忘恶化了。在长达五十年里，他们尽可能地忽略了对许多通敌罪和战时暴行的指控，特别是涉及犹太人的罪行，希望历史会遗忘。但是，当受难者的孩子们开始找寻答案和对此承担责任的人时，麻烦的事实总是一再出现。

审判过后，贝当被囚禁在远离法国西部海岸的小岛椰岛的一个城堡中。他在1951年死去并被埋葬在那儿，终年九十五岁。

法国政府对维希政权时期犹太人的命运保持了近乎绝对的沉默。许多年来，所谓的犹太“被驱逐者”，被描述成抵抗运动的成员，从未被说成是犹太人。在战后的日子里，法国政府为在大屠杀中死去的每一个犹太人颁布了死亡证明。除了说明他们死亡的地点和日期，所有死亡证明上都写有铭文“为法国而亡”——具有讽刺意味的是，这个国家给他们带来了厄运。随着真相慢慢地显露出来，在法国它激起了激烈的辩论。尽管维希政府在执行大屠杀时与敌人勾结的事实已被广泛地接受，但在通敌的规模方面，那些政治上的左翼和右翼分子不能达成一致意见。二十世纪八十年代至九十年代，政府首次作出努力，审判主要维希政权通敌者，还公道给那些不再能为自己辩护的人们。尽管最终法国有可能开始坦白战争期间的真相，帕彭的故事在许多方面也表明了这一点，但《今日美国》的一位评论员写道，“对于大屠杀中的所有遇难者来说，这最终标志着冷漠、轻蔑和挑衅”。

直到2009年，法国国务委员会官方承认了在沦陷期间，维希政权在驱逐犹太人行动中所扮演的角色。然而甚至这样的正面举动，也引起了一些辩论，这些辩论探讨历史中的“迫害”。在这段历史中，受害者而不是胜利者，书写了这样的事件。关于维希政权合法性的问题，仍然在法兰西共和国的支持者和他们的反对者之间引发热烈的讨论。近来受到严格审查的还有抵抗运动的英雄们，以及他们作为通敌者可能扮演的角色。甚至巴勃罗·毕加索也被拽入了辩论中，艺术家大卫·海金斯宣称“根据毕加索在巴黎的生活方式，以及在德国占领那个城市期间他继续工作的方式来看，他一定从纳粹政权的高层那里接受了帮助和支持”。换句话说，他一定是一名通敌者。其他人宣称他无疑是抵抗运动的一员。2007年，新闻记者塞奈·博兹塔斯在《〈独立报〉的新闻记者塞奈·博兹塔斯》一文中写道，在抵抗运动积极分子罗伯特·德思诺被逮捕和被盖世太保驱逐到奥斯威辛集中营之前，毕加索给予他坚定的支持。无论你在哪儿看，好像每个人——英雄和坏人——都因与维希政权的联系而被玷污了声名，除了戴高乐本人。他因为自愿流亡而不必妥协。

最后，使维希政权非法化的做法，使许多人可以逃避对一些行为的责任，这些行为实际上是一个合法的、正式被承认的政府所犯下的罪行，由此他们不必面对耻辱的过去。这是法国社会中许多辩论的核心，也是为什么在法国，很多人拒绝接受他们的国家在某种程度上支持了纳粹执行“最后解决”政策的观点。他们还对那些试图继续重提痛苦的过去，意图矫正旧错的人感到愤恨。对许多人来说，1997年11月1日《焦点》杂志封面的标题说明了一切：“维希政权，抵抗运动，阿尔及利亚战争……法国因为回忆而病倒了”。

出现在沙皇暗探局或沙皇秘密警察的文件中的俄国激进分子和革命者的照片

第二部分 嫁祸于人

当问题出现时还能微笑的人，已经想到了能替他承担责任的替罪羊。

——罗伯特·布洛克

位于罗马广场尼禄住处“金宫”中的修复过的湿壁画

罗马大火与尼禄的指控（公元64年）

只要我还活着，就让大火吞噬整个世界吧！

——皇帝尼禄

这与你是输是赢无关，关键是你如何推卸责任。

——奥斯卡·王尔德

谎言

罗马的大火是基督徒放火烧的。

真相

火灾可能是一个意外。

主要参与者

尼禄·克劳狄乌斯·凯撒，罗马皇帝。

波培娅·萨比娜，尼禄的情妇和后来的妻子。

流传迄今的故事

尼禄的母亲阿格里庇娜下毒将前任皇帝克劳狄乌斯害死后，公元54年，十六岁的尼禄成为罗马帝国的皇帝。尼禄是由皇帝奥古斯都七十年前创建的朱里亚·克劳狄王朝的最后一任皇帝，他是一个邪恶堕落的年轻人。他沉溺于绝对的权力，谋杀家人，并滥用皇权。他的支持率在他统治期间直线下降，在公元64年达到低点。在这期间，一个新教派在罗马建立，它以对一个人的崇拜而命名，他被宣称是唯一真正的上帝儿子的化身。教派的成员被指控言行诡秘、可疑和不爱国，他们很快得到了野蛮、行为非人道和使罗马面临毁灭的恶名。他们就是基督教徒，在罗马大火——一次毁灭首都的事件过后，很快他们就要在大竞技场面临殉难……

当游客们穿行在旧时罗马权力的中心古罗马广场上时，他们迎面看到的，是古代的纪念馆：巨大的柱子支撑起寺庙的拱顶。这些寺庙用那些长期被降低了身份的神命名，所有的寺庙由于时间、雨水和人为的污染都瓦解崩落了。虽然让许多罗马皇帝引以为傲的建筑物还在那儿展出着，现代游客们已经看不到多姆斯奥瑞亚——尼禄的金宫。这座巨大的别墅由尼禄建造，作为他举行奢侈宴会的豪华场所。它包括一系列亭子以及一个长长的、包含有数间客厅和接待室的侧厅，这些都建在一个大花园里，在它的中心有一个人工湖，湖边矗立着皇帝本人的巨大塑像，证明着他的权力和荣耀。金宫建于公元64年罗马大火之后，它是尼禄在旧殿的废墟中所展望的新罗马宏伟计划的一部分。然而，在建造它的四十年间，尼禄的金宫或者被盖满其他建筑物，或者被改动，而且大理石、珠宝和象牙被掠走。金宫的场地被占用，被用作图拉真浴场地基，提图斯浴场、维纳斯与罗马神庙也建造在这块场地上。湖水被抽干，在其之上建造了竞技场，塑像的头部被换成了太阳神索尔。今天这座别墅所剩不多的部分，在图拉真浴场遗址的下面。

尼禄的建筑杰作保留下来的部分不多，但他设计的一个事件的影响持续了几个世纪，尽管不是按他打算的那样。与花费多年计划和建造的金宫不同，尼禄影响最持久的遗产，源自一个匆忙形成的计划，旨在转移对他日益增多的一致指责和愤怒。他设计了一个谎言，把公元64年遍及罗马的毁灭性的大火，归咎于一群无辜的人——基督徒，目的是转移民众对他的愤怒。这个谎言取得了成功，因为罗马人民果然谴责基督徒纵火，结果他们对基督徒发起了突然袭击，许多人被杀害。尽管这些事件是悲剧性的，但这成为基督教群体在逆境中团结得更加紧密的黏合剂。

官方版本的故事——基督徒烧毁了罗马

根据罗马元老院议员和史学家塔西陀在此事发生的五十年后对它的记载，大火开始于公元64年7月18日一个炎热夏天的晚上，最先着火的是罗马最大的体育场——大竞技场东南部周围的商店。因为大多数罗马人住在木制房屋里，火势迅速蔓延到整个城市，持续了五天。当大火被扑灭时，罗马的十四个区中的四个已经被夷为平地，七个遭到严重毁坏。许多重要的建筑物被损毁，包括尼禄的宫殿、朱庇特·斯塔多神庙和女灶神庙中燃着永不熄灭圣火的神龛。罗马人民被击垮了，他们向皇帝寻求帮助。

火灾发生时，尼禄正在安提乌姆休养。安提乌姆是首都以南大约五十公里（三十一英里）处海岸边的一个休养圣地。早期的皇帝们在那儿建造了豪华的海滨别墅，他们是光顾这座小镇的常客。发生火灾的消息打断了尼禄的白日梦和放荡的生活，唤醒了他符合罗马世界最高行政官身份的表现。他迅速返回首都，与大家齐心协力扑灭大火，并从国库中拨出专款，向人们提供灾难救济品。大火一被扑灭，尼禄就向那些房屋被毁的幸存者开放他的宫殿，并给他们发放食物和其他必需品。

恐惧和震惊逐渐消退后，人们开始四处寻找追究这场灾难的责任。众所周知，尼禄有着重建罗马的宏伟计划，因此传闻开始在城里散播开来，都说是皇帝本人命令把罗马毁为平地的。他对人民日益增加的敌意有所警觉，很想保留住他们的忠心，因此他寻找替罪羊，那时他的目光落在了一个新的叫作基督教的教派。塔西陀记载了接下来发生的事情：

> 因此，为了制止传闻（他纵火烧了罗马的传闻），尼禄转移民众对他的关注，对一些人施以最极端的刑罚，这些人因为平时的恶行而被普通人憎恨，他们就是基督徒。这个名字源自一个叫基督的人，在提比留统治时期，他被行省检察官庞提·彼拉多处死。这个邪教当时被压制下去了，但这个致命的信仰又卷土重来，不仅遍及罪恶的发源地——犹太行省，还蔓延全城（罗马），世上一切可怕和耻辱的事情都在这座城里聚集并流行开来。于是那些供认不讳的人被逮捕；然后在他们的招供下，又有一大批人被定了罪，与其说罪名是纵火，不如说是憎恨人类。不仅处死他们，还对他们加以嘲弄。他们被裹上野兽的皮毛，被狗撕咬而死，或是被钉在十字架上，或被烧死。当夜晚到来时，他们被点火焚烧，用作照明的火把。尼禄开放自家园林作为场地，在竞技场中上演了一出闹剧，他一时穿着战车驭手的服装混迹于人群之中，一时亲自驾车狂奔。于是，甚至对于那些理应得到最严厉惩罚的犯人们，人们产生了怜悯之情，因为处死他们不是像看起来的那样为了公共利益，而是为了满足一个人的残暴欲。

最后，作恶者被严惩。看到一个新罗马在废墟中重新崛起，人们又继续了他们的生活。尼禄像以往一样继续他的统治，尽管不到四年，他的军队发生了叛变，他手下的几个将军试图杀了他并夺取他的王位。

真相——火灾是怎么发生的？

公元64年的罗马与电影里描述的不一样。来到这座伟大城市的游客们期待看到宽阔的街道、巨大的大理石寺庙以及由此经过的由元老院议员、皇家卫兵和奴隶组成的队伍，但他们也许会感到失望。尽管自奥古斯都大帝时代以来进行了大规模的修建工程，但罗马大部分地区是一片片的木制联排房屋，沿着狭窄弯曲的街道拥挤地排开。在罗马，火灾发生很频繁，每天都会有一百起左右的小火灾发生。那么为什么公元64年的大火有纵火的嫌疑，为什么尼禄被怀疑是纵火犯呢？

根据塔西陀的记载，大火能够从贫民区的木制房屋蔓延到两个贵族阶层——元老院议员和骑士——的大理石住所的唯一可能是有人故意纵火，然后由一个或多个纵火犯将火势扩散。塔西陀还注意到尽管大火受东南风的影响，但人们看到它朝南沿着阿汶廷山，朝北沿着马帕拉蒂尼山两个方向蔓延，他推断这是纵火的又一证据。

> 在古罗马，地方法官亲自处理与公务有关的所有事宜。作为帝国的最高法官，皇帝要直接处理每个诉状、判决、仲裁。皇帝的工作量是巨大的，根本没有时间应付其他琐碎的事务。

可是，现在有可能解释塔西陀描述的当时的火灾情况。已经被发现的考古学和科学的证据证明，大火的温度极高，并以极快的速度蔓延。当大火蔓延速度越来越快时，很容易达到五百五十摄氏度以上（华氏一千零二十二度），吞噬途经的一切并使砖石建筑倒塌。另外，不管盛行风如何，火灾前沿的垂直高度可能引起许多上升气流。这可以解释，为什么两支火灾前沿同时向南和向北移动。

尽管现在看起来火灾和它导致的风暴性大火很可能是个意外，但当时许多人认为是有人故意纵火。这在某种程度上是由于火的性质，也因为许多人想要找到一个人把灾祸归咎给他。古罗马的市民们与现代人一样，在一个偶然和灾祸时常发生的世界里，需要寻求某种确定性。对许多人来说，没有真正的意外事件。一切事物的发生都是有原因的，总有人会因此而承担责任。当有人故意纵火的传闻传遍了罗马时，尼禄成为了主要嫌疑人。

根据当时的记载，尼禄的外表不是特别的帅气。罗马历史学家苏托尼厄斯对他长相的描述是：中等身材，粗脖子，肚子肥大，双腿纤细，身上长有脓包并散发着恶臭；淡黄色的头发，浅蓝色的眼睛虽然让他显得可爱，但算不上帅气。尽管皇帝看上去好像没有什么雄心大志，但他的行为却无视道德、毫无顾忌。他和他母亲睡觉，后来又谋杀了她；和亲信在大街上游荡，殴打杀害市民们；引诱男孩和已婚妇女们；强奸一名灶神庙贞女祭司；杀害无数家族成员，包括他的第一任妻子；挥霍巨额钱财建造奢侈的工程。难怪帝国的人民最后起来反抗推翻了他。

尼禄把他自己看作是音乐、表演、赛战车和诗歌方面的天才。他着迷般地对所有艺术形式感兴趣，特别是戏剧和建筑，为重新设计首都制定了宏伟的计划。就是这些计划后来引起了人们的怀疑，尼禄可能对罗马的火灾负有一定责任。历史学家狄奥·卡西乌斯认为，尼禄总是希望看到罗马以特洛伊被毁的方式毁掉——大火。当尼禄公布重建城市计划时，加深了人们的怀疑：这些计划包括占据城中心的大部分地区，以及劳动阶级和中产阶级市民房屋所在的地区，来建造他的新宫殿。随着愤怒和怀疑的加深，尼禄发现他惯用的平息躁动市民的伎俩——免费的面包和竞技表演——失效了。他需要找到能够为这次灾难负责的人，一个替罪羊，以抚慰不满和有可能反叛的人民。

为什么选择了基督徒?

对于知道这个故事的罗马人来说，基督是一个不知名的犹太先知，大约三十年前在偏远的犹太行省被处死。由基督的继承者们——基督徒——建立的派系在黑暗中逃掉了，他们的存在不超过一代人，在人数

罗马被烧毁时尼禄弹竖琴的传统形象

不多的成员中，大部分来自下等阶级。

使基督徒引起尼禄注意的人是他的情妇波培娅·萨比娜，她被认为是当时最美的女人。她被指责对尼禄的一些最恶劣行为负有责任，包括为了他们俩能结婚对他的生母阿格里庇娜和妻子奥克塔维亚的谋杀。

公元62年尼禄和波培娅结婚后，波培娅公然地鼓励尼禄在火灾后攻击基督徒。她被认为同情犹太人，可能是皈依了犹太教，那时犹太教和基督教的关系正经历一个艰难的转变，一些早期的基督徒被犹太教当权者下令处死。

由于他们的教义被大多数人所误解，基督徒没有得到帮助。为了找到反对他们的证据，尼禄公布了他们的各种“罪行”，包括同类相食（吃基督的肉，饮他的血）、对国家不忠（秘密集合，拒绝接受军事管理和拒绝信奉罗马诸神）。罗马人不能理解只信奉一个神的宗教。他们是宗教信徒，但每当个人或国家要作出重大决定时，他们经常有很多神可以去问卜。对于罗马国家来说，你信奉什么神都是一样的，只要这个神被罗马所认可，更重要的是，信仰膜拜是公开进行的。

可是，对于许多虔诚的罗马人来说，证明基督教有罪的最强有力的证据，是他们相信世界将要灭亡，将会被大火毁灭。基督徒祈祷有一天，他们的救世主会荣耀地回来，从天国降临在七丘城（罗马）散播疾病，用一场大火洗涤罗马的罪恶。这样的言论对于尼禄的目的十分有利，他散播谣言，是狂热的基督徒为了实现他们世界末日的幻想而故意纵火。这个故事被普遍地接受，导致了许多基督徒的死亡，包括基督教先驱者彼得，他在公元64至67年间的某个时候，在梵蒂冈山上被头朝下钉死在十字架上。受害的可能还有先驱者保罗——根据历史学家凯撒利亚的尤西比乌斯的观点，公元67年，保罗在罗马被斩首。

鉴于尼禄无人能模仿的风格，他在罗马建立的他自己的巨大雕像被称作“尼禄巨像”。

历史影响

在罗马帝国多次对基督徒的迫害中，尼禄寻找替罪羊是首次。这种迫害在皇帝戴克里先和伽莱里乌斯（公元284–311年）发起的“大迫害”时期达到顶点，但这些迫害起到的作用是帮助形成了早期基督教聚居区，而不是捣毁它们。基督徒们面临逆境，带着更大的罪名联合在一起，不仅在尼禄和他之后皇帝们的迫害中存活下来，还持续到最终继承了这个帝国。

罗马人的迫害对忠实的基督徒有着深远的影响，坚定了他们对崇信异教的罗马政府的反抗。他们的憎恨在《新约》中以形象的画像醒目地被表示出来，这个画像看上去把罪恶和与撒旦有关的作品等同于罗马和她的帝国。《新约》中提到的罪恶源头巴比伦大淫妇，身着皇家紫袍，在其额头上写了以下这些话：“秘密，大巴比伦，众娼妓和地上可憎之物的母亲。”这个娼妇可以被看成是代表坐在七头野兽上的罗马皇帝。根据《新约》“七个头是七座山”这句话，可以解释为暗指罗马，因为罗马作为七丘之城被众人所知。为了进一步暗示这个有影响的画像指的是对基督徒的迫害，《新约》的作者特别指出，娼妇喝圣人的血和耶稣殉教者的血醉了。同时，作者断言大巴比伦将会灭亡，所有人将会看到她焚烧而产生的烟，因为上帝将对她施以报复，以偿还先知们、圣人们和所有在世上被杀害者的鲜血。

这个画像以及神的关于惩罚的许诺，支撑着被迫害的基督徒，使他们联合成一个有凝聚力的整体。基督教作家特土良在公元200年宣称，“殉教者的鲜血是教会的种子”，这句话有一定的准确性。遭受迫害和殉教的故事，被用来争取新的皈依者，以及保持存活下来的基督徒的信

尼禄弹琴

历史上流传时间最长的故事之一是当罗马被大火吞噬时狂热的尼禄“弹琴”的故事，即弹奏竖琴。这个故事源自若干互相矛盾的记述，这些记述是关于公元64年致命的那几天里尼禄的行踪。最可信的记述说火灾发生时，皇帝在离罗马几公里外，但还有一些其他的故事。一个故事说，尼禄在帕拉蒂尼山上的宫殿观望，同时唱歌弹琴；另一个说，尼禄从埃斯奎利诺山的梅塞纳斯塔上观望；第三个认为，他在私人的室内舞台上唱歌弹琴。这些故事都含有关于他的一个真实的因素，因为尼禄认为自己是竖琴演奏的大师。但对于尼禄不关心罗马的命运、他实际上是大火的幕后操纵者、他很高兴看到贫民居住区被烧为乌有的观点，并没有被考虑在内。历史学家塔西陀在大火过后的几十年记载此事，明确地反驳了这些故事，但这说明，这些故事已经广泛地被对尼禄充满敌意的罗马人所接受。

心和信念。

在第三世纪罗马帝国濒临灭亡的时期，罗马人在一个陷入混乱的世界里寻求稳定，由此许多新的非基督教教派发展起来。这些年里基督教徒人数的增长，无疑与教会对混乱的解释有关——因为信奉了错误的神，世界正在遭受惩罚。

可是，基督教的延续不能简单地归因于殉难者和他们所受的磨难。被迫害的群体善于避开罗马政府的关注，而同时复制了罗马的指挥结构。当大约公元313年，君士坦丁所在的帝国日趋走向分裂，他对基督教感兴趣时，教会已经是一个高度系统化和纪律严明的组织，完全能够满足君士坦丁对于稳定和统一的渴望。君士坦丁需要一个统一的国教，

他从基督教看到了现成的可以提供这个基础的组织结构，同时把它看作是建立一个帝国、一个皇帝和一个信仰理论的支持。因此他支持这个新教，吹捧并诱哄它的宗教统治集团，开始把基督教的指挥链与国家的权力结构合并起来。

公元380年皇帝狄奥多西一世宣布，基督教为罗马国家的官方宗教，异教徒占主导地位的日子就要结束了。随着时间的推移，西罗马帝国的衰落，经历了罗马政治统治的瓦解和随之而来的基督教教会权力的崛起——它是唯一的能够进入权力结构的机构，能够在一个日趋分裂和无政府的社会里施行控制权。结果是在三百多年间时间里，一个遭受迫害的基督教少数群体，继承了世界上最强大帝国之一的罗马帝国，把它变成了之后一千年间欧洲最强大的机构——罗马天主教。

当西方进入“黑暗时代”时期，基督教教会使得文明的余烬继续燃烧。正如中世纪历史学家理查德·萨瑟恩爵士所写：

> 罗马帝国的灭亡，留下了智力、精神和政治的毁坏，这需要它花费几个世纪来修复。瓦解是一个漫长而复杂的事情，但到第七世纪末期，在西方这件事情完成了，接下来重建的工作开始了。帝国的一元化统治应该被天主教教会的一元化统治取代，是重建中占主导地位的观点。

教会不仅从大批涌入的野蛮异教徒手中救出了许多古代文稿，还使得罗马法律和制度保存得完好无损，这些法律和制度，被同一些侵略者们完全地采用。教会还开始了漫长的使异教徒侵略者改变信仰的过程，例如使东哥特人和西哥特人皈依基督教，这尤其是保存旧帝国破碎残余的关键。这些野蛮人，被罗马人庄重的仪式、习惯和古代文明所震慑，开始模仿他们，吹嘘自己是罗马理想的继承者。他们把彼得的后继者培养为伟大的精神领袖，并确保基督教在整个中世纪里的主导地位。如果不是尼禄情急之下的谎言和接下来的迫害，基督教是否会达到现在所占有的位置还不确定。尽管今天它的影响也许在减弱，但它对于世界上许多国家人们的生活仍然起着重要的作用。

带有神秘色彩的、遭到恶意诽谤的理查三世是最后一个在战争中死去的英国国王

国王理查三世——一场诽谤运动的受害者（1483–1509年）

接着，篡位者国王理查三世登上了被杀儿童的王位，而他自己是这些孩子们的监护人。理查出生在北安普敦郡弗德林黑城堡，在他母亲的肚子里待了两年，然后羽翼丰满地出世了。

——约翰·劳斯

我就是不明白人们怎么能对两个哭哭啼啼的小孩儿的命运感到如此难过。毕竟，他们对宪法有什么影响呢？

——海伦·莫德·凯穆

谎言

理查三世为了保住英格兰王位杀害了他的侄子们。

真相

亨利七世杀害了约克王朝的继承人！

主要参与者

理查三世，英格兰国王（1483–1485）。

亨利·多铎，后来的亨利七世，英格兰国王（1485–1509）。

威廉·莎士比亚

流传迄今的故事

自从十五世纪五十年代，英格兰在玫瑰战争的影响下开始动荡混乱，这是一场贵族支裔兰开斯特家族和约克家族之间的内战。它源于在位时间长（1327–1377）并多子嗣的国王爱德华三世。爱德华的长孙成为了理查二世，他的统治在1399年被他的表兄——兰开斯特家族的亨利颠覆，后来称为亨利四世。但是还有一个人更应该得到王位——科尼斯堡的理查，他是兰利的埃德蒙之子，第一任约克公爵和爱德华三世之孙。五十年后，亨利六世精神崩溃，约克家族和兰开斯特家族之间的紧张关系爆发，内战开始。约克家族最终胜利，1461年约克家族的爱德华成为国王爱德华四世，1471年他打败了兰开斯特的竞争对手们，并杀死了亨利六世和他的儿子。爱德华自己有两个儿子，在1483年他死去时，他们还很小。爱德华四世死后，他的弟弟理查·葛罗斯特代替他的侄子们爱德华和理查，成为王国的保护者。他迅速行动起来，派人逮捕了王子们的卫兵，并把他们遣送到约克郡的庞蒂弗拉克特城堡；他还把两个年轻的王子送进了伦敦塔，表面上是为了保护他们……

当帷幕升起时，观众们都已就座。舞台上面对他们的，是一个驼背畸形的人，他脸上的表情与扭曲的身体十分一致。他在观众面前展示了这样一个形象后，嫉妒和痛苦地嘶声说出著名的台词：“现在我们严冬般的宿怨已给这颗约克的红日照耀成融融的夏景……可是我呢，天生一副畸形陋相，不适于调情弄爱……我残缺不全，不等我生长成形，便把我抛进这喘息的人间……因此，我既无法由我的春心奔放，趁着韶光洋溢卖弄风情，就只好打定主意以歹徒自许，专事仇视眼前的闲情逸致了。”自十六世纪九十年代晚期这部戏剧首次上演时，这场戏就震撼了观众，并且今天它仍然如此，因为它描写了最卑鄙的英国国王理查三世的崛起和应得的灭亡。

可是，威廉·莎士比亚不朽的文字所创造出的形象，却揭示了一个谎言，它扭曲了隐藏在这位最神秘的英国国王背后的真相。在所有对他的指控中，玷污他留给后代的名声的最重要的罪名是：他把他的两个侄子关进伦敦塔保护起来，之后便杀害了他们。以我们所了解的理查三世、当时的政治和之后的编年史家记录那些年间事情时所处的环境，谋杀的指控其实是英格兰历史上被使用过的最成功的谎言之一。

官方版本的故事——王子之死

1483年，对于爱德华四世来说，一切看上去都很顺利，这是托上帝保佑，在英格兰和法兰西国王以及爱尔兰领主的共同努力下的结果。他四十一岁，娶了伊丽莎白·伍德维尔为妻，有几个孩子，包括两个健康的男继承人，他带给他的王国十年的和平和繁荣。自从王朝内战玫瑰战争1455年发生以来，这是历史上第一次真正的和平。他是一名精明的生意兴隆的企业家，大手笔地投资到伦敦城的一些企业，因此深受他的人民爱戴。复活节到来时，他尽情地享乐，放纵着自己对美食美酒的欲望。不幸的是，由于毫无节制的生活方式，爱德华变得非常肥胖并提前衰老了，到耶稣受难日那天，他得了由此引发的严重的消化不良。一两天后他在钓鱼时受了凉，之后很快似乎得了中风。国王日渐衰弱的健康成了一个难题，因为与他同名的长子，只是一个十二岁的孩子，没有能力自己统治王国。过去在英格兰，未成年人统治一直是一个问题。上一次是七岁的亨利六世在1429年被加冕。他年幼时被拥有权力的朝臣们支配，没能有效地统治英格兰，由此导致了玫瑰战争的爆发。爱德华害怕这样的事再次发生，他迅速为他的遗嘱做了附加修正，最重要的一条，是指定他的弟弟葛罗斯特公爵作为他死后王国的监护者。爱德华四世死于1483年4月9日，他的长子正式继承了王位，成为英格兰的爱德华五世。

> 爱德华四世不可能是他父亲的儿子，这种说法早已被确定。他身材高大，有着一头金黄色的头发，与他的父亲长得不像，他母亲怀上他时他父亲正在法国作战。他的生父被认定是一名叫布雷勃尼的英国弓箭手，在当时驻扎在鲁昂的卫戍部队服役，他母亲也在那待过。如果这是真的，这意味着现今的温莎皇族对英格兰王位没有合法的血缘继承权。

当父亲死亡时，年幼的爱德华五世正在路德娄城堡，他是那儿名义上的威尔士及边界地区议会长。当他得知他突然登上王位的消息时，他召集了随行人员向首都赶去。在路上他遭到叔叔理查的拦截，并被他护送回伦敦。在去往圣保罗大教堂的仪式队列结束后，理查把爱德华安置在伦敦塔，那时它既是皇室住所也是一座监狱。加冕典礼将在1483年6月22日举行，当加冕的准备工作正在进行时，爱德华的母亲伊丽莎白被劝说同意允许她的另一个儿子——约克公爵理查和他的哥哥一起住在伦敦塔。

不到三个月后，葛罗斯特的理查召集了摄政委员会会议。在这次会议上，罗伯特·斯蒂林顿——巴思和韦尔斯的大主教提供了证据证明爱德华四世在1461年与埃莉诺·塔尔博特小姐秘密订婚，而且当爱德华在1464年娶伊丽莎白为妻时，她还活着。委员会宣布这是显然的重婚罪，它使第二个婚姻无效，并使所有这个婚姻中的孩子成为私生子女。议会接着通过了《权利钦定法案》，宣布年幼的爱德华和理查是私生子，从而把他们从继承名单上除去了。葛罗斯特的理查随即在7月6日被加冕为英格兰国王理查三世，从此两个年幼的王子再无任何音讯。

没有人知道男孩儿们后来怎样了，解开谜团必须等到1485年，在伯斯沃斯原野战役中理查死去，亨利·多铎成为国王亨利七世之时。在亨利统治期间，一个叫作詹姆斯·特雷尔的人因为叛国罪被捕。经过审问，特雷尔承认，他按照王子们的叔叔理查三世的命令杀死了两个年幼的王子。根据他的证词，理查派了一名信使找到伦敦塔的主管罗伯特·布莱肯伯瑞，下令杀死两名王子。布莱肯伯瑞断然拒绝执行命令，因此理查派特雷尔向布莱肯伯瑞传达了一个新命令，让他把伦敦塔的钥匙交给特雷尔保管一晚。这次布莱肯伯瑞按照命令做了。特雷尔和另外两个人那天晚上用枕头捂死了男孩儿们。然后他们把尸体埋在楼梯底下，后来又被挪到了其他地方。

真相——污名

在英国历史上，能够像理查三世一样名声被如此成功地玷污的人不多。莎士比亚把他描写成最邪恶的反面人物，能做出任何寡廉鲜耻的丑事。在莎士比亚的戏剧中，理查被描写成一个畸形的驼背，一个谋害侄子、残杀朋友和敌人的怪物，最后被一个真正的英国人——亨利·多铎——制止。他结束了理查的恐怖统治，引入了一个自由繁荣的新时代。这部戏剧广受好评的情况充分地说明了，即使作为历史它完全不可信，这样的剧情也有利于它的观赏性。因为今天的历史学家们十分清楚，这部戏里满是历史错误；甚至把理查描写成一个驼背也是虚构的杜撰，是莎士比亚取材于一个没有根据的历史故事，它的作者是多铎王朝第二个统治者亨利八世的大臣。在那个无知的时代，身体的畸形经常被

基于莎士比亚的《理查三世》的插图，描绘了受到王子们鬼魂缠身的理查

看作是邪恶本性的证据，莎士比亚充分地利用了这个细节，使它达到了最大效果。

使这个问题更加混乱的是，由于大体上基于当时的真人真事，莎士比亚的理查三世有着浓重的真实气息。玫瑰战争的最后阶段，确实开始于爱德华四世之死。他的儿子爱德华五世将要被加冕，但因为他年纪太小，不能统治国家，他的叔叔葛罗斯特公爵理查被指定为监护者。在1485年理查在与亨利·多铎的战争中被杀死之前，他确实作为国王理查三世，短暂地统治国家。

我们还知道，年轻的爱德华五世的母亲伊丽莎白·伍德维尔憎恨理查，并要求摄政委员会管理国家。理查作出报复，他联系议会，以确定爱德华四世是否与伊丽莎白·伍德维尔合法结婚。一个神秘的教士——人们认为是巴思和韦尔斯的大主教——拿出证据，说明爱德华四世在娶伊丽莎白·伍德维尔之前，已经订婚娶埃莉诺·塔尔博特小姐，议会宣布年轻的王子爱德华和他的弟弟为私生子。因此爱德华与伊丽莎白的婚姻被视为无效，爱德华王子不是王位的真正继承人。葛罗斯特的理查，爱德华四世唯一活着的弟弟，在把他的侄子们——未被加冕的国王和国王的弟弟关进伦敦塔后，随即声称继承王位。截至这时的事实没有争议。

可是，没有半点儿确凿的证据表明，理查三世下令让人杀害他的侄子。理查被亨利七世打败后，没有人拿出有关男孩儿们死亡的证据，直到大约十五年以后，一名因为其他罪名被关进监狱的老年约克王朝支持者，在酷刑下承认他按照理查的命令杀害了男孩儿们。

那么男孩儿们发生了什么？英国皇室的继承权，只给予拥有皇室血统的合法后代，因此君主的私生孩子永远不能继承王位，除了以武力强制的方式。一旦议会决定爱德华四世与皇后配偶伊丽莎白·伍德维尔重婚，年轻的王子爱德华就会立即被禁止继承王位。因此理查不害怕他，也没有理由命人杀害他。他把王子们锁在伦敦塔，如果有必要的话，他们可能会在那儿度过余生。伍德维尔家族的人当然是理查的死敌，能够想象他们要对爱德华的继承权追究到底。可是，理查在权位上，而且无论如何也不能回避爱德华被议会宣布不适合继承王位的事实。事实上，伊丽莎白·伍德维尔在1484年与理查和解了，如果她认为理查对她两个儿子的死负有责任的话，这样的和解完全是不可能的。

因此，猜测是另外的罪犯所为也就不足为奇了，也许更合理的人选是亨利·多铎或人们更熟悉的国王亨利七世。毕竟，他来自一个不同的家族，比理查三世更加害怕约克家族的继承人。当亨利除掉理查后，他宣布理查从合法的国王爱德华五世那里篡取了王位，进而证明他谋反。当1485年理查在伯斯沃斯原野战役中被杀死后，亨利的第一个行动是宣布自己为国王，而不是等待去看看王子们是否还活着。如果孩子们还活着，他们就会成为竞争对手，因此亨利有充足的理由想要他们死。简而言之，在两个君主中——理查三世和亨利七世——是后者有更强的动机把王子们送进了伦敦塔。

究竟谁是私生子?

爱德华四世和伊丽莎白·伍德维尔结婚时，他们的婚姻导致了一场危机，不仅因为他们是秘密结婚，还因为这场婚姻使爱德华娶法国

塔下的尸骨

在亨利七世加冕后的数年里，没有人关注过消失在伦敦塔的皇室幼童的命运。可是，在1674年整修白塔——伦敦塔的一部分——的工人们在通往小教堂的那段楼梯下挖出了一个盒子。里面是两具小孩的骸骨和一些动物骨骼。工人们没有多想，他们把骨骼残骸扔到了垃圾堆上。可是过段时间后，有人认为它们也许是两个王子的尸骨，就把它们捡了回来。它们于是被收集起来放进骨灰瓮中，查尔斯二世命人把骨灰瓮重新葬在威斯敏斯特大教堂。

尸骨在教堂中保存完好，直到1933年骨灰瓮被挖掘出来，遗骨被检验。结果没有定论。人们不能确定孩子们的死亡年龄，甚至是男孩儿还是女孩儿。能确定的是一具骸骨比另一具大些。其中一个问题是许多尸骨缺失，包括小号下颌骨的部分牙齿和大号下颌骨的全部牙齿。检验完成后，这些遗骨被放回骨灰瓮中，送回教堂下的墓穴里。

公主的所有希望破灭。尽管爱德华四世有可能与埃莉诺·塔尔博特小姐订婚——由此根据当时的英国法律，他与伊丽莎白·伍德维尔所生的孩子是私生子——然而这个指控未必发生。还有另外一个关于私生子的指控，并且这个指控为理查登上王位提供了更有力的理由。

爱德华四世本身是私生子的猜测已经流传多年。三年前当爱德华指控他的哥哥克拉伦斯公爵乔治犯有叛国罪将他处死前，他的哥哥暗示了这种可能。在莎士比亚的戏剧《理查三世》中，当理查敦促白金汉公爵散布关于他皇兄的谣言时，莎士比亚本人反复表达了这个观点：

告知他们,当这个贪欲无厌的爱德华
还孕育在我母亲胎中的时候，
我父王，那高贵的约克
正出征法国
按时日准确推算，
这出生的孩子依理不可能是他亲生的后嗣。

这个“贪欲无厌的爱德华”在这儿指的是以拥有许多情妇而出名的爱德华四世。但是理查要说的是，他的母亲对他父亲，即“高贵的约克”不忠，当爱德华被怀上时，他正带领他的军队在法国打仗。

理查可能已经听到关于他哥哥是私生子的传闻，但爱德华在位和活着时不敢提一个字。可是爱德华死后，理查可能敏锐地觉察到，他哥哥的孩子们没有真正的王位继承权，因为他们的父亲是私生子，而他作为他父亲的唯一活着的合法婚生儿子，应该是英格兰王位的正当继承者 。因此他需要除去爱德华的两个儿子，自己做国王，以此保证始于亨利二世（1154–1189）的金雀花王朝的约克家族纯正的血脉延续。为此，他可能安排了一个归顺于他的主教证实爱德华与埃莉诺·塔尔博特小姐订婚的指控，使得年轻的王子们没有资格继承父权。但是没有确凿或使人信服的证据，表明他接着命人杀害了他们。

莎士比亚把理查三世描述成一个暴虐的、诡计多端的怪物，与此相反的是，当代证据表明他是一个忠诚能干的管理者。可是他没有子嗣且不受支持，他树敌很多，最后他的敌人在亨利·多铎的领导下联合在一起。

亨利是埃德蒙·多铎的儿子，与国王亨利六世是同母异父的兄弟

（他们的母亲在第一任丈夫亨利五世死后改嫁）。亨利的母亲是令人畏惧的玛格丽特·博福特夫人，势力强大的兰开斯特公爵约翰·冈特的曾孙女。兰开斯特公爵的长子夺取了英国王位，即亨利四世（1399-1413）。亨利·多铎因此在各方面与皇室家族有很近的血缘关系，但没有可被执行的继承王位的权利。他继承了他父亲的里士满公爵头衔，可以通过他母亲拥有兰开斯特家族的血统。为了进一步巩固他的地位，他许诺娶爱德华四世的长女伊丽莎白，借此使自己与约克家族有了关联。

在理查三世登上王位后，亨利被认定为替代国王的合适人选。1485年8月，亨利带领一小支队伍在英格兰登陆，随后又在伯斯沃斯原野与理查展开的唯一一次遭遇战中取胜。但是他要做的事情还有很多，亨利努力宣传一种观点，即敌对的约克和兰开斯特家族最终统一在多铎家族之下。多铎家族的玫瑰象征性地表达了这种情况，它包含了约克的白玫瑰和兰开斯特的红玫瑰。让人不能恭维的是，亨利也发动了针对理查三世的诽谤运动，以证明他通过征服获得王位是正当的。

> 亨利七世的母亲，玛格丽特·博福特夫人，是令人畏惧的约翰·冈特的曾孙女，约翰·冈特是爱德华三世的第三个儿子。她的曾祖母是凯瑟琳·斯温福，她与冈特有四个非婚生孩子。尽管冈特在他妻子死后娶了斯温福，并使他们的孩子成为合法婚生子女，但他们还是被正式地禁止继承王位——这件事在亨利七世登上王位后被重新推翻。

这个传统延续到下一任多铎国王亨利八世，甚至到伊丽莎白一世统治时期，当莎士比亚把理查三世描述成一个死不悔改的反面人物时，他无疑在寻求她的同意。按照这个方式，莎士比亚采用了权威人士——人文主义学者，亨利八世统治时期任大法官的托马斯·摩尔爵士的观点。托马斯·摩尔在损毁理查名声一事上起到了关键的作用。作为国王的一名皇室仆人，摩尔尽他所能帮助稳固了多铎王朝，通过辱骂理查很好地达到了这个目的。

历史影响

随着理查三世的倒台，玫瑰战争结束了，困扰封建时期英格兰的政治纷争和社会动荡时期走到尽头。用温斯顿·丘吉尔的话来说：“理查的死结束了金雀花世系。这个强大的家族，三百多年来出现了勇士和政治家国王，他们的才能和恶行都是最高等级的，他们坚持不懈地持有权威和帝国的观念，现在这个家族退出了英格兰的历史舞台。金雀花家族，以及其体制所产生的骄傲的独一无二的贵族，已经不复存在。”

玫瑰战争结束后，贵族的封建势力迅速衰落，商人阶级的势力强大起来。这个变化的最明显的受益人是新的多铎国王们，贵族阶层的力量日渐衰弱，不能再召集大规模的常备军，他们利用这点，建立了一个强大的中央集权的君主国。平息了一些自称是金雀花血统的冒牌者发起的叛乱后，他们决心确保这样的情形再也不会发生。金雀花的残余子嗣，现在已没有继承王位的直系血缘关系，他们试图建立有组织的反抗，可是任何这样的企图都被挫败，他们或是遭到迫害，或是被挑拨离间。

颠覆约克家族统治造成的主要影响，是新的多铎王朝的统治者在之后的一百二十五年里使英格兰发生了巨大改变。当英格兰中世纪时期结束，文艺复兴运动开始时，亨利七世的统治被历史学家所认同。多铎王朝的统治者们使国家在一段时期变得强盛，使英格兰从一个贫穷的国家变成一个强大的民族，在之后的几个世纪里，势力范围扩展到世界大部分地区。他们极其独立，总是留心来自王国内外的对他们权威的挑战，这可能就是为什么他们会不可避免地与教会，特别是教皇发生冲突。亨利八世建立的独立的英格兰教会，将成为帮助英格兰在他女儿伊丽莎白一世统治下取得强盛的一个重要因素；另一个因素是亨利加强海军的决定。

理查三世垮台的影响，应该在伊丽莎白一世统治时期最清晰地显露出来，因为在这个时期，英格兰完全脱离了中世纪时期。伊丽莎白时期经常被看作是英国文艺复兴时期的顶峰。这个时期见证了英国戏剧和诗歌的繁盛；也见证了大学的扩展，学校不再只着重对未来教士的培养。无数非神职的学者和从学堂里出来受到良好教育的新贵族的绅士儿子们，将成为伊丽莎白铸就成功的基石。她是遍及各地的新文化的优秀典范，她把那个时代的一些最优秀的人物汇聚在她身边，其中有威廉·塞尚、弗朗西斯·沃辛汉、尼古拉斯·培根、罗格·阿卡姆，以及莱切斯特伯爵罗伯特·达德雷。

这个时期戏剧蓬勃发展，诸如作家威廉·莎士比亚、本·约翰、克里斯托弗·马洛和托马斯·基德，他们用自己的戏剧开创了新的领域。这个时期也是海外发展和开拓时期，英格兰在新世界海域里向西班牙势力发出挑战，她鼓励她的船长们进行一切冒险行为，去赢得名誉和财富。伊丽莎白鼓励开拓通往东方的新航线，在1600年授予东印度公司特许状，为日后英国在印度不断发展的势力和影响提供了基础。在国内，新教改革达到了目的，大多数公民相信，英格兰未来的稳定和成功，依赖于彻底根除迷信的天主教的影响。在1603年伊丽莎白死去时，英格兰教会已完全不同于早些年里那个不稳定的机构了。教会对自己起到的作用十分有信心，它不愿意在天主教徒和清教徒之间寻求中间道路了。英格兰未来的繁荣和影响开始于伊丽莎白一世统治时期。

约克家族王子爱德华和理查在伦敦塔中，这里既是皇家住所也是监狱

1917年的一张反布尔什维克海报，
把托洛茨基描述为犹太魔鬼

"证明了"一个犹太人阴谋的伪造文件（1905年）

三百名相互认识的锡安主义者主导欧洲大陆的命运。

——加麦尔·纳赛尔

征服的工具不一定是炸弹、爆炸及其余波。还有想法、观念、偏见这样的武器，它们只存在于人的头脑中。必须郑重声明，偏见能够致人死亡，怀疑能够引起万物毁灭。如果内心恐惧就轻率地寻找替罪羊，它造成的后果就会波及尚未出世的孩子。

——罗德·塞丁

谎言

犹太领导者们每隔一百年聚集在墓地，谋划征服世界，这被记录在《锡安长老会纪要》中。

真相

《锡安长老会纪要》是俄国秘密警察所写，用以宣传反犹太主义并摧毁潜在的革命者！

主要参与者

赫尔曼·古德切，反犹太主义德国作家。

瑟尔基·尼路斯，俄国宗教作家和自称的神秘主义者。

流传迄今的故事

截至十九世纪六十年代，俄国社会仍处在动乱中，小股的革命团体鼓动进行社会改革和推翻残酷的统治者——沙皇。在多次实施对沙皇亚历山大二世的刺杀后，1881年的一次最终成功。具有讽刺意味的是，暗杀者不仅杀害了国家的最进步的统治者，一个真正实行改革的人，而且他们还确保权力落在那些制止进一步改革的人手中。按照次序，亚历山大二世的皇位由他的儿子亚历山大三世和孙子尼古拉斯二世继承，他们都残忍地使用俄国秘密警察搜查隐藏的阴谋。因为1881年的谋反者之一是犹太人，而且许多革命组织吸纳犹太知识分子，秘密警察通过制造反犹太宣传试图减小这些组织的吸引力。他们散布谣言说，所有这样的组织，都是一个犹太人大阴谋的工具，它的目的是捣毁沙皇、东正教会和俄国。为了支持他们的言论，他们宣布，他们已经发现了确凿的证据，证明叛国阴谋的存在。

把正确的词和短语键入任何一个互联网搜索引擎，你就会得到成千上万个网址，宣称一个世界范围的阴谋：它的目标是除掉所有国家和宗教，捣毁世界社会秩序的基础，颠覆世界行政和司法制度，建立一个世界政府。据称它的手段是控制世界媒体，通过有名的通讯社出版宣传品，用金子激励暴乱和其他骚乱，通过满足人们的欲望引诱他们。所有的这些，被披露在一份一百年前写的神秘文件中，题目是《锡安长老会纪要》，它列出了犹太人统治世界的秘密计划。

尽管《锡安长老会纪要》明显地是虚构捏造，但自从它们在1903年第一次出现时，就已经被用来企图把现代世界几乎所有的灾祸都归咎于犹太人。它是二十世纪三十和四十年代，纳粹用来证明反犹太行为正当的重要"证据"之一。直至今天，狂热的宣传者们仍用它支持自己的事业。《锡安长老会纪要》的吸引力，好像证实了人类对原因的深层需求，对于许多发生在世界上的表面上偶然的毫无关联的事件，人们总要寻求原因。尽管这不可能，但如果这样的事件可以被看作一个有组织的计划的一部分，它们就能够被解释清了。

官方版本的故事——宏伟的计划

二十世纪初的几年间，俄国处于混乱局面中，到1905年，各种事件突然恶化。俄国军队在一场对日战争中战败，可日本是他们从未重视过的敌人；工人和他们家人的一次和平聚会，在圣彼得堡东宫外遭到政府军队的攻击；国家处在爆发革命的边缘。在这种混乱形势下，出现了一本奇怪的书。它的作者是瑟尔基·尼路斯——一名俄国宗教作家和自称的神秘主义者，并且刚刚皈依了东正教。这本书的名字叫《渺小中的伟大：即将到来的反基督政治可能性——一个东正教信徒的笔记》，最后一章详细揭示了一个秘密的犹太阴谋，即捣毁世界的所有政府，以一个犹太人控制的世界政府取代它们。

最后一章记述了一群高级官职的锡安主义者怎样控制了世界上所有重大决定，以及重新制定了文件——《锡安长老会纪要》，据称这阐明了他们的目标和计划。根据尼路斯所写，《纪要》来自1897年在瑞士巴塞尔召开的第一次锡安主义者大会。因为他们的计划复杂，锡安主义者大会成员为所有新加入组织的成员编写了一个指导手册，描述了他们的目标和理想，以及他们控制世界的途径和手段，要使所有非犹太民族听从他们的命令。

书中详细地描述了用来控制人们和他们的政府的方法。据称包括用酒色腐化非犹太人；建立一个世界政府，并废除所有宗教，建立一个新的世界秩序；利用经济大萧条；破坏银行和金融体系；捣毁世界货币市场。最后，把现有的社会构架和政治制度废除，替代的构架和制度由大规模操纵和国家授权的错误信息宣传运动所支持，之后，犹太“长老们”会控制所有世界传媒和金融机构。甚至当征服完成后，非犹太居民们还不会意识到所发生的事，因为犹太长老们会继续隐藏起来，通过控制财政政策在幕后操纵事件。

尼路斯在俄国散发了一些《纪要》，宣称时局的混乱是由这个犹太人的阴谋导致的。早期的版本是用俄语写的，翻译本很快出现在整个欧洲，由1917年俄国革命产生的难民散布到各地。《纪要》1920年左右传到美国，被许多人狂热地信奉，包括实力工业家亨利·福特。到1929年尼路斯死去时，数百万份的《纪要》被印刷散布。

由维克多·马斯登——一名《英国早报》狂热的反布尔什维克记者所译的《纪要》的英文译本，甚至更详细地揭示了犹太人的阴谋。他的译本宣称揭示了国王所罗门和其他古代博学的长老们，为了犹太复国者和平征服世界，早在公元前929年就已经制定出一个计划。据称因受犹太人宏伟计划的操纵而出现的历史上的重大阶段都被验证，从伯里克利时代的古希腊到沙皇统治下的俄国。英格兰和德国是下一个，他预示性地警告说。

真相——《纪要》的起源

任何只掌握初步世界历史知识的读者都能轻易地在马斯登扩展版本的《纪要》中看出错误。但是事实和真相从不是写这本书的目的。《纪要》实际上是沙皇暗探局，即沙皇秘密警察所写，他们的目的是把十九世纪晚期俄国的问题归咎于犹太人。书中的图像和词语，利用了由来已久的反犹太传统，它们起源于中世纪欧洲的民间故事和迷信观念。其中包括指控犹太人在逾越节喝基督教儿童的血、在井里下毒、散播黑死病病毒。这些荒唐的观点，被无知的整个欧洲的村民们所接受，同时他们相信，犹太拉比[①]的秘密集会确有其事，他们聚在一起策划阴谋，以征服和灭绝基督教教徒。

> 西方的反犹太主义开始于公元前四世纪希腊文化和犹太教文化的冲突。希腊哲学家赫卡泰乌斯·阿布德拉是早期的一个例子，他宣布犹太教是一个不受欢迎且厌世的宗教。

《纪要》的由来有着复杂的历史。1868年一名德国反犹分子赫尔曼·古德切，以约翰·雷德克里夫的假名出版了一本名为《比亚里茨》的书。在题目为《布拉格的犹太公墓和以色列十二部落代表会议》的一章中，古德切编造了一支虚构的秘密犹太派系，他们每隔一百年午夜时分在公墓聚集，为伟大的犹太阴谋筹划行动方案。关于聚会的想法，可能跟1807年拿破仑召集犹太拉比和其他有学识的普通信徒集会，筹备“犹太名人会议”有关，但这是对会议的误传。甚至在那时，许多人相信拿破仑召集的会议，只是官方认可的一个秘密的国际犹太会议。古德切的书也大量地借鉴了其他信息，包括1864年出版的一本名为《马基雅维利与孟德斯鸠在地狱的对话》的小册子，作者是莫里斯·若利。这本书使用文学

① 犹太教圣职人员。

技巧通过地狱里被诅咒的阴谋者之间辩论，攻击了拿破仑三世的政治野心。在古德切的书中，这个阴谋在墓地被策划而不是地狱里，主要人物变成了犹太人。

1872年古德切的书被译成俄文，1891年俄国秘密警察从《拉比的讲话》一章中抽取一部分进行传播，这一章描写了子虚乌有的犹太会议。秘密警察不仅利用这本书制造充满反犹情绪的氛围，还利用它来使沙皇尼古拉二世相信犹太威胁真实存在。这个时期沙皇的统治地位并不牢固，政府遭受无数激进团体的困扰，其领导层有许多犹太知识分子。秘密警察的目的是，通过激起潜在的反犹太主义，败坏这些激进团体的名声，使他们很难招募到普通俄国人成为其成员。

当1903年《锡安长老会纪要》第一次出现在俄国报纸《旗帜》上时，围绕着它的来源展开了大量的辩论。最先有人说它是有关共济会犹太人阴谋的一本书，但当瑟尔基·尼路斯再次出版书中最后一章关于反基督者到来的部分时，他宣称这本书来自于1897年在瑞士巴塞尔召开的第一次锡安主义者大会。当有人指出第一次锡安主义者大会是一个公众的公开的会议，并且有许多非犹太人参加时，尼路斯不得不收回他最初的声明。但是他很快又坚持以往的观点，这次他坚持说《纪要》来自于1902年至1903年间“锡安长老们”召开的会议。然而这又一次产生了问题，因为尼路斯以前宣称他在1901年拿到了副本。尽管围绕《纪要》的来源存在很多疑问和明显的谎言，且有确凿的证据证明它是伪件，今天仍然还有人相信，《纪要》是对第一次锡安主义者大会的真实记录。

伟大的犹太阴谋？

二十世纪二十年代产生于俄国的另一个观点是，断言犹太人对布尔什维克、俄国革命和共产主义的产生负有责任。这个观点受到显著关注源于一本名为《犹太布尔什维克》的小册子，它首先在俄国出现，并迅速传播到西方。共产主义是犹太人统治世界阴谋的一部分的看法，随后引起了全球对《纪要》的兴趣。

令人惊奇的是，尽管宣称一些布尔什维克领导者是犹太人和整个共产主义运动是一个犹太阴谋有着明显的区别，但今天仍然有人相信这种观点。正如记者和历史学家保罗·约翰逊指出：

> 可以简单地认为，因为犹太人是布尔什维克的主要发起者，他们一定是它的主要受益人。观察力敏锐的、包含有主张社会同化者或锡安主义者的犹太大众，与实际上帮助实行革命的非犹太教犹太人之间，有着非常重要的区别，但这完全没有被理解。

实际上，结束沙皇政权的想法对犹太知识分子成员具有吸引力不足为奇，因为许多非俄罗斯民族国家在俄罗斯帝国一直遭受残酷的压迫。许多国家反抗这样的不公，这解释了这样的一个事实，即为什么非俄罗斯民族国家的人——特别是拉脱维亚人、波兰人和格鲁吉亚人——大量地出现在共产党领导阶层。这个事实也被沙皇秘密警察所掌握，他们利用反犹太主义和仇外情绪作为武器反对布尔什维克。正如事情的结果所显示的，革命的一些领导者——其中有托洛茨基、加米涅夫和季诺维耶夫——有犹太血统的事实并不太重要。把俄国共产主义变成怪物的，是从东正教神学院毕业的学生——约瑟夫·斯大林。如果，作为一个共产主义者，他不为人知的是阴谋的一分子，为什么他在二十世纪三十年代策划杀害了几乎所有布尔什维克领导者，包括大批的犹太人？

事实是，在引发革命的预备阶段，在俄国有无数革命团体，它们相互间的斗争不亚于同沙皇政权的斗争。在这方面，俄国与其他在1848年革命之年经历过革命的欧洲国家非常相似。比如1917年，右翼极端分子宣称革命都是犹太危险分子所为。然而当沙皇政府在1917年倒台时，布尔什维克们与其他人一样吃惊。他们碰巧出现在合适的地点、合适的时间，并且能够充分利用随后发生的动荡局势，事实上并不存在所谓的伟大的长老计划或阴谋。

《纪要》不可避免地成为纳粹宣传攻势的一部分，被用来证明对犹太人的迫害是正当的。1934年，一个瑞士纳粹分子A.灿德尔博士出版了一系列承认《纪要》为事实的文章，纳粹领导层开始引用《纪要》以解释为什么德国需要根除犹太人的“侵染”。纳粹宣传者们利用一些布尔什维克领导者的犹太血统以及他们对国际无产阶级革命的支持，宣传共产主义是一个受益于犹太人的政治观点。这成为人们所知的犹太–布尔什维克阴谋，为了支持这个阴谋，纳粹表明苏维埃的立法规定反犹太主义是犯罪行为。

尽管斯大林宣称消除反犹太主义，事实上他自己就是反犹分子。二十世纪三十年代，为了取悦希特勒，他清除了大多数是犹太人的外交部门，后来在二十世纪五十年代在党内高层排除了更多犹太人。斯大林不信任犹太人，把他们看作是对苏维埃社会主义共和国联盟的多民族本质的威胁。当以色列国建立时，这种疑虑加深了，因为这个事件激励了苏维埃犹太人的自信心。斯大林试图从党内清除所有犹太知识分子，并指责他的敌人是犹太人，其中包括秘密警察头子拉夫连季·贝利亚。在此事件中，贝利亚好像行动得太快，因为他后来自吹对斯大林的死负有责任，宣称是他毒死了斯大林。有些个别的苏维埃犹太人，如托洛茨基，确实计划统治世界并消除西方的生活方式。但这种想法，来自于他们的共产主义理想，并不是他们的犹太血统，完全不能成为构成犹太人世界阴谋的证据。

历史影响

《纪要》的最大影响，是它被用来证明对犹太人的迫害和镇压是正当的，这些恶行中最臭名昭著的是纳粹所为，并造成了极大的损害。第一次世界大战中奥地利和德国战败后，许多德国人渴望建立一个统一的德国，特别是在《凡尔赛条约》中失去了很多讲德语的领土后。可是，希特勒和他的支持者们不愿责备那些德国领导者首先由于他们的政治和意识形态的失误导致国家战败。责任被重新转向那些涉

瑟尔基·尼路斯所著，内容包含《锡安长老会纪要》之书的封面图画

嫌破坏国家统一目标的人身上。位列希特勒名单之首的是犹太人和共产主义者，他们成为一个沉溺于德国民族主义思想，对当前衰落的国家深切愤慨的民族的替罪羊。

有证据显示许多德国人，包括希特勒，相信1918年他们的祖国被迫投降是由政府高官中的一个犹太人的阴谋所致，这个政府是在战争的最后日子里从皇帝威廉二世手里接管的。因为在联军军队实际入侵

犹太人和启蒙运动

考虑到《纪要》中所有对犹太人的指控，令人感到惊奇的是犹太人大量参与的一个重要历史事件——启蒙运动——没有在其中被提到。

1492年西班牙的犹太人被正式从西班牙驱逐出去，经过多年的被迫害后，他们游荡在欧洲，许多人最后在荷兰定居下来。在那儿他们找到了一个可以在相对的和平中建立政治、宗教和社会身份的环境。考虑到迫使他们逃离的迫害性质，很自然他们想要促进多样化的表达形式，使非宗教的甚至特别是反天主教的政府作风变得多元化。这样的观点在十八世纪的启蒙运动中起到了重要的作用，特别是在强调个人良知和个人选择方面，不受国家认可的宗教机构的约束。

当然，天主教和新教当局，把这样的观点看作是对基督徒的威胁。他们认为，这些发展只是持续几个世纪的基督教徒和犹太教徒之间冲突的又一种表现。情况当然不是这样，因为参与其中的思想者，不再把他们自己看作是宗教意义上的犹太人，而是恰巧血统是犹太人的无神论者。可是，这样的区别不容易被主流基督教机构看到，因此两个团体之间的不信任仍然存在。

他们的祖国之前，德国签署了停战协议，这些德国人不相信他们在西部前线战败。实质上他们相信德国内部出了内奸。尽管希特勒为德国

的荣耀而狂热，但这种被出卖感驱动了他的大部分反犹太主义倾向。他的仇恨，指向了他认为从他的地盘上抢走了称雄欧洲和世界的正当位置的那些人。

许多人持有这样的观点，《锡安长老会纪要》拥有一批心甘情愿的拥护者，他们渴望接受它的谎言和它对事实的歪曲。希特勒在《我的奋斗》的以下段落中十分清楚地表达了对《纪要》所述内容的接受：

> 犹太人令人极其憎恨的《锡安长老会纪要》无与伦比地显示了在多大程度上这个民族的全部存在基于一个持续的谎言。他们基于一个伪作之上，《法兰克福报》每周一次呻吟着，喊叫着：这是证明它们属实的最好证据。……重要的是它们带着绝对令人恐怖的把握揭示了犹太人的本性和活动，暴露了他们的内心世界和最终目的。

这些言论，使纳粹更容易集中整个德国的犹太人，并把他们驱逐到集中营中。非犹太人的邻居们不会抗议，因为清除犹太人意味着他们就不能够实施统治世界的计划，《纪要》清楚地写明这是他们的目标。在1935至1936年间，反犹活动逐步升级，犹太人被禁止在政府任职，服从于《纽伦堡法案》和《保护德国血统和荣耀法案》。同时《德意志公民权法案》被通过，它剥夺了所有犹太人以及任何被认为有犹太血统的人的公民权。到1938年的“水晶之夜”时——大约一千五百座犹太教堂、无数犹太人墓地、七千多犹太人商店和百货商场被砸毁——场面变得十分恐怖。一些犹太人被殴打致死，而其他人则被迫观看。三万多犹太人被拘留并转至集中营，比如达豪集中营，然而这只是开始。七年里，六百万犹太人将死去，所有人都是《纪要》里传播的谎言的受害者。

尽管今天大多数人将《纪要》作为荒谬的粗陋的伪作而抵制，但仍有例外。一些中东和其他地区的狂热团体和政府，试图利用它作为媒体战争中的武器激起人们对以色列的敌意。巴勒斯坦运动哈马斯明确地把《纪要》看作是对犹太民族最终目标的真实描述，宣称：“锡安主义者的计划是无限的。继巴勒斯坦目标之后，锡安主义者渴望从尼罗河扩张到幼发拉底河。当他们消化了所控制的地区后，他们将会进一步扩张，然后是再下一个目标。他们的计划被包含在《锡安长老会纪要》里，他们现在的行为最好地验证了我们所说的。”

1914年萨拉热窝弗朗茨·斐迪南大公被刺事件使各大强国卷入第一次世界大战

将第一次世界大战的责任转嫁于人
（1918年）

德国企图用和平贿赂我们，让我们抛弃朋友和责任。但是大不列颠选择了荣誉的道路。

——《每日镜报》，1914年8月4日

总是能成功地找到承担责任的人。

——罗伯特·哈夫

谎言

德国对发起第一次世界大战负有责任。

真相

所有参与者对“用战争来结束所有战争”的观点负有同等的责任！

主要参与者

威廉二世，德国皇帝和普鲁士国王。

劳合·乔治，英国首相。

乔治·克列孟梭，法国首相。

流传迄今的故事

德国以几个藩属和公国的松散联盟形式存在了几个世纪后，1871年在皇帝威廉一世的领导下，变成了一个统一的国家。由于统一，德国最终能够对欧洲和世界事件施加影响，因为只有拥有人口和工业优势的国家才适合插手这些事件。随着二十世纪的临近，主要欧洲大国陷在一张复杂的协约网中。英国和法国深深怀疑德国的意图，因此结成了联盟。德国因此与奥匈帝国结盟，在它的南部抗衡已感知到的英法威胁。德国对奥匈人的支持疏远了俄国人——因为他们是塞尔维亚人的保护者，塞尔维亚人随后成为奥匈人的目标，这促使塞尔维亚人与英法组成联盟互相援助抵抗侵略。俄国也计划朝向奥斯曼土耳其发展，但这样做需要英国的同意。土耳其人知道这种企图，及时地与德国结盟以阻止俄国侵略。在这样一个如此脆弱的平衡形势中，任何事件都可能引发重大冲突。当1914年奥匈帝国弗朗茨·斐迪南大公在萨拉热窝被一名波斯尼亚的塞尔维亚人刺杀时，这个事件还是发生了……

事情好像预先安排好了一样：德国在一位以自我为中心的专断的皇帝的统治下，一心要统治欧洲。英国是中立和热爱和平的，但当德国粗鲁地对待它承诺帮助的国家时，它不能袖手旁观。因此当德国1914年8月3日对法国宣战并穿过比利时开始向前推进时，欧洲战争被引发了，继而变成了全球战争，因为大英帝国的殖民地提供人力和军火支援其宗主国。

至少，这是协约国在第一次世界大战取胜后，当他们为四年战争的损失索取赔偿时讲述的故事。补偿要求某些人负有责任，因为德国是战败国，它被认定对发起迄今为止世界上最血腥和毁灭性最大的战争负有责任。

可是这个故事的问题是，它忽略了这样一个事实，即第一次世界大战没有发生在真空里，脱离所有以前的历史。德国对比利时的入侵迫使英国履行1839年的条约，保证比利时的独立，由此开始了战争，这样的简单陈述，也许可以免除其他参战方对形势所负有的责任，当时的形势使得战争不可避免。可是，在通常情况下，真相要复杂得多，涉及在一百多年中发生的事件，以及世界各个地区的战略部署和军备竞赛。从这个更长远的角度来看，英国的帝国托词和它要在世界中保住位置的决心——包括与德国围绕殖民地目标的争夺——为未来战争做了更重要的准备，这比德国对比利时的侵略更为重要，后者只是一个更加复杂的戏剧中的最后一幕。

官方版本的故事——德国发起了战争

1888年，威廉二世成为德国皇帝。自1871年起德意志帝国一直在

“铁血首相”奥托·冯·俾斯麦的稳固掌控下。威廉二世头脑机智，但情绪不稳，脾气暴躁。他急于用自己的方式处理所有事情——无论多么细小，并对任何限制都感到恼火。他渴望把德国的势力和影响扩张到整个欧洲和世界其他地方，着手制定了一个快速的领土征服和军事扩张的计划，使得欧洲的邻国们感到焦虑。当俾斯麦试图指引他采取一个更谨慎的处理外交政策的方式时，年轻的皇帝清楚地表明他要按照自己的方式做事，并且他不愿只是给野心勃勃的宰相当傀儡。威廉二世专注于军事力量，意味着他受到普鲁士军事要人的影响，他经常向他们寻求建议，这种经常的接触更使人担忧。由于又一次从他的宰相那受挫，威廉二世要求并且成功地使俾斯麦辞职。

俾斯麦离开后，威廉二世开始引领德国朝着一个新的危险的方向行进。他任命的大臣们软弱且不决断，因此政府的效能被削减了，这意味着德国现在在他个人的统治下。威廉二世对十九世纪末期政治局势差劲的把握，使他犯下一个接一个的大错。他相信他与盟国君主们的私人关系是靠得住的，1890年，在他的准许下德国与俄国签订的防御条约失效，这使俄国人转而与法国缔结了条约。他保持与奥匈帝国的盟国关系，尽管这种做法与俄国产生冲突。由于这三个国家之间互相签订了条约，这个事件也许会引发一场把法国和英国也卷进来的战争。

1914年6月28日，一名波斯尼亚的塞尔维亚人对奥匈帝国弗朗茨·斐迪南大公的刺杀，最终引发了导致战争的冲突。如果奥匈帝国对塞尔维亚人采取行动，威廉二世就会为它提供援助。奥匈帝国一对塞尔维亚宣战，俄国人就开始把军队调集到奥地利和德国边境。看到这种情形，德国的军官意识到既然法国没有宣布中立，因此就会加入俄国一方参战。他们劝说威廉二世签署调集令，并实施“施利芬计划”，根据此计划德国将会攻击法国。尽管威廉二世担心即将来临的战争，拿不定主意，不知应该争取更多时间商讨，还是完全支持他的军事指挥官的建议。最后，他同意德国在8月1日对俄国宣战，随后在8月3日对俄国的主要同盟国法国宣战。当比利时声明中立，拒绝德国从它的领土穿过时，德国人8月4日还是入侵了它。受到条约的制约，8月5日，英国别无选择只得对德宣战。

仅五天之内，欧洲从紧张状态下的和平进入到大规模战争状态。考虑到德国对几个欧洲大国宣战以及对比利时的非法占领，英国把这场战争叫作“威廉二世的战争”。威廉二世，正如大多数其他参与其中的领导者一样，相信战争会在圣诞节之前结束。他大错特错了。

真相——大角逐

协约国的宣传机器把第一次世界大战描述成德国一方的错误。德国人民被妖魔化，被描述成残忍的“德国兵”，以及把婴儿挑死在刺刀上的嗜血怪物。这样的宣传，试图把这场战争变成一场正义的战争，反抗企图统治世界的那个国家。但是对第一次世界大战应负的责任不能只落在德国身上。当然，战争的直接导火索是德国入侵比利时，英国介入战争的官方原因是德国入侵比利时，但导致战争的真正潜在原因是英国，特别是它的外交政策的阴谋。

《凡尔赛条约》包括英美保证阻止未来德国侵略法国，但是后来美国拒绝接受。英国随后也仿效美国废除了条约中规定的责任。

要研究英国帝国军事政策，我们只需要看一下1853至1856年间的克里米亚战争。这次战争由俄国入侵克里米亚引发，克里米亚是伸向黑海的一个半岛，当时是奥斯曼帝国的一部分。俄国人非常想取得通往地中海的途径，并且如果可能，还想摧毁奥斯曼土耳其。这样他们就会得到君士坦丁堡——中东地区的珍宝，但是要实现这个计划，他们需要打入黑海。奥斯曼帝国——一定程度上由于卷入了一系列的灾难战争，导致领土的丧失，那时被称作“欧洲病夫” ——到现在为止已经来日无多。各种中欧势力，以及新近复苏的巴尔干国家围在它周围，伺机夺取一些好处。可是当俄国入侵克里米亚时，英国代表土耳其介入其中。

英国采取行动的原因是它害怕失去帝国的优势。自从十八世纪以来，英国一直慢慢地——并且据宣称，是不情愿地——构建一个帝国。到十九世纪五十年代为止，它在三十五年前击退了拿破仑对其构成的威胁后，成为地球上最强大的国家。英国现在把俄国在博斯普鲁斯海峡和

《每日电讯报》事件

“你们这些英国人都是疯的，疯的，像三月兔[①]一样疯狂。是什么突然影响了你们，使你们完全陷入与一个大国不相称的猜忌中？”德国皇帝威廉二世试图用这些话赢得英国人的民心和思想，也免不了成为了国际外交中曾有过的最笨拙的做法。为了消除英国对德国海军扩张的恐惧，1908年威廉二世让人把他的观点发表在著名的英国报纸《每日电讯报》上。可是，他没有安抚和消除英国人的疑虑，他毫无策略的一时意气用事，表露了一个完全与当代欧洲形势相脱节的国家和统治者的形象。

威廉二世作为维多利亚女王的外孙，他认为他了解英国人，他所需要做的一切，就是表达他对英德友谊的理解，以使他们确信他的好意。他的这个目的没有成功地实现，但更糟的是，当他继续向英国人概述他的国家的和平意图时，他暗示了法国和俄国曾经试图劝说德国加入波尔战争，与波尔人一起反抗英国，这疏远了法国人和俄国人；当威廉二世继续宣称德国的海军扩张更针对的是日本而不是英国，他又疏远了日本人。他不得不忍受其他世界领导者们的讽刺和嘲笑，几个月之后，威廉二世才鼓足了勇气重返国际舞台。

黑海的活动看作潜在的威胁，认为俄国向南扩张最终会威胁到他们在印度的利益，进而威胁到他们对印度的殖民统治。俄国已经向南扩张到外高加索，势力范围渗透到中亚和阿富汗，这增加了英国的恐惧，他们担心俄国人会中断他们与次大陆的盈利的贸易。这导致了两次英阿战争（1839-1842，1878-1880）和英国对西藏的侵略（1903年），以及其他事件。因为英国和俄国争夺在中亚的霸权，他们之间的竞争还被称作“大角逐”，这个说法掩饰了双方许多举措的致命性。

十九世纪后五十年里，发生在克里米亚和中亚的这些事件很重要，它显示了英国在多大程度上做好了准备以维持它的帝国；它们还预测之后英国对外政策的制定将对世界发展起到重要作用，它使世界形势不断恶化，直到1914至1918年的世界大战爆发。首先，英国对维持即将瓦解

① 三月兔是《爱丽斯漫游奇境》中的角色。

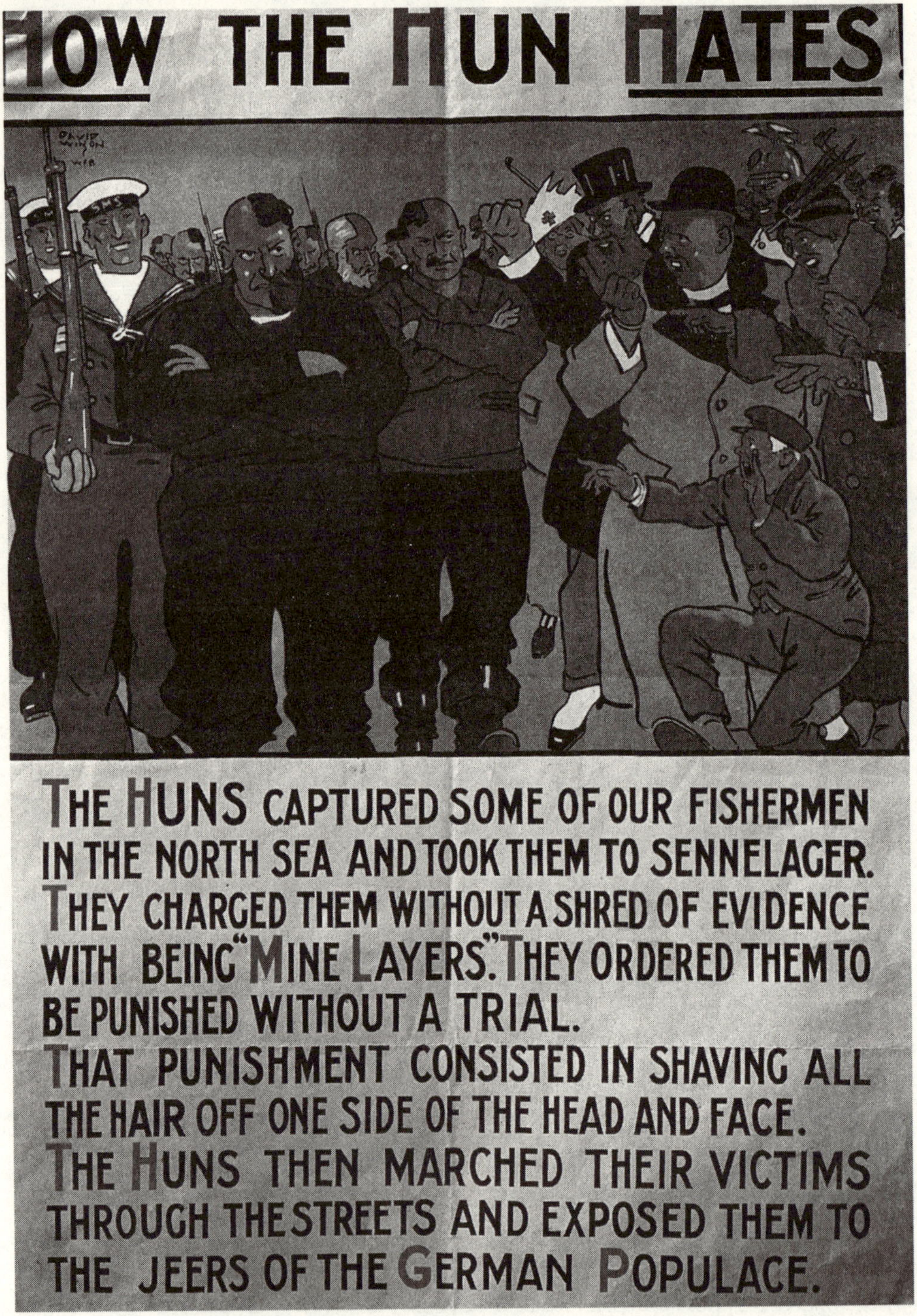

英国第一次世界大战宣传海报。双方都试图把对方说成是渴望施行野蛮罪行的残暴的人

的奥斯曼帝国所做的努力将得到灾难性的结果。为了阻止它的解体，他们阻挠巴尔干国家试图从土耳其夺取自由的计划。这导致长达八十多年的几乎连续不断的战争，并且使奥斯曼帝国不是痛苦地而是迅速地解体。这种战争还加剧了巴尔干地区的民族主义之火，巴尔干人的各种团体经常表达出对自由的渴望，最终开始动摇这个多民族的奥匈帝国。这些激情引发了1914年萨拉热窝对弗朗茨·斐迪南大公生命的枪击刺杀，它们可以直接追溯到十九世纪的英国政策。事实上，英国一心要使“欧洲病夫”存活下来，以至于他们经常对奥斯曼土耳其人的残酷镇压和暴行视而不见，而他们经常针对的是信仰基督教的少数群体。具有讽刺性的是，奥斯曼土耳其人最终与他们在克里米亚战争中的英国盟友为敌，在德国找到一个心甘情愿的朋友。

至于俄罗斯帝国，在英国人手中受辱意味着它把目光转向远东地区，导致了1904至1905年与日本的灾难性对抗。同时，在东欧，俄国把目标定为支持斯拉夫独立运动，使自己扮演巴尔干斯拉夫人保护者的角色。这意味着俄国支持斯拉夫人对奥地利哈布斯堡王朝争取独立的斗争。结果俄国与同是哈布斯堡王朝敌人的法国结盟。自相矛盾的是，当德国的扩张主义开始影响英国作出决策时，这意味着俄国将最终成为它的老对手英国的盟友。

英国究竟做了什么?

> 由于难产，威廉二世有一只萎缩的左手，照相时他总是尽量把它隐藏起来。

英国为维持帝国的梦想所做的努力，对德国影响很大。十九世纪晚期，是帝国主义扩张的最后重要时期。欧洲所有大国都参与其中：英国、德国、法国，甚至比利时。也许是为了凑热闹，也许是有利可图，但最后结果是灾难性的。在所谓的“争夺非洲”行动中，非洲被欧洲几个大国迅速瓜分，苛刻的条件被强加给那些不能直接征服的国家，比如中国。可是这种扩张的阶段不能永远继续下去，很快每个可被占领的地区就被几个欧洲大国宣布为殖民地。

到二十世纪初，德国是世界上一支崛起的力量，它渴望成为一个可以比得上英国的帝国。1871年，德国人实现了统一的梦想，他们的邻国法国为了使他们继续弱小并保持分裂，多年以来一直抵制德国的统一。几个世纪以来，德国一直是其他欧洲国家进行势力争夺的地方，但那个时候已经过去了。既然德国不再直接参与欧洲战争或国内的纷争，它就要在海外领土的争夺中分一杯羹。结果1884年后它确实建立了海外帝国，但与英法两国所掌管的比起来，只是一个小帝国。

为了维护自己在世界上的利益，德国愈加憎恨英国行使的权力。德国帝国主义者指责英国在世界的主导地位给国际市场带来不公平竞争的弊端，并由此限制了德国经济的发展，威胁它的安全。在非洲对殖民地的争夺，受到一种观点的驱使，即一个国家的经济的存活，依赖是否能够把过剩产品倾销到海外的地盘上。同时英国要继续它的扩张计划，因为随着与德国、美国和法国竞争的激烈，英国预测它在世界出口贸易的份额可能会减小。

在惩罚性条款中，《凡尔赛条约》要求德国贝尔公司放弃对阿司匹林的商标拥有权。

俾斯麦任德国首相期间，通过微妙的手段而不是公然的对抗取得了他想要的。可是，当年轻并有些冲动的威廉二世成为皇帝时，形势开始失去控制地恶化。当英国向德国施加压力，限制它在北海海军舰队的规模时，德国人感到被英法俄联盟包围在陆地上。德国还拥有一块法国的领土——1870年普法战争中取得的阿尔萨斯-洛林地区——法国人想收回这个地区。这些是加深德国人怨恨的一些因素，这种怨恨之情持续郁积，直到它最后爆发。

同时英国要维持在世界的主导地位，它在战争爆发前阶段里的行动，说明了它所关注的利益所在。1902年英国与日本签约结盟，双方为了保持自己在地区内的影响，都阻止德国的扩张。尽管英国声称，它与法俄结盟是为了结束旧的争端，而不是承诺在战争中支援那些国家，但德国人仍很担心。尽管英国向德国作出保证，实际情况是英国和两个与德国为敌的国家结了盟。

1905年的第一次摩洛哥危机——因北非国家的殖民身份而爆发——见证了英国被迫在法国和德国之间作出选择，最终它站在了法国一边。威廉二世支持摩洛哥独立，或者至少不是法国的保护国，但是英国人支持法国的目标。英国参与了与法国的军事磋商，并向德国发出直接的通告，警告它不要野心过度膨胀。在英国国内，由于德国的海军扩张计划和克鲁格电报事件，公众态度逐渐反对德国——这份电报由威廉二世发给英国前殖民地特兰斯瓦[1]总统，它被看作企图干涉英国的势力范围。到第二次摩洛哥危机时，英国坚定地站在法国阵营中，德国确信英国要用敌对的联盟包围它。1912年，英国与法国签署了海军协定，承诺保卫英吉利海峡和大西洋沿岸的法国海岸，尽管英国再一次向德国强调，如果法德之间爆发战争，这个协定不承诺英国参战。这显然不是事实，英国的真实意图在1913年被证实，英国创建了包含六个师的远征军，用以在欧洲大陆作战。

问题的关键是如果法国在与德国的另一场战争中被打败，英国承受不了它的后果。因为那会使德国成为欧洲大陆最强大的国家，而那时德国正试图取得海上的控制权，并把它的势力范围扩张到巴尔干半岛和土耳其。英国的领导者们知道，他们的国家早晚要与法国联合对抗德国；需要的只是合理的借口。

当战争真的到来，不可避免的是，由于开始生效的错综复杂的结盟关系，这是一场国际战争。奥匈帝国对塞尔维亚宣战；俄国对奥匈帝国宣战；德国对俄国宣战；法国对德国宣战；德国入侵比利时以逼近法国，进而把英国卷入战争中。英国没有特别的义务支援比利时，因为1839年保证比利时独立的《伦敦条约》是由不包括德国在内的几个国家签订的共同条约。围绕英国是否有义务介入引发了一些法律上的争辩，因为条约是对集体而言，不是针对单独的一个国家。但这并不重要。它给了英国需要并一直寻找的借口，国家的领导层正好使用了这个借口。

① 现为南非共和国特兰斯瓦省。

历史影响

把第一次世界大战的责任推卸到德国身上的决定，导致的直接影响是灾难性的《凡尔赛条约》（1918年）。参加条约拟定的国家中，只有美国为德国征求一些宽大的措施，美国人把这看作是保持欧洲长久和平的途径。如果其他协约国也能够有威尔逊总统的预见性眼光就好了。当时的情况是，英国比较矛盾，在第三共和国老政治家乔治·克利孟梭领导下的法国想要复仇。条约清楚地写明，德国独自承担战争的责任，并承诺为所有对协约国平民造成的损伤赔款。德国的军队被永久地削弱，因此永远不能再威胁它的邻国。军队被限制在不超过十万人，海军被大

1918年德国革命爆发，皇帝威廉二世退位并逃到荷兰，在那儿他被给予避难权。尽管《凡尔赛条约》要求威廉二世被引渡回国接受起诉，但荷兰女王威廉明娜拒绝履行。威廉二世住在荷兰直到1941年去世。

幅地削减，不得组织空军，不得生产和进口武器装备。最后为了制造一个与法国的缓冲区，莱茵兰被变成一个不设防的地区。

更为毁灭性的是，德国被迫交付两千两百六十亿金马克的赔款（大约一百一十三亿英镑），尽管后来被减少到一千三百二十亿金马克。尽管如此，这也是个毁灭性的数额，意味着德国不能有效地重建自己被损毁的经济。这样就产生了人数众多的赤贫的底层阶级，他们愿意接触并接受激进的革命运动，因为这些运动承诺缓解国家的困境并复苏经济。当协约国提出这个巨额赔款要求时，他们还夺取了德国百分之十三的领土，包括阿尔萨斯-洛林地区——德国经济的发动机——回归了法国。由于失去了这个地区，以及西普鲁士、百分之十六的煤田、一半的钢铁工业和所有海外殖民地，德国面临着一个毁灭性的未来。

结果，协约国或者不愿或者不能够执行《凡尔赛条约》中的条款，最重要的是关于重整军备的禁令。尽管他们做了一些象征性的努力，以确保对条款的服从，但德国很快开始减少条约中条款对它的影响。二十世纪二十年代晚期，当一个承诺恢复德国自由和骄傲的政党——纳

粹——出现在德国时，协约国在一旁注视着却什么也没做。法国在条约中插入一个条款，如果德国试图对莱茵兰地区再次军事设防，法国可以占领此地区，可是当1936年危机时刻到来时，甚至法国都没有行动。犹豫不决只会刺激德国的极端主义者，他们憎恨这个条约，并把协约国缺乏行动理解为软弱。

条约最重要的作用是它对德国政治生活的影响。协约国要求创建一个平民的政府，因此皇帝威廉二世和他的首相被一个议会制的民主政体——魏玛共和国所代替，它被温和派以及左翼和右翼的极端派所讨厌。由于对1919至1923年间爆发的经济危机束手无策，这使得它的声誉在德国工人中一败涂地，甚至在二十世纪二十年代的后五年，经济开始复苏后也没能扭转。实际上，议会太软弱，以致于任何愿意把不满现状的工人当作目标的团体，只要不择手段且坚定，都有机会在共和国内夺得权力。

在所有残忍的英国帝国政策所造成的影响中，希特勒的崛起是最大的影响。在许多方面，大屠杀的恐怖和第二次世界大战造成的苦难，可直接归因于第一次世界大战和《凡尔赛条约》导致的德国的毁灭。纳粹党能够夺取权力，只是因为德国人痛恨并受到经济、政治危机的困扰。正如理查德·艾文斯教授所写，纳粹党洞察到“大多数德国人半信半疑的恐惧、愤怒感以及像冲击波一样遍及德国上等和中等阶级的怀疑”。当希特勒清楚地表达要抛弃《凡尔赛条约》中长久伴随的军事和领土条款，以及承诺恢复德国往昔的荣耀时，这些人为之喝彩。

如果不是英国的帝国妄想，第一次世界大战首先也许不会发生。甚至如果英国不介入，如果德国在欧洲战争中打败了法国，培育希特勒的环境也许从来不会出现。德国的一次取胜会重新设计欧洲的面孔，下一场大战可能在德国和东方高涨的共产主义势力之间展开。第二次世界大战也许就不会发生。无需借助任何途径加速旧的帝国主义势力的垮台，有一种再明显不过的方式，那就是二十世纪后五十年里美国和苏联作为两个竞争的超级大国出现了。

1931年，俄国农民示威游行抗议土地集体化

俄国农民和斯大林的臆想（1930–1933年）

同志们！富农的反叛必须被毫不留情地镇压。整个革命的利益要求这样，因为现在我们面对的是一场与富农的最后决战。我们要树立一个榜样。

——列宁

一个人的死亡是一个悲剧。几百万人的死亡是一个数字。

——约瑟夫·斯大林

谎言

拥有土地的农民，是导致二十世纪三十年代苏联所有问题的原因。

真相

斯大林的臆想和他树立一个内部敌人的想法，意味着数百万的农民被杀或被送进劳改营。

主要参与者

约瑟夫·斯大林，苏联共产党总书记。

弗拉基米尔·伊里奇·列宁，革命理论家和苏联第一届领导者。

流传迄今的故事

随着1917年沙皇的垮台，俄国的领导权落在布尔什维克列宁的手中。基于列宁对马克思思想体系的理解，他们立刻建立了共产主义政权。由国家掌控的生产方式和私有财产的废除，是这个总体设计的主要组成部分。这个规划失败了，列宁被迫重新推行财产的私有制，同时一场共产主义者和顽固的沙皇政权支持者之间的内战爆发，1923年以共产主义者的胜利而结束。1924年，列宁去世后，斯大林和托洛茨基争夺党的领导权。列宁不想让斯大林成为布尔什维克们的下一任领导者，但斯大林以计谋击败托洛茨基获胜，托洛茨基最后被迫流亡国外，后被刺身亡。在巩固了对权力的掌控后，斯大林决定，应该继续并毫不手软地推行1918年列宁提出的农民集体化政策。这一年是1928年……

生活对于普通的俄国农民来说是艰苦的。从早到晚，数小时繁重的劳作，一年三百六十五天，种的庄稼只够养活你的家人和自己。只是在好年景时，也许会有一些节余拿到市场上去卖。西部的农场劳动者的境况也差不多，但至少从二十世纪初开始，他们不再处于社会的最底层。由于文盲、愚昧和落后，世世代代的俄国农民在田地里消耗掉他们的生命，而富裕的地主们，靠着农民们的苦难和辛劳养肥了自己。

一些人会非常偶然地走运起来。两三年风调雨顺的好光景，长期实行的限制性法令的些许放宽，有可能使他们的生活开始得到一些改善。可以雇佣帮工，可以从在艰难时期破产的邻居那儿购买田地，突然间你就过上了相对奢侈的生活，远远超过之前所梦想到的一切。但是，就在当你认为艰难时期已然过去时，斯大林来了。

斯大林对待更为富裕的农民的政策，基于一个臆想的观点，即他们密谋要摧毁工人的天堂——苏联。他们奸诈贪婪，是新社会主义国家面临灭亡威胁的原因。这当然是一个谎言，但是它提供给斯大林一个借口，用以迫害和除掉社会的一部分人，他把这部分人看作是对他的权力的一个潜在的威胁。作为一个成功地使用恐怖手段使民众闭口的实例，几乎没有其他什么可以与之匹敌。这个政策的影响是它压制了重大的内部异议，巩固了斯大林在苏联的权力，而且在这个过程中，影响了二十世纪大部分时期世界历史的进程。

官方版本的故事——内部的敌人

列宁和布尔什维克们相信，如果不是因为富农，未来可以是美好和光明的，富农就像水蛭，他们靠忠实的工厂工人和更穷苦的农业劳动者阶级的劳动和牺牲生活。由于面包和其他基本生活用品的价格上涨——富农们显然在囤积粮食哄抬物价，工人们眼睁睁地看着他们微薄的工资

在敖德萨市附近的公墓，共产主义青年团成员挖出富农藏的一袋袋粮食

消失殆尽，他们向维护工人利益的共产主义革命者求助。旧沙皇政权被颠覆后，布尔什维克们相应地废除了土地和劳动私有制。富农们予以抵制，结果是一场灾难——内战爆发。1921年，列宁制定了新经济计划（NEP），它恢复了国家经济中的几个部分的私有制，特别是农业。新经济计划允许农民雇佣帮工，并允许他们在向政府缴纳一定比例的捐税后，保留所有的结余。由此农业生产显著增加，在多年的战争、危机以及物资匮乏之后，出现一个广受欢迎的经济复苏时期。

然后斯大林出现了。斯大林和布尔什维克领导层确信国家现在可以经受长期计划的变革。于是，他们开始了集体化过程——废除私有农业。这个政策的改变，由1927年粮食危机引起。为了弄清问题的起因，

1928年1月，斯大林亲自去往西伯利亚调查粮食收购减少大约两百万吨的原因。他把这个不足归咎于那些众所周知的政府的敌人——富农，并安排强制收购粮食。他解释说，富农们一直囤积粮食，希望把价格抬得更高，并以损害穷苦忠实的工厂工人的利益为代价来增加他们的利润。

斯大林和政治领导人下令必需采取严厉的措施，以确保以前的粮食用在需要的地方。暴躁的农民们被赶到集体农场上，粮食从那里被抢走并被卖到国外。官员们解释道，为了让苏联开始执行快速工业化的计划，这样做是必要的，苏联需要这个计划以制造坦克、飞机和重型机械，帮助把苏联转变成一个现代化国家。食物的私有化贸易被暂停，任何不上交粮食的富农都将被起诉为投机者。斯大林的第一个五年计划要求生产增加百分之一百一十，但富农是这个向前大跃进的第一个障碍。

政府决心战胜它的敌人，它推行计划，为即将到来的战斗做好准备。富农必须被一次性地打倒，但是不经过斗争他们不会放弃。他们通过藏匿粮食开始了抵抗，当这行不通时，他们采取屠死自己牲畜的手段在政府没收他们的土地时予以反击。虽然政府官员在执行工作时多次遭到攻击，但是不管怎样他们继续坚持了下去。在1930年至1931年间，有两千多次叛乱发生，大约一百五十万的富农被集中在一起，被驱逐到苏联最边远地区，例如西伯利亚和哈萨克斯坦。渐渐地粮食征购量变得越来越少，达不到斯大林要求的定额，政府便以更强硬的措施回应。乌克兰成为富农抵抗的中心，政府因此把重心放在了那里。结果导致了1932年至1933年的饥荒，这场灾难自然归咎到据说仍然抵制集体化政策的富农身上。

当富农最后被清除，数百万人死于饥饿时，更多的人被监禁在劳改营中或者被流放到边远地区。尽管现在能收上来粮食，并用它换成苏联急需的设备，但胜利的代价确实非常高。斯大林后来告诉丘吉尔“这是一场恐怖的斗争”，“一千万人死去。非常可怕。持续了四年。这绝对是必要的……跟富农争论没有用。一些富农已经被重新安置在国家的北部地区……其他的被农民们自己杀掉了——他们对富农的仇恨已达到如此地步。”

真相——哪些人是富农呢？

斯大林是这个“大谎言”的主谋。关于他的生活的一切，几乎都是谎言，甚至他的名字。他的真名，实际上是约瑟夫·维萨里奥诺维奇·朱加什维利。早期他试图夺取苏维埃社会领导权期间，经常犯下夸大敌人威胁的错误。他甚至制造国家的假想敌——他们大多数是那些妨碍他的人。事实上，斯大林的敌人来自苏联自身内部。为了使自己摆脱他们，他发起“大清洗”运动，把那些不幸的受害者们送到劳改营中。他在这个运动中的第一个举措——成为仿效者们范本的一个举措——就是对富农的消灭。

> 曾在1985年至1991年担任苏联共产党总书记的米哈伊尔·戈尔巴乔夫，出生于在斯大林时代被划为富农的家庭。他的祖父曾被流放九年，据说是因为他将粮食留作私用。

一些因素凑在一起，共同导致了屠杀的发生。首先并且最重要的是斯大林的妄自尊大、凭空猜疑和施虐狂心理。他相信有阴谋——国内和国外——要推翻他。他特别害怕与西方的战争，他把西方看作他的死敌之一。国家已经经历了多次工业和农业政策的失败。农业集体化政策和私有制的废除，产生了一个效能极其低下的经济结构。

首当其冲成为布尔什维克臆想和敌意对象的富农是哪些人呢？根据苏联的政策，农民被分为三个阶级：贫农；中农；以及更独立的富农，他们拥有土地，能够雇佣更贫穷的农民来耕种。可是，如此清晰的划分，是否真的存在还是个疑问。尽管以阶级为基础的意识形态被强加于苏维埃社会的每个群体，更现实的观点是，农民只是一大群同类群体，每个家庭都努力改善他们的境况。

尽管在1861年农奴解放时期“富农”概念被提及，但没有证据表明他们已构成俄国社会的一个固定群体。据说富农比其他农民更大胆，因此他们通过再次分配现有财产，或是吞并公有土地偶尔得到更多的土地。据说他们还出租更多的土地，并种植诸如亚麻等非传统的庄稼。然而，他们所谓的财富只是一个虚构的故事，他们所得到的土地的租金经常未被兑现。所谓的对农民同胞的压迫，看起来也是夸大事实。几乎没有证据表明富农被更大的地主压迫，或者他们压迫比自己更贫穷的农民。事实上，好像没有证据支持，农民内部存在真正的社会分类的观点。农民阶级作为一个整体，是一个流动的群体，个体的情况可能随着每年或每十年的变化改善或者恶化。

如果一个农民有年幼的一家子要养活，他就会有几年面临经济困难。当他的孩子们能够在农场干活时，产量就会增加，他也许会在孩子们结婚并建立自己的农场之前的那些年里比较富裕。农民可以利用那段时期改善耕作手段，取得新机器和购买新牲畜。他和他的家人会吃穿得更好，这对于每个想要改善自己土地的人来说很正常。可是在苏联，这种繁荣的征兆被看作一种犯罪的迹象，它表明你犯了剥削罪和“反对你所在的阶级”的罪行。

意识形态和经济的低效能

考虑到几乎没有证据表明富农真正存在，苏联人，甚至是斯大林本人也不能确定富农到底是什么人这一事实，应该不令人意外。1930年，斯大林的得力助手维亚切斯拉夫·莫洛托夫被委以监管清除富农的任务。他建议将他们分成三类——被消灭的、被囚禁在劳改营中的和被驱逐的富农。最后一类包括被流放到西伯利亚等地的大约十五万个家庭。当莫洛托夫开始问及富农将怎样被确认时，没有人知道。在计划阶段，斯大林愤怒地问了自己这样一个问题：“富农指的是什么？”

但是要完成的粮食征收定额还存在，答案的缺失不能使事情停顿下来。因此，当斯大林信任的助手拉扎尔·卡冈诺维奇、阿那斯塔斯·米高扬和莫洛托夫带领军队到农村去征收粮食和清除富农时，他们制定了一个实际的辨认体系。富农被划归为这样一些农民，即使用雇工的；拥有磨房的或是购买了复杂设备或有马达机器的；出租农业设备或设施的；参与商业活动的；卖出剩余产品的，放债或是从事其他任何非劳动职业的。

终于，对大批量粮食的强制征收，开始有了明显的效果：农民们开始挨饿。绝望之中，他们试图通过屠杀牲畜，迫使政府改变政策。但

1922年至1953年担任苏联共产党中央总书记的约瑟夫·斯大林

是，莫斯科的领导人对这种策略无动于衷，因为他们根本不在乎农民们的命运。到1931年夏，很明显，食物的缺乏发展成了饥荒，但是不管怎样，斯大林继续坚持他的政策。十八万多名工人党员被派到农村，遣散那些不配合的村庄。两百多万农民被驱逐到西伯利亚和哈萨克斯坦，一百万被送进劳改营，但是斯大林仍然不满意。受到对更多粮食需求的驱使，他确信富农是导致粮食缺乏的罪魁祸首。历史学家西蒙·蒙塔菲瑞引用一名理想主义的苏联共产党官员的话描述当时的情景：“我参加了这次……搜寻藏匿粮食的行动……我把老人们存贮箱里的东西全部掏出来，不去听孩子们的哭声和妇女们的哀号……我相信我正在完成对农村的伟大而必要的改造。”

约瑟夫·斯大林——“铁腕人物”

在第二次世界大战期间，作为“乔大叔”被西方所熟知的约瑟夫·斯大林，生于哥里市，原名为约瑟夫·维萨里奥诺维奇·朱加什维利。像那个时候的许多布尔什维克一样，他决定用一个新名字以表明他共产党员的身份：这个名字将标志着他从对家庭的忠诚中脱离，全身心地投身于他要带来的社会革命中。

他的布尔什维克同伴维亚切斯拉夫·斯克里亚宾取名为莫洛托夫——“锤子”，对此他印象深刻。这个名字有着恰当的工业感觉，并暗示是让人害怕的人。在他起名字时，朱加什维利决定以后他就以斯大林的名字为人所知——“钢铁之人”。这个名字，将是他钢铁意志和不屈不挠精神的表现。

他的朋友和同事们想不到，当斯大林堕落成一个暴虐的怪物时，这个名字会变得多么贴切。几乎在他一得到权力的同时，斯大林就开始对他的人民进行了一系列的镇压，数百万人被流放到西伯利亚或中亚地区，被处死或由于他错误的社会和经济政策而死于饥饿。由于斯大林经常处于被敌人包围的恐惧中，并被这种臆想的恐惧所驱使，他对于军队、政治决策机构，甚或整个普通工人团体的清洗运动没有感到内疚。他命令诸多少数族裔被强制迁移到苏联境内边远地区，而丝毫不考虑这会对家庭或社会造成的影响。

农村确实被改变了。1932至1933年，苏联陷于饥荒中，乌克兰尤为严重。西蒙·蒙塔菲瑞引用一名目击者的描述，“农民们食用狗、马、烂土豆、树皮，以及他们能找到的所有东西”。那时一名在乌克兰旅行的美国人，偶然来到乌克兰首都基辅附近的村庄，看到村子里除了一名因饥饿和苦难变成半疯的女人外，所有人都死了。未被埋葬的尸体堆满在屋子里，老鼠在尸体上啃咬着。在其他无数的村庄，居民们自杀身亡，而不是屈从于饿死和同类相食的恐怖行为。莫斯科的领导人仍然拒绝发慈悲，现在他们要求农民们自己指认他们当中的富农。由于急于得到解脱，农民们互相攻击。贫穷的人指责比他们富裕的人是富农，结果同样地被那些更贫穷的人指责。英国记者马尔科姆·蒙格瑞奇曾报道：“一天清晨在火车站，我看见一队人双手被绑在后面，在枪口下被赶上牛车——在昏暗的光线下一切都如此安静、神秘和可怕，就像恐怖的芭蕾舞。”

意识形态使得斯大林和布尔什维克们制造了这个局面。第一个五年计划固有的低效能，以及集体化政策总是导致粮食征收定额不能完成。但那个时候在苏联，失败是不能被接受的。如果定额不能完成，国家内的敌人一定对此负有责任——在这种情况下，敌人就是富农。找不到富农不重要。出现了粮食短缺和饥荒，因此他们一定存在，否则这些还能被怎么解释呢？

由于制造这种虚假骗人的威胁，并且故意策划乌克兰的饥荒，斯大林对四百多万人的死亡负有责任。当他承诺的乌托邦没有实现，为了转移对他自己的失败的批评，富农们成为了斯大林的替罪羊。正如苏联共产党第一书记斯大林的接班人尼基塔·赫鲁晓夫后来写道：“也许我们永远不知道，有多少人因为集体化政策直接死去，或因为斯大林急切地将他的失败归咎于他人，而间接地死去。”

历史影响

斯大林对苏联农民的攻击所造成的影响是巨大的。首先，它提供了一个机会，用以摧毁农民对政府统治的抵抗。甚至更重要的是，对富农的迫害，向社会各个阶层的所有人展示了任何被看作国家敌人的人，会被给予什么样的对待。在农村的大灾难之后，斯大林对权力的掌控得到了确保。如果没有在对抗假想富农的运动中练就的手段，奴役整个苏联和之后冷战期间镇压东欧是不可能的。

农民清除的完成对斯大林自己来说，也付出了巨大代价。他制定的不可能完成的生产目标，很快被显示是达不到的，而他用特有的暴力对这种显露予以回应。他因为自己对经济的无知而责备他的部下。在一大堆相互指责和背叛中，他与党内官员的所有关系变得近乎破裂。由于受到不断恶化的饥荒的压力，以及1932年一次严重的争吵后他妻子自杀的影响，一些人猜测斯大林在这期间，处于精神崩溃状态。一旦从这个危机中走出，斯大林看到到处都是阴谋。当把公众的和个人的事件合并在一起时，他确信他的家庭被毁是富农阴谋的结果，他们要颠覆他所建立的一切。

尽管集体化政策导致了苦难和毁灭，但应该说大批量粮食的征缴，确实有助于为苏联重工业的扩张提供原料保障。粮食被用于筹集资金制造生铁和拖拉机，在试图把后退的苏联拽到二十世纪方面，它们被证明是非常有用的。尽管国家的工厂不能达到斯大林制定的不切实际的生产目标，尽管他们制造的拖拉机到了不会驾驶的农民手中，但现代化的尝试大体上是成功的。

把苏联从一个基本的农业社会转变成现代工业国家所付出的努力是巨大的。农业集体化政策有助于为工厂提供他们所需要的工人，有百分之八十的农民从农村来到城市工作。到第一个五年计划结束时，苏联总体工业发展增长了百分之二百五十，并在重工业方面取得百分之三百三十的迅猛发展。在发电和钢铁生产方面，也取得了同样惊人的成果。发展的规模也许令人钦佩，但是这付出了巨大的代价。美国作家约翰·斯科特1933年曾经在马格尼托哥尔斯克[①]帮助建造大型炼钢厂，他目睹了：

> 二十五万人——共产党员、富农、外国人、鞑靼人、被判有罪的破坏分子和一大群蓝眼睛的俄国农民——在荒芜的乌拉尔西伯利亚大草原中央，建造欧洲最大的炼钢厂……人们受冻、挨饿并遭受苦难，但是伴随着对个人利益的无视和历史上少见的集体英雄主义，建造工作继续进行着。

对于苏联的农业经济来说情况不太乐观。尽管工业化对于苏联国家来说是一个显著成就，但对农民的镇压给苏联农业造成了严重的破坏，需要很多年来恢复。除了强制性集体化政策导致的瓦解和痛苦，整个过

① 意为磁山城。

程引起了持续多年的农村工人和共产党之间的相互怀疑和敌意。在他们建立一个乡村无产阶级的笨拙尝试中，苏联政府对政治，而不是对基础产业的经济更加感兴趣。农村工人被期望成为典型的市民，而真正耕种土地的实际情况，看起来是第二位重要的。政府制定了一个管理人员过多的官僚体制，来经营国家农场并确保集体农场的忠诚。任何没有达到思想上纯洁要求的农场主席，都将会被撤离职位。这个官僚体制，不考虑有经验的农民或清楚地方情况的农场管理者的意见。这样的策略减少了效能，并浪费了宝贵的资源。这些后果继续影响着苏联，直到二十世纪八十年代最后的那些日子。这期间，苏联农民的生产效率平均是美国农民的十分之一。

“亚利桑那号”战列舰在遭到日本飞机的轰炸后沉入珍珠港海底

目标指向珍珠港
（1941年）

昨天，1941年12月7日，一个因声名狼藉而存在的日子，美利坚合众国突然地遭到日本帝国海军和空军部队蓄谋已久的袭击。

——富兰克林·罗斯福

普通人自然不想要战争……这可以理解。但是毕竟国家领导者们决定政策，让人民相跟随总是一件容易的事，无论是民主制国家、法西斯独裁国家、议会制国家，还是共产主义国家。无论有发言权还是没有，人民总能被领导者的号召所吸引，这很容易。你要做的就是告诉他们，他们被袭击了，并谴责和平主义者缺乏爱国主义思想并置国家于危险之中而不顾，在任何国家这招都管用。

——赫尔曼·戈林

谎言

美国政府不知道日本人准备袭击珍珠港。

真相

罗斯福总统的政府先一步知道日本的袭击计划，并利用了这次袭击，把它作为参加战争的正当理由。

主要参与者

富兰克林·罗斯福，美利坚合众国第三十二任总统。

海军上校阿瑟·麦克鲁姆，美国海军情报局。

流传迄今的故事

第一次世界大战后，美国再一次退回到原先奉行的孤立主义，拒绝认可《凡尔赛条约》，决定不加入国际联盟（联合国的前身）。大多数美国公民是坚决的非干涉主义者，他们过度关注于二十世纪二十年代巨大的工业利润。美国对1929年的股市崩溃和随后的大萧条毫无准备，这些事件在接下来的十年里，吸引着国家的注意力。当欧洲一步步走向战争之时，罗斯福政府由于受到一些社会团体的施压，诸如美国第一委员会，在1935年至1939年颁布了《中立法案》，以确保他们不会卷入外国战争中，正如在第一次世界大战时所发生的那样。随着1941年《租借法案》的签署，物资被运往同盟国，罗斯福开始小心地引领美国走向加入第二次世界大战的道路，随后，1941年12月7日到来了……

游客们从船上下来，来到夏威夷火奴鲁鲁珍珠港的一座荒凉的白色大楼前。他们走了进去——年轻人、老人、男人、女人和孩子。他们静静地在大楼中走着，最后他们站在了会议厅里。在他们周围两边的墙上和天花板上，是七个巨大的敞开的窗，前面地板上是一个通向下面水里的通道。当一些年轻的孩子们聚集在通道旁，把花环放入水中纪念亡者时，游客们在一旁观望着。穿过大楼后，游客们来到了灵堂，每个人都停止了谈话，室内一片寂静，因为大家知道他们脚下是亡者的坟墓。在他们面前是一面刻有名字的大理石墙，纪念那些为国家而亡的人们。这标明1941年12月7日阵亡的“亚利桑纳号”战列舰一千一百零二名水兵的安息之地，他们的尸体永远被埋葬在沉没海底的战舰残骸中。

在场的每个人都深知这个地点和日子的意义：这一天，美国被卷入了一场它不想加入的世界战争。人民明确表达肆虐欧洲和太平洋的战争不是他们所关注的对象，罗斯福总统已经承诺不会让他们被卷入其中。只有对美国领土的袭击，才能改变这个国家的态度。

美国政府非常想加入反德一方的战争，尽管表面上看起来正相反，它只是需要一个合适的借口。因此它着手进行操纵日本袭击美国的计划：一次袭击，并且看起来是未受到挑衅的袭击。事实上，尽管作为曾经被执行过的最成功的一个偷袭行动载入历史，但是珍珠港的受袭并不是无缘无故的。

官方版本的故事——出乎意料的未受挑衅的袭击

磋商没有任何进展，这一点是肯定的。恼怒的日本外交官气恼地挥舞着胳膊，对美国政府明显的优柔寡断感到恼火。从1941年5月开始，日本人一直与美国进行着漫长的谈判，随着一个月一个月的过去，他们变得越来越恼火。在中国和东南亚的战争进行得很顺利，但是美国对日本实行了石油禁运，这威胁到它在这个地区实现军事目标的能力。结果，11月初，日本领导层决定再进行三周的外交努力来说服美国合作。如果届时合作不能被达成，他们将在1941年12月7日对美国发动袭击。

为了对这个意外事件的发生做好准备，一支日本舰队在11月中旬从大约四千八百公里外（三千英里）的千岛群岛被派出。他们保持了彻底的无线电静默，从北部偷偷地靠近夏威夷，避开商用运输专用的航路。

多次并最强烈反对美国加入第二次世界大战的团体之一是美国第一委员会，它最强有力的一名发言人是飞行家查尔斯·林白，他作为飞越大西洋第一人而出名。在战争期间，他持续反对美国进一步参与战争，但仍然作为平民顾问，完成过许多次飞行战斗任务。

1940年9月27日，德国、意大利和日本签订的《三国轴心协定》确保了美国加入抗击德国的战争。通过对日宣战，美国也自动对德国和意大利宣战。

随着剩下的日子进入倒计时，美国太平洋舰队约分为几部分从珍珠港派出。11月28日，“企业号”航空母舰接到命令与美国最先进的十一艘战舰一同离开港口，前往威克岛运送飞机。12月5日，“莱克星顿号”航空母舰与其他八艘战舰被派往中途岛。那些留在夏威夷的人，包括太平洋舰队总司令、海军上将金梅尔以及美国夏威夷军事基地司令官、陆军中将沃尔特·肖特都没有意识到即将到来的威胁，所以在心理上还是很放松。

12月6日，在大陆上的日本军官接到一个公报，建议他们第二天中断所有磋商。他们已经从美国的反应中，得出很明显的结论，事情不会通过外交手段得到解决。在12月7日那个安静的周日早晨，当太阳从夏威夷升起时，日本突袭部队的第一批飞机接近了欧胡岛。他们在早上7点48分到达，开始执行破坏在夏威夷的所有美军空军基地，以及尽可能多地摧毁停泊在珍珠港舰艇的任务。舰艇上睡眼惺忪的美国士兵们在一片警报器、爆炸声和枪声的刺耳混杂声中被惊醒，他们紧急应战。但是一切已经太晚了。

几乎所有的地面上的战斗机均被捣毁，只有少数几架飞到空中。为了保护飞机不受日军的破坏，它们被首尾相接，一个挨一个地停放在一起，现在成了易被攻击的目标。总共有两千一百一十七名海军和海军陆战队人员失去了生命；十八支战舰或是沉入珍珠港海底或是被严重地损坏；一百六十一架飞机被摧毁，一百零二架受损。“亚利桑那号”战列舰爆炸沉没，夺走了一千一百多名士兵的生命，他们的尸体至今仍被埋葬在战舰的残骸中，占到美军阵亡人数的一半。日本人还动用了微型潜艇进行袭击。

日本舰队总共有五艘航空母舰和四百四十一架飞机，包括战斗机、鱼雷轰炸机、俯冲轰炸机和战斗轰炸机。其中，五十五架在战斗中失踪。空袭分两次进行，海军上将东野英治郎要求及时撤军，以避免遇到遭受更大损失的危险，所以放弃了第三次袭击，他认为他已经摧毁了美国舰队。日本人在庆贺自己完成了一个漂亮的任务，而美国人对这个死亡和破坏的消息感到非常地困惑和愤怒，他们的总统让美国离参战更近一步了。

真相——战争的原因

珍珠港事件把美国带入了第二次世界大战，但是这不是它所宣称的惊奇。为了明白为什么，我们需要看看在战争爆发前的几年里发生了什么。

尽管美国是一个正在崛起的国家，但它还没有得到传统大国——英法德——享有的主导地位。可是当主要大国挣扎着从第一次世界大战导致的毁坏中恢复时，形势在逐渐地变化着。由于美国不愿意加入战争反抗德国和日本，这就在客观上加据了这种变化的速度。在最开始的两年里，当衰退的殖民国家自我消耗时，美国非常满意地旁观着。1941年6月，当希特勒作出侵略苏联的疯狂决定——他已经策划数月之久的代号为“巴巴洛萨行动”的战役时，一切都将改变。到1940年底，德国准备入侵的迹象已经非常明显。到1940年9月，斯大林当然知道此事，他的间谍告知他希特勒已经签署了下令准备“巴巴洛萨行动”的“第二十一号指令”。西方国家可以确定也知道此事。

美国的军事家们认为如果苏联参战，它会打败德国，最终会控制整个欧洲。尽管美国的领导者们例行公事地谴责了希特勒，但他们确信无疑地认为真正的敌人将会是苏联，因为苏联厌恶美国的生活方式。在二十世纪二十年代，美国向苏联派遣军队试图终止布尔什维克的革命，早在那个时候，他们就已经确定谁是真正的敌人。尽管德国对苏联的侵略增加了美国政府对于战争结果的不安，但这些担心不能让公众知道。超过四分之三的美国人反对介入战争，因此需要一些激烈的事件使他们改变主意，比如对在美国领土的美国人发动袭击之类的事件。

随着美国政府承诺激怒一个轴心国发起攻击，下一个问题是：选择哪一个呢？提供了答案的美国内政部长哈罗德·伊克斯在1941年10月18日他的日记中写道：“很长时间以来，我一直认为我们加入战争的最好途径就是通过日本。”但是需要什么条件，才能激起日本去攻击一个遥远、强大的中立国，使其遭致报复和确定的失败呢？即使日本能够被激怒而发起攻击，如何使美国卷入欧洲战争，也是一个问题。

巧妙的操纵

为了使美国加入战争，罗斯福政府指望着1940年9月由德意日签订的《三国轴心协定》。如果日本能够被操纵发起对美国的战争，这会激活《三国轴心协定》的相互援助条款，把美国带入反抗德国的欧洲战争中；一旦进入欧洲，美国就会在恰当的位置抵制苏联最终的威胁。海军情报局的海军上校阿瑟·麦克鲁姆适时地详细列出了八个行动，它们被设计用来激怒日本人做出侵略性行为。其中一个是以驻夏威夷的大部分美国舰队为诱饵，引诱日本人袭击它。

1940年10月8日，罗斯福总统将美国舰队总司令、海军上将詹姆斯·理查森召唤到白宫。总司令被命令将舰队转移到珍珠港的一个暴露位置。他很自然地拒绝了，说这样会置他的士兵和战舰于危险之中。因为理查森显然会引起麻烦，他被撤职并由海军少将赫斯本德·金梅尔代替，授权其指挥在夏威夷的美国太平洋舰队。为了给予金梅尔极大的威望，他被提升为四星上将。1941年2月初，他被任命正式掌管舰队。为了完成暗中的准备，陆军少将沃尔特·肖特被提升为三星陆军中将，并被任命为指挥夏威夷陆军和基地的司令官。

在整个1941年，罗斯福作为总司令命令执行其他七个麦克鲁姆推荐的行动计划。这些包括对主要资源的禁运，特别是石油和钢铁，它们被卖给日本。日本的石油产量非常有限，并且实际上没有优质的燃油储备，它对中国和印度支那的扩张处于崩溃的危险中。禁运坚定了日本征服和开发亚洲地区的决心，因为亚洲有他们需要的重要资源。他们相信当侵略开始时美国不会保持蛰伏，因此他们的军事总司令、海军上将山本五十六开始探寻消灭美国在太平洋势力的途径。就是在那时，日本的注意力转向了暴露在珍珠港的美国舰队。

证明珍珠港事件是故意被激而为之的进一步证据，可以在内政部长哈罗德·伊克斯1941年6月23日写给罗斯福总统的一份备忘录中找到，这一天之前德国入侵了苏联。在备忘录中伊克斯写道："也许可以从对日本实行石油禁运来制造这样一种形势，使我们可能并且容易以一种有效的方式加入到战争中。如果我们间接地被带入战争，我们就会避免作为共产主义俄国的同盟加入进来的批评。"

7月22日，罗斯福收到海军上将里奇蒙德·特纳的一份报告，报告写道："据普遍认为，切断美国的石油供给将立刻导致（日本）对荷属东印度群岛的侵略……看起来可以肯定，它也把对菲律宾群岛的军事行动算在内，这将立即把我们卷入太平洋战争。"

在收到那份报告后的几天里，罗斯福冻结了在美国的所有日本资产，开始了不可避免地走向战争的过程。也就是从这个时候起，一些重要的情报开始对夏威夷的指挥官们隐瞒。可以肯定，罗斯福通过被拦截和破译的外交、军事情报，经常得到关于日本应对美国行动的信息，但这些情报没有被告知夏威夷的指挥官们。事实上，美国恰巧在事件之前，得到了关于日本袭击珍珠港的计划。根据作家罗伯特·斯丁纳特的求证，1941年11月24日，日本海军上将山本五十六发出一条包含有命令

日本空袭后珍珠港的舰队纵列

的电讯给太平洋舰队指挥官南云忠一：“特遣部队，对行动严格保密，对潜水艇和飞机保持密切提防，进入夏威夷海域，行动一开始就袭击夏威夷美国舰队的主力，予其以致命的一击。”

日本人不知道每天至少有一千条军事和外交电讯被世界各地的监听站拦截。内容被概括上报给罗斯福政府，它们包含的信息非常清楚：日本在太平洋某处正策划一次袭击。罗斯福政府希望目标会是珍珠港。袭击前的一周，海军上将金梅尔和陆军中将沃尔特·肖特接到罗斯福总统亲自命令，不要进入警备状态，因为“美国希望日本犯下第一个公开的错误”。

对美国预知这次袭击持反对观点的人提出疑问，为什么罗斯福愿意牺牲大部分太平洋舰队，而且可能是太平洋地区最重要的美国海军基地。这会在接下来的两年里，破坏美国对日本的作战行动，到那个时候，日本人非常可能占领太平洋并且开始对美国西海岸的战争。答案是，首先，直到中国被占领，日本才能对美国采取行动，但是看起来，中国越来越不可能被攻克；第二，罗斯福已经使舰队所有重要的组成部分免遭摧毁。

1941年春，在北方，罗斯福把美国海军兵力中的大部分派到大西洋，应对德国的攻击。他确保“萨拉托加号”航空母舰被留在美国西海岸，并且最重要的是，在被预料的袭击之前的几周里，两支航空母舰舰队被派离珍珠港，这意味着不仅是它们，而且它们的快速护航舰队都将免于被袭击。事实上，所有驻扎在珍珠港的较新的船只，都已被转移到安全的地方。只有老式的战舰停泊在基地。正如海军上将、珍珠港当地海军区域司令布洛克后来对国会证实：

> ……日本人只毁掉了许多旧装备。在一定意义上他们帮了我们的忙。非常明显罗斯福很清楚哪些舰只留在珍珠港。听到袭击的几分钟内以及收到被证实的报告之前，传言说他告诉英国大使馆的哈利法克斯勋爵：“大多数舰队在海上……较新的舰只都不在港里。”

历史影响

随着美国最终加入了战争，看起来盟军的胜利更加确定。如果美国保持旁观，日本会赢得太平洋地区的战争。他们的占领，也许不会扩展到澳大利亚，但是一定会巩固已经占领的地区。大日本帝国就会成为现实，他们就会是太平洋上唯一的大国。随着英国在两个战场同时作战，变得筋疲力尽，日本会把它所有的力量集中到战胜中国，尽管不能确定它在这场战争中取胜。

在欧洲，几乎可以肯定希特勒将会被苏联打败，美国的缺席将允许苏联军队占领欧洲大陆，导致建立苏联方式的卫星国家，它们将会被作为抵制西方的缓冲国。实际上，很难看到任何国家能够阻止苏联控制整个欧洲——当然不是小小的精疲力竭的英国。因此，如果美国没有介入，欧洲将会被一个共产主义超级大国所控制，亚洲将会被一个军国主义和扩张主义的日本所控制。看起来很确定，至少其中的一个国家随后会把目光转向一个孤立的不友好的美国。幸运的是，无论对于美国还是自由世界的其他国家，事情没有那样发展。相反事实是美国成了一个超级大国。

直到二十世纪三十年代晚期，美国一直遭受着持续将近十年之久的经济大萧条的影响。凭借着联邦政府把大量资金投入到对战争的支援中，国家终于从持续的衰退中解脱出来。1939年到1944年，美国的生产总值增加了两倍。随着劳动力扩大了一千万，失业率从1940年的百分之

第三次袭击——也许会发生的事件

日本对珍珠港的偷袭包含两次空袭。当第二次空袭的飞机返回它们的航空母舰时，围绕是否发起第三次袭击展开了讨论。一些日本军官，包括策划此次袭击的人，希望派出第三批飞机。它们的目标将会是珍珠港的油罐场，以及维护和干船坞维修设施。破坏它们会摧毁珍珠港基地，阻止它在近期内被开始与日本人交战的美军舰队使用。

海军上将山本五十六对此作出决定，袭击不再继续。他的理由都非常合理。在第二次袭击中，日军已经遭受了巨大伤亡，因为突袭的成分已经不存在。如果再有第三次袭击，情况只能会变得更糟。返航时，战舰还有用尽燃油的可能，并且山本五十六不确定美军航母的方位，以及它们是否能够袭击撤退的日本舰队。考虑到所有这些因素，他下命令撤退。

事后看来，显然第三次袭击，应该是一个不错的主意。尽管之前的两次袭击毁坏了几艘主力舰、其他的海军舰只以及多架飞机，但航空母舰不在珍珠港的事实，意味着太平洋舰队的重要部分仍然构成威胁。燃油和维修设施未受破坏，这意味着基地仍然可以被使用以反击日本在太平洋的活动。未来战争的进程，很可能被海军上将山本五十六在那个12月的早晨决定了。

十四猛降到1943年的百分之二。美国在一个相对短的时间内成功地把它强大的战争经济，转变成一个日益繁荣的消费者文化，这种势头一直持续到第二次世界大战之后。这为美国战后的繁荣打下了基础，使它成为一个经济强国并把它变成二十一世纪初首屈一指的超级大国。

珍珠港事件后，美国的参战也从其他意想不到的方式促成了它的

已经离港的美国水手阅看关于日军袭击夏威夷和菲律宾的新闻

强大。当美国军队夺取纳粹的设施时，他们得到了在无数军事研究项目中工作在最前研的德国科学家们，这些军事研究项目包括火箭研究。如果没有那些德国科学家们的技术，美国不可能在太空竞赛中取得胜利，其中包括冯·布劳恩，他对V2火箭的设计起到关键作用，德国曾用它对英国进行孤注一掷的轰炸迫使其投降。战后冯·布劳恩继续帮助美国设计第一个洲际弹道导弹，并使美国在军备竞赛中处于领先地位；后来他带领美国国家航空航天局团队研制出“土星”五号火箭，把美国宇航员送上月球。在被俘德国科学家和技术人员提供的帮助下，原子弹和氢弹的研制也成为可能。正如历史学家诺曼·奈马克所指出，物理学家沃纳·海森堡“对于我们，比对十个部门的德国人更有价值。如果他落入俄国人手中，对他们就会变得极为有用”。

也许最重要的是，美国拥有世界首屈一指的超级大国地位，要归功于第二次世界大战和战后的影响。美国在战争结束后变得极为强大，可是英国和法国的情况却不同。到战争结束时，数千万人失去了家园，许多欧洲国家的经济陷于崩溃，大部分欧洲工业基础设施被毁坏。随着英国的殖民国家一个接着一个地脱离，它发现它不再有能力保留殖民属地。保护美国的利益，这不仅需要一个强硬的外交政策，如果有必要的话，还需要经济和军事手段来保护他们。第二次世界大战的胜利，保证了这一点。

十四世纪初，法国国王菲利普四世同教皇博尼费斯八世因是否向牧师征税引发冲突。该图描绘了在议会会议上讨论他们之间冲突的情形

第三部分 一手遮天

新闻界应该得到应有的保护，从而能够揭露政府的秘密并公布于众。只有一个自由的、不受限制的新闻界，才能有效地揭示政府的欺骗行为。一个自由的新闻界，首当其冲的职责就是要防止政府的任何部门在任何环节欺骗民众。

——雨果·布莱克 法官

阿比多斯国王名单记录了赛提一世、他的儿子拉美西斯二世和他们的祖先们

被从历史中抹去的法老
（公元前1336 年）

但是当你（太阳神阿托恩）再次升起来时，你使万物都为国王而欣欣向荣；既然你创造了世界，并且为来自于你的儿子——上下埃及的国王埃赫纳吞举起了世界……

——埃赫纳吞

愿你永远铭记值得铭记的事情，也永远忘却最好被忘却的事情。

——无名者

谎言

法老埃赫纳吞从未存在过。

真相

埃及法师们抹去了所有关于埃赫纳吞和他的儿子图坦卡蒙统治时期所发生的事情。

主要参与者

法老埃赫纳吞，古埃及第十八王朝的统治者。

法老图坦卡蒙，埃赫纳吞的儿子。

霍伦赫布，埃及军队总司令，图坦卡蒙去世后成为法老。

流传迄今的故事

从大约公元前1648年开始的大约一百多年的时间里，尼罗河三角洲和埃及中部都在外国入侵者的统治下，这些入侵者被埃及人称作希克索斯人（意为“外国统治者”，该时期被称为“希克索斯王朝”或者“牧人王朝”）。埃及的南部（上埃及地区）由一个埃及王室来统治，其权利中心是底比斯城。从那里，一个接一个的底比斯法老们，对北部地区的外国国王们发动了一连串攻击，直到大约公元前1540年左右，法老阿赫摩斯一世终于把希克索斯人从埃及驱逐了出去，重新统一了国家，这标志着“新王国”时期和第十八王朝的开始。这一时期，崇尚武力的国王们把埃及的势力范围扩大至整个非洲，甚至到达中东地区，从南部的苏丹至现代的土耳其边境。到公元前1352年，法老阿敏和特普四世继位的时候，埃及的势力看起来已经很稳固了……

“我们非常兴奋地清理入口前面通道上存余的一些垃圾，直到我们把面前封闭的入口处打扫得干干净净。”霍华德·卡特这样回忆起1922年11月的具有重大意义的一天，那天他即将打开通往图坦卡蒙的墓冢的封闭的大门。尽管发现墓冢和其中的财富已令人惊叹不已，而且非常激动人心，但是令所有埃及古物学家都急切想要发现的，却是这位法老的名字。当这些象形文字被翻译后，图坦卡蒙这个名字被破译了出来，但是这却给人们留下了一个谜团。根据在上埃及阿比多斯发现的一份法老的名单，第十八王朝并不存在这样一位法老。事实上，所有现存的法老名单中，没有一份提及过现在这位知名的少年小法老。

要解决这个谜团，答案需要到图坦卡蒙的父亲的统治时期去寻找。他的父亲——埃赫纳吞，是一个在十五年的时间内把埃及搅得天翻地覆的人。他和权贵们如此格格不入，致使他们全力想要抹去任何关于他存在过的事实，他的儿子以及那些参与过埃赫纳吞想完全改变埃及世界观的人也有着同样的遭遇。由于古埃及的人们试图去忘记这位异教徒国王，他的塑像都被拆毁，名字都被抹去，甚至一座大城邦都因此被废弃在沙漠的漩涡深处。

埃赫纳吞是世界上第一位历史修正主义的受害者，而且他是历史修正主义最成功的案例。世界上还没有其他任何地方有过这样的例子——一位统治者存在过的事实，能被从历史记录上如此完全地和故意地抹去。

官方版本的故事——第十八王朝的国王

著名的法老赛提一世，于公元前1294年至公元前1279年统治上下埃及，决定在其宗教中心阿比多斯建造埃及历史上最宏伟的神庙。神庙建造的计划非常庞大，在赛提一生中都未被完成，最后由他的儿子拉美西斯二世完成，该建筑也被认为是埃及史上建造过的最华美的神庙。神庙长一百七十米，全部由石灰岩覆盖，向所有的神和埃及历任法老们致敬。

在神庙里面，赛提寻求用神权以使他的王位合法化，他把前任法老的名字都刻在一个狭窄的过道的墙上（这也就是所谓的阿比多斯的国王名单）。他的父亲拉美西斯一世，只不过是一个由霍伦赫布法老提拔成高级官员的普通人。然而，他也被列入七十五个从古埃及伊始至拉美西斯一世统治期间所知的法老的名单。赛提的儿子拉美西斯二世后来下令把赛提自己的名字加进王室的名单，并刻在埃及最伟大的神庙的墙上。

阿比多斯的法老名单，不仅包括赛提自己的朝代——第十九王朝，还囊括了赛提自称兴起的王朝——第十八王朝。这些法老都是伟大和无比强大的统治者，他们拯救了这片圣土，使其不再由外国侵略者统治，让这片土地再造辉煌。阿赫摩斯一世建立了第十八王朝，结束了令人憎恨的希克索斯人的占领和驱逐。他的继承者阿孟和蒂一世，继续巩固了他父亲在南方和北方的胜利成果。随后的统治者是图特摩斯一世，被称为“努比亚之锤”，他攻打并杀死了努比亚国王，并把国王的尸体悬挂在他的船头。他的继任者是他的儿子图特摩斯二世，他征服了库舒。接下来是图特摩斯三世，他缔造了埃及历史上最伟大的王国，从努比亚尼罗河上的第四大瀑布延伸至叙利亚的炙热的沙漠。他的儿子阿孟和蒂二世，单枪匹马杀死了七名反叛的王子，然后带着七百四十五公斤黄金和五万四千八百公斤铜、五百五十名马里农俘虏、二百一十匹马和三百辆战车返回了埃及。在他之后是图特摩斯四世，叙利亚的征服者，这位法老重修了狮身人面像，使之恢复往日的荣光。刻在墙上的第十八王朝的法老们的名字，排在倒数第二的是阿孟和蒂三世，在他统治时期整个王国一片安静祥和。最后一位法老是霍伦赫布，伟大的改革者，重建了这片土地的秩序，抑制了国家官员们滥用权力。这些就是古埃及这片土地上的伟大的法老们，他们的名字将永远存留在阿比多斯大神庙的墙上。

真相—— 埃赫纳吞的统治

埃赫纳吞个子很高，身体虚弱，大腹便便，没有魅力。他是阿孟和蒂三世的儿子，原名为阿孟和蒂四世。他是一位诗人，一位哲学家，一位宗教改革者。他在公元前1353年至1334年之间统治埃及，建立了世界上第一个一神论的宗教，成立了一个只对太阳神阿托恩崇拜的教派。他把一个原本是无名小神的阿托恩，一个给万物生命的圆圆的太阳，提高到至高无上的神的位置，并最终把其提升到唯一的神的地位。

在他统治初期，埃赫纳吞试图把阿托恩描述成一个大家熟悉的至高无上的神——对阿蒙神再塑而成的神，这样做的目的是为了把他激进的做法置于大家所熟知的埃及的宗教大环境中。然而，在他统治的第九年，埃赫纳吞决定使阿托恩不再是埃及众多至高无上的诸神中的一位了，而是唯一的神。他甚至为了巩固他自己在新建立的信仰中的地位，声称他是唯一能够让神和人交流的纽带。令许多人惊愕的是，这位法老下令去除阿蒙神的名字，并且不能再提及阿蒙神，亵渎了埃及所有阿蒙神的神庙。他也显露出，要消灭独立的传统的阿蒙神神职人员的势力，这些人控制着埃及的财富和生产。他的这些举措触怒了埃及大部分人。

埃赫纳吞禁止膜拜所有的神像，并且宣称不允许用任何物质来代表太阳神阿托恩。唯一的例外，就是对光芒四射的太阳的描绘，太阳的光芒的末端以手的形象出现，代表阿托恩的内在神灵。不像其他神像，阿托恩的这些形象只是代表，而不是真正的神的体现。古埃及的这片土地

> 现代的学者认为，埃赫纳吞之城被遗弃的主要原因，是在大约他去世的时候，有一场瘟疫肆虐埃及。

上正在进行一场变革，然而，这些革新在这片土地受到了质疑，并被认为其极其危险，不应该属于埃及。

新的宗教，需要一个新的宗教中心，因此，埃赫纳吞在他统治的第

五年，开始着手建立一个新的首都。新都叫作阿希提顿（意为“阿托恩的地平线”），坐落于尼罗河旁，即现在的亚玛拿；建造新都的目的，是为了使埃及的宗教仪式集中化，避免任何过去的与其他城市相关的崇拜亵渎新教派的神圣。当建立新都的工程开始时，这位法老把自己的名字从阿孟和蒂四世改为埃赫纳吞（意为“为阿托恩服务的人”），以此来显示要废除旧的秩序和旧的行为方式。埃赫纳吞也监管建造了古埃及一些最大的神庙群，其中一处神庙坐落于卡纳克，离旧阿蒙神庙非常近。

当埃赫纳吞于公元前1334年去世后，阿托恩几乎马上立即失宠。埃赫纳吞的儿子图坦卡顿在他的统治初期的两年内，被逼迫改名为图坦卡蒙，并废弃了阿西提顿城。随着埃赫纳吞的死去，新城也失去了它存在的必要，致使在埃赫纳吞统治时期必须要搬迁到新城的人们，又必须重新迁回去。这个有着昔日辉煌的阿希提顿新城，其中的庙宇和塑像变成了废墟，这座城市也最终被沙子掩埋。当图坦卡蒙统治了九年去世后，他的继任者阿伊和霍伦赫布拆除了埃赫纳吞时期建造遗留下来的神庙，其中包括底比斯最宏伟的神庙，并用拆下来的瓦砾建造属于他们的时代的神庙。

历史修正主义

在埃赫纳吞死后，他所有的政治、宗教以及艺术方面的改革都被废除，旧势力的精英们把埃及的生活又重新恢复到几百年前的状态。几乎所有在埃赫纳吞统治时期创造的艺术作品和建筑物，在他死后的几年中都被立即毁坏，但是其中也有一些与后来的法老建造的神庙和墓冢相结合。为了确保能彻底根除阿托恩信奉的迹象，任何和这个不幸的时期相关的人物，任何对埃赫纳吞以及图坦卡蒙和阿伊（图坦卡蒙的继任者）的记载，都被从官方的法老名单中删除。埃赫纳吞惹怒了许多人，这些人决心要彻底让人们遗忘这位法老以及他的成就。法老的名单，从那时起都坚持记载埃赫纳吞的父亲阿孟和蒂三世的继任者是霍伦赫布。埃赫

埃赫纳吞，也就是众所周知的阿孟和蒂四世的半身雕像，展示了他与众不同的细长的脸

纳吞的名字被永远地排斥在历史之外。

在近三千年的时间里，埃赫纳吞一直都不被人知晓，并被人遗忘。直到十九世纪下半叶,考古学家从出土的他统治时期遗留下来的为数不多的纪念碑中，发现了他的相关信息。首先在1798年至1801年间，被陪伴拿破仑的埃及远征队的科学家们发现；然后在1843年，普鲁士远征军发现了阿玛那的失落之城——阿西提顿遗址，这个遗址被记录下来了一部分。然而，直到1887年，在一处藏有将近四百块刻着楔形文字的泥板文书出土后，该遗址的重要性才显现出来，这些文书现在被称为“阿玛那信件”，它们几乎全都是古埃及的行政长官和他们在当今的巴勒斯坦地区的代表们之间的外交函电的档案文件。阿孟和蒂四世的名字反复在信中出现，这个名字之前却在埃及的任何地方都没有被发现过。这就引发了人们对阿玛那的极大兴趣，在十九世纪九十年代，巴尔桑迪太子和菲林斯德·皮特里公爵带领一个远征队一同探寻该遗址；1907年至1914年间，路德维格·博哈特率远征军也赴此地探索。博哈特的远征军挖出了阿玛那城郊的北部和南部的城池，也出土了雕刻家图特摩斯的工作坊，并在那里发现了现在非常有名的埃赫纳吞的妻子娜芙提提的半身塑像。

所有的这些考古成果，揭示了埃及这位最特殊的法老的统治和激进的革新，最终把他重归历史篇章。在二十世纪二十年代，当图坦卡蒙的墓冢被一位英国的考古学家霍华德·卡特发现后，我们对这位第十八王朝的法老的认识才最终完成。这对父子都被丢弃到历史的“垃圾箱”中，主要是因为他们参与了世界上最激进、最重要的改革之一 ——引入了一神论。然而，这场改革受到了古埃及传统宗教各阶层的极端憎恶，他们就打算把关于对这位异教徒法老和他亵渎神灵的言行的记忆都销毁。但是，非常具有讽刺意味的却是，现在很少有人能够知晓统一了埃及的法老美尼斯、建造了大金字塔的法老胡夫、把埃及的版图扩大到极致的拉美西斯二世等这些法老的名字。但是大多数人都知道图坦卡蒙的名字，一位异教徒法老的儿子，他的名字还差点儿都被从历史中删去。

由于埃及政权在好几个世纪里都时而崩溃，甚至连第十九王朝的埃及人，都没有他们前朝的法老们的完整记录。因此，尽管阿比多斯的法老名单表明，拉美西斯二世是自古埃及有史以来的第七十七任法老，但实际上他是从继第一位美尼斯法老对埃及的统治后的第一百八十八任法老。

历史影响

由于埃赫纳吞的改革只持续了很短的一段时间，而且很快地像这位法老一样被人遗忘，埃赫纳吞的影响力仅限于埃及。然而，他很可能也影响到了其他地区，因为在迦南的一个闪族小部落，也开始谈及他们的神灵，他们的神也像埃赫纳吞的神一样，他们的神也是唯一的神，而且也不允许有神的塑像或者雕像，也只允许在一个地方通过一个神选的人作为媒介才能朝拜。也许，埃赫纳吞最重要的历史影响在于，他宣称犹太教只信奉唯一的神，从而使人们产生了信仰上的共鸣。

埃赫纳吞被从历史记录中成功删除，也为我们提供了历史修正主义实施的世界上第一个，也是最成功的案例。历史上也有在一些斗争中，许多为了迎合胜利者而要改写历史的企图，它们也都获得了不同程度的成功。其中一些案例是诋毁个人或者团体，以“证明”这群在斗争中失败的人是邪恶的一方，而那些胜利者是正义的一方——揭理查三世的短，正是这样一个案例。在其他一些情况下也存在历史修正主义，比如法国革命，这段历史是如此令当事人反感，这段历史于是都被完全删除，以让一个新的时代能够开始。

同样地，在斯大林对苏联的专制统治期间，他试图删除人们对曾经和列宁一起革命的领导者之一的列夫·托洛斯基的记忆。二十世纪二十年代，在托洛斯基反对斯大林掌权的努力失败后，他作为领导层成员的好日子就所剩不多了。他先是被从共产党开除，然后被驱逐出境，并且

一神论的起源

埃及的埃赫纳吞法老最先提出了对阿托恩的崇拜，这是世界上可证实的第一个一神论的例子。因此，自然而然地有许多关于阿托恩崇拜和犹太教可能有关联的讨论，因为，犹太教是从中东地区传出来的又一大一神论崇拜的宗教。

首先提出这一理论的是西格蒙德·弗洛伊德。他认为摩西有可能是阿托恩崇拜的一名法师，因为在埃赫纳吞死后的反转革命的时期，他曾被迫和追随者们离开埃及。这就意味着《出埃及记》的故事记录的就是一神论在埃及被推翻后，被驱逐的信徒传播到迦南这一段历史。在这个理论被提出后，学者们一直都对此争论不休。大多数人对此观点都强烈反对，指出圣经《旧约》前五章书的内容和阿托恩崇拜，除了都强调唯一的神之外，没有任何相似之处。他们还指出阿托恩主义用的是太阳圆形的视觉形象，而早期的犹太教却没有这样的形象；还指出犹太教中三个最重要的对神的称呼——“耶和华”、“神”和 希伯来语的“上帝”，在语言学上都和阿托恩这个名字不相关。

弗洛伊德观点的支持者指出，《出埃及记》的故事表明埃及当时发生了重大事件，有很多人从埃及出逃。根据这一观点，新宗教注定会有一批虔诚的信徒，一生都皈依这种宗教。既然我们现在知道，在埃赫纳吞死后，对信奉阿托恩教的人有清洗行动，一些阿托恩的皈依者就很可能逃离了埃及。那么他们会逃到哪里去呢？一定是东方，向着冉冉升起的太阳神阿托恩的方向。然后，他们在希南沙漠附近徘徊了许多年后，进入了迦南之地，向当地人介绍了他们对唯一的一位神的信仰。随着他们和当地闪族人的融合，他们的宗教和当地的宗教习俗合并形成了一个新的宗教——犹太教。人们普遍认为，埃赫纳吞《伟大阿托恩的赞美诗》和《圣经》赞美诗一零四节有明显的相似之处。

历史学家发现，埃赫纳吞的统治比摩西的时代早了好几百年，这似乎使弗洛伊德的理论出现了一个问题。然而，阿托恩崇拜者逃离埃及和犹太教出现相隔的三百年时间，可以解释成是对唯一的神的崇拜的改变和新宗教的出现所需要的时间。

最后在流亡的途中被斯大林下令杀死。此后，在接下来的二十多年中，凡是提及托洛斯基在俄国革命中是领导者的内容，都被作了修改。他和列宁以及其他布尔什维克党员一起拍的照片，在照片中的他都被编辑剔除画面。在那一时期的官方历史中，他被称作“人民的公敌”，也不提及他对推翻沙皇俄国，以及稳定苏联的统治所作的贡献，尤其是不提及他在内战时在苏联红军的领导地位。尽管如此，他的声望和历史影响力，却在斯大林想尽办法想要在历史长河中根除他的企图失败后，幸存了下来。

埃赫纳吞是唯一作为国家的统治者，在很漫长的一段时间内被彻底地从历史记录中删除的案例。尽管国家和宗教势力想尽一切办法要抹去所有阿玛那革新尝试的遗迹，但在埃赫纳吞死后，他的革新却仍然还有一定影响力。埃赫纳吞之后的埃及神学界，尽管据推测要重建传统的对旧神灵们的崇拜，却由于一神论的出现，也作出了细微的修改。在埃赫纳吞统治之前，埃及最主要的神灵阿蒙神是万神庙中最重要的神，到了拉美西斯二世时期，阿蒙神被赋予为充满生气与活力的神灵，是诸神诞生和存在的基础。拉美西斯神学的革新，实际上是和阿玛那理论的合并，其理论是唯一的、万能的神——阿托恩掌管着新王国法老——杰出的阿蒙神的产生。

尽管旧时代的诸神们再次受到了人们的膜拜，但是他们在埃及人世界观中的地位却被永远地降低了。据德国埃及学教授简·阿斯曼所说，埃及神学的再定位，从拉美西斯时期一直贯穿到整个古埃及古罗马时代，而且事实上，这也开创了唯一的神无所不能、无所不在的观念。

至公元前三世纪，从埃及历史学家曼内托编写的法老名单里，发现人们对第十八王朝发生的事件的认知明显有误。尽管一些在曼内托名单上的名字和已知的统治者都可以联系起来，但还有一些法老的名字仍然模糊不清。在曼内托的名单里，例如，应该和埃赫纳吞相对应的法老却叫作奥鲁斯，而应该和图坦卡蒙相对应的名字却是拉叟提斯。我们推测不出这些是否是事实上统治过埃及的法老的别名，但因此可以看出，法师们要根除所有关于埃赫纳吞的内容的尝试非常成功。

一幅圣人保罗和彼得拜访君士坦丁一世的壁画

使教皇获得世俗权力的造假事件（公元750年）

模仿我们自己的权力，以使至高无上的教皇的正义事业不再每况愈下，以教皇的权力和荣耀装饰，而不仅仅是以世俗统治的庄严：在此请见证我们——把权力给予人们常提及的最神圣的教皇、世界的教皇西尔维斯特神父，给予他我们的宫殿……以及罗马城和意大利所有的省份，地区和城市，或者西部地区；我们同意放弃所有这一切，它们是不可侵犯的礼物，我们把权力给予教皇及他的继任者——在此颁布……承认上述所提及的这一切，都将由神圣的罗马天主教会合法拥有。

——《君士坦丁捐赠书》

你有可能在一段时间内欺骗所有的人，你也甚至可以一直欺骗一部分人，但是你绝不可能一直欺骗所有的人。

——亚伯拉罕·林肯

谎言

按照《君士坦丁捐赠书》这一文件所示，君士坦丁大帝把罗马帝国大部分权力割让给了教皇们。

真相

当罗马面临外国入侵的威胁时，一位不知名的造假者制造了这份文件，帮助教皇获得权力。

主要参与者

君士坦丁一世（“大帝”），罗马帝国皇帝，公元306–337年。

西尔维斯特一世教皇，天主教的首领，公元314–335年。

绰号“矮子”的贝班三世，法兰克国王，公元751–768年。

教皇史蒂芬二世，天主教的首领，公元752–757年。

流传迄今的故事

公元476年，西罗马帝国灭亡后，意大利曾经数度被异族国王统治，“罗马”由一位在君士坦丁堡的拜占庭国王掌管。公元540年，查士丁尼国王短暂地赢回了对北非和意大利的控制权，但是在公元568年，拜占庭人被日耳曼的人的一个分支——伦巴第族人从北方入侵驱赶回去。到公元600年，拜占庭只保住了意大利半岛中的一小块地盘，其中包括罗马城，他们通过位于拉文纳的大主教来统治该城。罗马城本身由教皇管理，天主教教会是在整个帝国崩溃中唯一幸存下来的统治集团。但是教皇和大主教之间的关系，一直错综复杂，经常公开地剑拔弩张。之后，伦巴第人占领了拉文纳，杀死了大主教，使得史蒂芬二世教皇对自己的安全和罗马的将来忧心忡忡。于是，他就向法兰克国王绰号为“矮子”的贝班三世寻求帮助，自此就引发了在接下来的一百年的时间里一系列的使得皇权旁落到教会手中的事件。

1513年2月21日，教皇朱利乌斯二世在统治了十年后去世。大约一年后，一首由匿名作者写的讽刺作品《朱利乌斯被从天堂开除了》得到了出版。这篇作品据说是由荷兰人文主义者德西德里乌斯·伊拉斯莫斯所写，讽刺了朱利乌斯掌控世俗权力，以及他热衷于维护他作为教皇所继承的领土——教皇国。其中最有名的一个场景描述了朱利乌斯在天堂门口守卫罗马教会的隆重的仪式：

> 皮特：请你告诉我，是谁首先被你们的世俗之物所累并堕落下去，而基督耶稣所期望的是特别纯净没有负担的教会。
>
> 朱利乌斯：这有什么关系？关键是我已经得到了它们，占有了它们，我很享受这一切。有些人确实会说，君士坦丁大帝把王国的所有财富——盔甲、马匹、战车、头盔、皮带、披

风、卫兵、剑、皇冠（用最好的金子制成）、军队、战争用的机械、城池，甚至整个国家都给了西尔维斯特教皇。

皮特：有没有任何正式的关于这么大规模捐赠的记录呢？

朱利乌斯：一个也没有，除了一个和一些旧命令混在一起的遗嘱附录。

皮特：也许这是一个神话。

朱利乌斯：我也经常这样怀疑。毕竟，一个思维正常的人怎么会把这么大规模的礼物赠给其他人，甚至赠给他父亲都不可能？但是要是任何人想要质疑的话，我只是简单地通过威胁，就已经能够让他们保持沉默。

这个场景讽刺了教皇们的言行不一，他们对自己所拥有的财富和在意大利中部的领土的来历，撒了一个弥天大谎。这个谎言，于公元750年左右编造，说君士坦丁的君主把他的权力以及大部分属于罗马帝国的领土，赠送给罗马的教皇们。这个谎言是为了使教皇们得到的土地、权力和财产在今后的一千年中合法化。

官方版本的故事
——君士坦丁大帝将罗马帝国遗赠给教皇

君士坦丁大帝自从公元306年在他的军队的拥护下，在英格兰约克郡的要塞称帝以来，一直是罗马帝国的君主。他是一个知道如何回报朋友的人。公元315年3月30日，他给西尔维斯特一世教皇发了一封信，感谢他在可怕的情形下帮助了他。当时君士坦丁大帝感染上了一种最令人惧怕的疾病——麻风病。他的内科医生无法治愈他的疾病，他向罗马教会的神职人员咨询，他们建议他在天真纯洁的小宝宝的血液中沐浴。他颁布了这个命令，但是妈妈们的反对声使他改变了主意。那天晚上，圣彼得和圣保罗之灵拜访了君士坦丁大帝，他们告诉他去找西尔维斯特，西尔维斯特将会治愈他的疾病。西尔维斯特让君士坦丁大帝带上头饰忏悔，信奉天主教后，他把全身浸泡在水中，麻风病就立即消失了。

为了感谢他的病被奇迹般地治愈，君士坦丁大帝双膝跪地，给圣彼得牧师和他的继承者一系列慷慨的礼物，这就是众所周知的《君士坦丁捐赠书》。其中规定：首先，教皇将领导安提阿、亚历山大、君士坦丁堡和耶路撒冷宗主教区，以及全世界所有的教堂；其次，把至高无上的权力的象征——王冠和权杖、皇家的服饰和拉特兰宫都永远转给教皇；最后，君士坦丁颁布命令："我们已经给予他们（教会）在东方和西方的土地，甚至在北部和南部的的海岸线上的土地作为礼物……犹大（古罗马统治的巴勒斯坦的南部）、希腊、亚细亚、色雷斯、非洲和意大利及其诸岛屿……这些地方都由我们最神圣的神父罗马教皇西尔维斯特及他的继承者来掌管。"

在掌管了罗马帝国之后，数位教皇成功地统治了帝国；里奥一世在公元452年抵抗了匈奴王阿提拉率领的大军的进攻，拯救了罗马。然而，当整个帝国崩溃后，罗马教皇的权力也逐步衰退。《君士坦丁捐赠书》几乎被人遗忘，留在拉特兰宫的档案里无人知晓，直到十一世纪五十年代中期，教皇里奥十一世统治期间，该文件才被再次发现。当时，里奥教皇想要重建教皇权力，他就用《君士坦丁捐赠书》来支持他对教会管辖权的主张，尤其是对东方的教会的管辖，但是他没能成功，罗马天主教和东正教分裂成两支教派，这也就是现在大家所熟知的"基督教大分裂"。然而，《君士坦丁捐赠书》继续被中世纪的教皇们所利用，用此来证明他们对罗马教会管辖国的所有权——这里指的是意大利中部地区，也用《君士坦丁捐赠书》来主张其在基督教世界的领导地位。

真相——受到威胁的教廷

自从伦巴第人在公元568年第一次进入意大利以来，罗马帝国的安全就受到了极大的威胁。伦巴第人击退了拜占庭的军队，占领了越来越多的原属罗马帝国的地盘，直至他们最终控制了意大利半岛。至公元700年，只有一些地区还安安稳稳地掌控在拜占庭人的手中。罗马和那不勒斯这两个直辖领地，南部的卡拉布里亚直辖领地，东北部的包括拉文纳和威尼斯在内的狭长地区，这就像一条细长的有争议的丝带，连接着拉文纳和罗马。

尽管有来自伦巴第人的威胁，罗马的教皇和拉文纳的拜占庭大主教的关系一直错综复杂。在很长一段时间里，教会变得越来越讨厌听从国王的非宗教代表的命令。同时，罗马帝国的居民也越来越觉得他们缺乏来自君士坦丁堡的军事援助而有挫败感，这使得事情更加糟糕。国王除了内忧还有外患，北有保加利亚人、东有阿拉伯人的威胁，因此在军事上帮不了意大利民众。在这些因素的综合作用下，教会在为保卫罗马的过程中扮演起越来越重要的角色，通常是通过外交、威胁和贿赂手段，此外还召集罗马民兵来保卫罗马。罗马教会认识到，如果他们自己不自食其力的话，没有人会照顾他们的利益。因此，八世纪早期的教皇们变得对政治和国事，也像对神学和教会的精神福祉一样关心。

《捐赠书》只是更大规模的一系列的造假活动的一部分，它被称为伪《依西多尔教谕》，根据推测是由依西多尔·摩卡托所写，其条文指出任何想要指控大主教的人都会永远被诅咒。

当公元751年伦巴第人攻占拉文纳杀死了拜占庭大主教后，事情到了紧要关头。在意识到罗马很可能是第二个攻击目标后，教皇史蒂芬二世到巴黎向“矮子”贝班求助，贝班是强大的法兰克帝国的大公。为了使贝班能够答应他的请求，史蒂芬教皇在圣但尼的大教堂精心安排了盛大的仪式，如按照圣意般地任命贝班为法兰克国王，还封他为“罗马的贵族”。作为对此的回报，贝班率军队进入意大利把伦巴第人赶出了拉文纳，帮助史蒂芬确立了一长条的领土，这为未来的教皇国奠定了基础。

公元781年，查理曼（“矮子”贝班的儿子）规定了教皇统治的区域，其中包括罗马、拉文纳、平塔玻里斯（位于意大利半岛的亚得里亚海岸）以及贝内文托、托斯卡纳、科西嘉、伦巴第和其他一些意大利的城市。教皇的权威由法兰克帝国来保障，法兰克帝国承担起保护教会的责任。“矮子”贝班和查理曼这样做的原因，似乎在很大程度上是因为有《君士坦丁捐赠书》的存在。

由于那时可能是《捐赠书》第一次曝光，《捐赠书》的文件看起来好像是由一位教士或者是在罗马，或者是在法兰克帝国宫廷撰写，目的是为了加强教皇在意大利的权力。如果《捐赠书》是在罗马设计撰写的，就可能是为了要说服法兰克人，教皇想要统治的土地原本就是教会的土地，拜占庭人是霸占者；另外一种可能是，如果说是教会与法兰克人一起制造了这个文件，这就可能是为了让贝班宣布他把教会的土地还给它的合法所有者——教会，而不是通过他的权力而进行的赠与。

据传，关于君士坦丁的捐赠，有一个更久远的口头传说，八世纪的伪造者觉得他只是在帮助进行确认。根据这一观点，《捐赠书》不会被看作是一种愤世嫉俗的捏造物，而是为了要守卫一个一代代传承下来的真相。由于原始文件已经丢失，所以就有必要重新起草一份，以保持住教会已经拥有的权利。但是无论写《捐赠书》的原因是什么，《捐赠书》为天主教和法兰克帝国的政治结盟，提供了法律依据。

欺诈的证据

《君士坦丁捐赠书》的内容在近五百年的时间里，都被西方基督教世界毫无怀疑地接受，其实这也不难理解，因为人们对教会无比信任，认为教会至高无上。在几个世纪里，由于教皇的地位开始和世俗的王子越来越相像，教会经常使用《捐赠书》来抵挡法国、西班牙和德国的扩张领土的野心。自然而然，那些依据原则反对《捐赠书》的人，会认为这样的世俗权力不会交给圣彼得继承，因为上帝已经给了圣彼得“通往天国的钥匙”。还有其他一些人，也有着各自怀疑《捐赠书》真实性的原因，比如，神圣罗马帝国奥托三世（公元996-公元1002年）就对《捐赠书》文件的真实性表示怀疑。然而，他这么做是为了反对当时的教皇，以加强自己的权力，他需要拆掉建构起教皇权力的其中一个主要的支柱。

直至文艺复兴——当古典文学在衰退了近千年后重新焕发活力，人们才能够把《捐赠书》和古罗马的其他真实的文本材料进行比对。人们开始逐渐地意识到，《捐赠书》里描述的事件和其他许多古代文

梵蒂冈壁画：描绘《君士坦丁捐赠书》

件中描述的事实相违背。最终在1440年，一名叫作洛伦佐·瓦拉的天主教牧师——这位牧师既是一名人文主义者，也是一名雄辩家——写了一篇题为《论伪造的〈君士坦丁捐赠书〉》一文，文章表明《捐赠书》不可能是真实的。

瓦拉的论证基于大量的事实。首先，他从一位律师的角度，指出《捐赠书》不具有法律效力。其次，他分析了《捐赠书》的语言，表明《捐赠书》文件中所用的拉丁语，不可能是在公元324年所写。尽管瓦拉不能够确定《捐赠书》撰写的确切年代，但现在人们已达成共识，认为它很可能是在大约公元751年，在拉文纳大主教失势之时所写。再者，尤其重要的是，瓦拉指出了《捐赠书》中有许多不合历史常规的事情和时代上的错误。其中的一些不一致之处如下所示：

异常情况：第一，《捐赠书》声称，君士坦丁大帝在公元315年，把王国的管辖权交给了教会。然而，有许多文件却证明，在公元315年之后，君士坦丁大帝仍然继续统治国家。此外，也没有证据表明西尔维斯特教皇从公元315年开始统治罗马大帝。第二，在君士坦丁大帝统治之后，大量的罗马国王曾统治过帝国，比如，狄奥多西大帝。假如《捐赠书》是真的话，他们这些帝王都不可能曾经统治过罗马。

时代错误：《捐赠书》把君士坦丁堡、罗马和耶路撒冷一并称为其宗主教区。瓦拉正确地指出，在《捐赠书》假定为存在的时间来看，不但君士坦丁堡当时还不是一个宗主教区，甚至它都还没有被建成（君士坦丁堡在公元330年被建成）。关于赠送给西尔维斯特，代表他的新角色的王冠，也有一些令人疑惑的地方。《捐赠书》描述说王冠是用金子做的，但是西部的罗马人曾经只使用过布料做的王冠，以此来表示对东部的配戴金子做的王冠的国王们的藐视。金色的头饰太像一个真正的王冠，罗马人对此也绝对无法容忍。

尽管君士坦丁大帝停止了对基督教的迫害，并且后来还宣称他的胜利要归功于基督教的上帝，但是在他的统治时期，他从未正式地接受基督教。他一直膜拜传统的异教神，只是在临终时才接受了洗礼。

术语错误：《捐赠书》的一些部分，把君士坦丁大帝宫廷里的一些随从人员称作“属官”。这犯了时代错误，因为当时的罗马官员从未被那样称呼过。当时有副执政官、市政官和其他职位，但是被称作为“属官”的高级官员，只在八世纪中期出现过——这也是人们认为《捐赠书》被捏造出来的时间。其次，《捐赠书》中把罗马人称作“属民”，然而他们本应该被恰当地称作为“元老院和罗马人民”。

最后，神职人员在《捐赠书》中被称作“贵族或者执政官”，但是在罗马帝国时期，从没有过“贵族”这样一职，而且只有过两位执政官。

尽管瓦拉指出了《捐赠书》中的许多处错误，但是他没有发现的还有一处错误，是关于日期的混淆。罗马人用当时执政的执政官的名字来表示年份，《捐赠书》称公元315年是在君士坦丁大帝的第四任执政官加里加亚诺执政的那一年，然而，加里加亚诺不是当时罗马人所使用的名字。《捐赠书》的造假者很可能本意是要表达加里卡努斯这个名字，但是加里卡努斯直到公元317年才成为执政官。君士坦丁大帝（执政第七年）与加里卡努斯担任执政官共同执政的那一年应是公元329年，但尽管是这样，名字和日期不相匹配，还是客观存在的事实。

令人不解的是，瓦拉开创性的工作并没有被梵蒂冈所接受。然后，教皇只是停止引用《捐赠书》来获得权力和解决领土争端，并且把瓦拉的书列为禁书。直到17世纪早期，罗马天主教才正式地接受《捐赠书》是在公元八世纪伪造的，而不是四世纪的真实的文件。

历史影响

《君士坦丁捐赠书》的最直接的影响是产生了教皇国（意大利的大部分地区）——其在接下来的一千年里成为战争和争端的焦点。也可以说《捐赠书》使天主教教会致力于追求权力和金钱，使其腐败并最终导致了在宗教改革时西方基督教世界的四分五裂。

教皇国还使教皇卷入了意大利半岛的政治，这有两点后果：第一，这意味着教会的领导者开始对世俗世界更加感兴趣，而减少了对精神世界的兴趣。第二，既然他们是国家的统治者，不择手段和野心勃勃的个人，就有可能寻求成为教会的领导者，从而来统治这片土地。这也就意味着，当教皇们摆脱了拜占庭国王的控制后，他们又深陷于意大利当地黑暗的政治世界。教皇们不断努力争夺权力和霸占土地，这导致了一系列的永不停息的当地战争以及跨国战争。其中一个和神圣罗马帝国的争端，致使意大利中部和北部地区政治上的动荡不安长达三个世纪之久。只有在十六世纪，教会的领导才真正控制了教皇国的领土，到那时，教廷的领土已经被极大地扩张。教皇成为意大利世俗世界中最重要的统治者之一，同时也掌管教会。

由于很多中世纪的国家认为他们从历史上传承下来最辉煌的成就是罗马，也许《捐赠书》最重要的作用，就是宣称教皇是罗马帝国领土的统治者。这使得不同集团的人结成同盟，甚至连西罗马帝国在公元476年解体后，也不能使此同盟动摇。中世纪欧洲的继承国，比如说西班牙、法国和德国仍然深受前罗马帝国的影响，仍然联合在一起。许多接下来的国王都宣称是罗马的继承者，甚至在二十世纪也是如此：神圣罗马帝国、拿破仑的帝国，甚至是墨索里尼的法西斯意大利。然而，在中世纪，欧洲大部分人都是基督教信徒，无论他们住在哪里，他们共有的宗教就像黏合剂一样，使他们紧密地联合在一起。这就解释了这个统一的实体的术语的来历——基督教世界，这也说明了人们认为教皇在基督教世界有着至高无上的权威。

这样一种共同的罗马文化的归属感，使得西方人一直都非常尊重教皇的权威，然而教皇们自己，当权威受到质疑时，他们杜撰出《君士坦丁捐赠书》，以表明他们不仅是圣彼得的继承者，而且是罗马皇帝们的继承者。此外，长期以来居住在西欧的人们，不认为他们自己属于任何一个独立的国家，比如说英格兰、法国、德国和西班牙等等，这种认识也为教皇树立他们的权威提供了帮助。这种现象的主要原因，是由于它们都是封建制国家，人们愿意把自己看作是更高权力下的臣民，而不是把自己看作是某一个国家的成员。这样，成为骑士的农民们，为公爵服务，为国王服务，为个人封地或者领土而战，而不是为国家而战。既然教皇处于权力链的最上端，他们能够在精神上团结欧洲人民，这也是为什么教皇们能够在中世纪欧洲行使如此大的权力的原因。在十五世纪，随着封建制度的瓦解，日益壮大的商人和中产阶级需要重新定义他们的社会地位，而并非仅仅作为基督徒或者皇帝的奴仆。这就导致了一个新的地理区域概念的形成（共同体，而

图中右边的人物是君士坦丁大帝，他把他的皇冠和皇权给了教皇西尔维斯特一世

非国家），建立起一个共同的纽带，把有着相似经济和文化传承的个人联系起来。

随着时间的流逝，随着人们把自己视为国家的成员，这个共同体的概念渐渐地被国家所取代。这一变化和统一的教皇统治的西方基督教世界的概念相抵触。教会要求和精神领袖一致并服从他们，然而国家要求人们服从于世俗的领袖——国王、王后或者统治机构。

随着民族国家的崛起和宗教改革，西罗马帝国最终分崩离析。《君士坦丁捐赠书》加速了这一分裂的过程。富有的主教们统治主教区，许多高职位的牧师利用教会为自己谋取权力，不仅仅控制卑微的信奉教会的人，也控制王储们、国王们。贵族们也利用教会，是想把更多的权力集中到他们手里，最后登上大主教和红衣主教这些高位的

教皇国的衰落

在十八世纪教皇国的鼎盛时期，教皇国包括意大利中部的大部分地区——拉丁姆、温布利亚、马尔凯、拉文纳的公使馆区、费拉拿和波罗尼亚，北至罗马纳。此外，教皇国统治区还包括意大利南部的贝内文托和庞太科城中的一些小块的飞地（被包领土），法国南部阿维尼翁周围的更大的孔塔弗内森飞地。在十九世纪的上半叶，在短短的几十年的时间里，教皇们就在政治和社会动荡中失去了几乎所有的领土。至1870年，依靠朱塞佩·加里巴迪的军队，意大利完全统一，教皇手中只剩下对罗马和拉丁姆的一部分地区的控制权。

在1870年，新意大利政府对最后的教皇国宣战，轻而易举就占领了罗马。这次入侵受到了教皇皮尔斯十一世的强烈谴责，但是谴责完全没有效果。政府给教皇留下掌管位于台伯河西岸的旧里欧那城唯一的选择，但是皮尔斯驳回了政府的提议。为了要显示出教皇到底有多无能，在1871年，意大利政府把首都从佛罗伦萨迁往罗马。教皇皮尔斯撤退至梵蒂冈，然后一直抗议其领土被非法侵占。他还声称他自己是一个囚犯，而且他只有在重获自由之后才会再次踏足圣彼得广场。皮尔斯也禁止所有的天主教徒参与新罗马政府的选举，违者会被逐出天主教。

但让教皇出乎意料的是，意大利政府没有失败，其他的天主教国家也没有援助他。教皇们五十年后才认可他们自己变得无关紧要的地位。1929年，皮尔斯十一世放弃对教皇国的所有权和墨索里尼签订了协定，创立了梵蒂冈这个国家，构成了梵蒂冈（圣座）的主权领土。梵蒂冈是教皇在一千二百年前，在贝平接受了《君士坦丁捐赠书》授予教皇们对教皇国行使特权后仅存的一块领土。

主要都是贵族。此外，由于大量的钱财被投入教会，这就使得许多有权势的主教们，需要花费大量的时间和精力来打理这些世俗的财富。

宗教改革运动的推崇者鄙视教会的松懈和软弱，他们要求对牧师和教堂会众制定严厉的规章，而其对《圣经》的解释也要更加严格。尽管那些潜在的改革者们有一些合情合理的抱怨，但是教皇权威们从来不会主动去改变一个对他们自身如此有利的体制。由于教皇权威在历史上是集权制，他们对设置教会教义和政策所持有的观念，新教徒改革者的对抗性的方法，只可能以冲突和分裂而告终。

英国国王爱德华一世向法国国王菲利普四世致敬

圣殿骑士团的背叛
（1312年）

如果圣殿骑士团中的一些人是无辜的，那么最好让他们要像金子一样，被放进熔炉里进行测试，而且要用合适的司法审查来清除他们。

——法国国王菲利普四世

真相总能战胜迫害这一格言，是最令人愉悦的假话，而且人们一遍一遍地重复，使其变成老生常谈，但是人们有的确是与其截然相反的经历。

——约翰·斯图亚特·密尔

谎言

圣殿骑士团是崇拜错误偶像的异教徒。

真相

圣殿骑士团由于是拥有大量军事修士的团体，服从于教皇，独立于国家的统治之外，所以他们最终被摧毁。

主要参与者

菲利普四世（“美男子”），法国国王。

教皇克莱门特五世，天主教的统治者。

雅克·德·莫莱，圣殿骑士团的大团长。

流传迄今的故事

在第一次十字军东征胜利之后，为了保护到基督教圣地耶路撒冷的朝圣者，许多年轻的贵族受到鼓舞参加十字军。其中一支特别忠诚的队伍，决定成立宗教军事修士会——一群誓为教廷服务的骑士。他们在1119年被教皇封为“基督和所罗门圣殿贫苦骑士团”，从此，他们就有了“圣殿骑士团”这一缩减的名称。他们只效忠于教皇。他们起初非常贫苦，但是他们很快就被给予了极大的权力，这使他们不需要他们所要经过的国家的国王的许可就可以在不同的国家之间自由往来，并且建立了许多遍布欧洲的教堂分会。由于他们吸收了不同阶层的贵族，把财富投资到土地上，使骑士团变得非常富有。其实，只要圣殿骑士团致力于打败穆斯林，一切都好。然而，当东方的十字军王国一个接一个崩溃后，连最后的偏远的阿卡也在1291年投降后，问题就出现了。圣殿骑士团除了有一个茫然的重新获得圣地的梦想之外，变成了一支没有目标的军事修士团。就在那时，欧洲的君主们开始焦虑地特别关注他们，尤其是法国国王菲利普四世。

一位著名的政治评论家，在他工作地点的外面，在光天化日之下，由政府领导人命令其安全武装将他抓捕。他被带到一个审讯室，被折磨了一个星期后，签订了一份虚假的认罪书，详尽地叙述了他反社会的罪行。然后，他被逼迫去指控他们组织的其他成员，政府借此来围捕国家认定的潜在的敌人。之后，他在监狱里被关押了两年才被公审，在法庭上他也准备对针对他的指控进行辩解。在长达一年的审判之后，他又被关押了四年，才最终被审判，此后在一次公开的庆典中被处决。

这样的事件也许在希特勒统治的德国，是稀松平常之事。然而，在七百多年前，中世纪的法国，这样歪曲的司法审判也曾发生过，丑恶的谎言被虚构出来，致使贵族的军事修士会灭亡。由于恶毒的国王的贪婪和傲慢，圣殿骑士团军事修士会被指控犯有恶行和宗教异端行为，他们的领导者被绑在柱子上烧死。

官方版本的故事——圣殿骑士团的种种罪行

在1305年，谣言四下流传开来，传说教会的主要支柱之一的军事修士会——圣殿骑士团的成员亵渎神灵，崇拜恶魔还有其他的奇怪的行为。为了阻止这些对军事修士会被驱逐的人所进行的指控，圣殿骑士团的大团长雅克·德·莫莱在1307年，和教皇克莱门特五世会面讨论此事。这位法国教皇认同这些指控都是错误的，但是教皇觉得有必要给法国国王菲利普四世写信，想得到他的帮助来调查此事。这位欧洲主要的基督教君主，对所听到的事情，感到无比震惊。

随后，大团长于1307年的夏天去了巴黎，和国王进行了谈话。尽管菲利普有一些顾虑，但是雅克·德·莫莱很自信地认为，调查不会发现他们有任何问题。回到波伊提尔——教皇居住的城市后，他要求克莱门特对此事进行调查审讯，以迅速证明军事修士会无罪，终止流言。克莱门特作为他的朋友，按照他的请求去做了这些事，宣布审讯将于1307年8月24日进行。菲利普为这一系列的事情的进展感到不安，怀疑这会导致一系列的虚假的调查，用以掩盖关于圣殿骑士团的真相。随后，在9月14日，他秘密地颁布命令，逮捕了法国所有的圣殿骑士团成员，其中也包括大团长，并没收了他们全部的财产。

法国美男子国王菲利普四世的画像，他是当时欧洲最强大的君主

在接下来的漫长的审讯中，圣殿骑士团成员供认了许多罪行，其中包括强迫新征召成员否定基督耶稣，还强迫他们在耶稣在十字架上受难的像上吐唾沫、践踏或者往上面撒尿。每一个新征召人员都被要求去亲吻征召他的骑士团成员，亲吻嘴唇、肚脐、臀部和后背，甚至生殖器。他们还声称，他们崇拜一个叫作巴弗灭的恶魔，这个恶魔能够以猫、头颅或者有三张脸的头的形象出现，然后魔术般消失。圣殿骑士团成员的

腰上都系有放置在恶魔头前的绳子，以此来表示对恶魔的敬重。最后，他们还被指控，把圣地出卖给了穆斯林。这种种罪行震惊了所有的基督徒，他们呼吁要审问所有圣殿骑士团在欧洲和圣地的行为。

在皇家审讯时，大团长只承认了“否定基督耶稣和践踏十字架”是新入会仪式的一部分。他口授了一封信，命令所有的圣殿骑士团成员认罪。根据这些由法国国王揭露出来的真相，教皇克莱门特五世命令，逮捕所有基督教世界的圣殿骑士团成员。仍然不愿相信这些事情的教皇，在1307年12月，派了两名红衣主教进一步去审问雅克·德·莫莱，莫莱后来撤回了他之前对法国国王的代表所承认的罪行。

由于欧洲设立了审讯委员会，大团长再次被审问，这次审问在菲利普和克莱门特的代表面前进行，他又再次认了罪。两年后，大团长和其他圣殿骑士团的成员再次被传唤，这次雅克·德·莫莱对关于他和他的军事修士会的指控，保持沉默。

审讯委员会发现圣殿骑士团在欧洲其他国家的据点，都有着同样的说法。由于已经认了罪，圣殿骑士团无法再来抵制针对他们的这些指控，到1310年5月10日至12日，森斯的大主教判决五十四名圣殿骑士团成员在柱子上被烧死时，圣殿骑士团的声望已经荡然无存。1312年3月22日，在法国的维埃纳的市政厅，教皇解散了圣殿骑士团军事修士会，并指示他们把其财产转交给另外一个军事修士会——医院骑士会。

圣殿骑士团最后的行动发生在1314年，雅克·德·莫莱和诺曼底骑士的训导者吉奥弗里·沙尼都撤回了他们的供词，并且声称圣殿骑士团是无辜的。菲利普国王宣布他们俩是复辟的异教徒，并且下令把他们绑在柱子上烧死。在1314年3月18日晚上，雅克·德·莫莱和吉奥弗里·沙尼被带到塞纳河大巴黎区的亚维斯烧死。那天晚上，在火被扑灭后，法国的贵族恢复了往日的喜悦。大量的巴黎当地人，其中包括附近的修士，在灰烬中找到了死去的圣殿骑士团成员被烧焦的骨头。这些都被人们在这一天保存了下来，在那天，他们的荣耀得到了维护，他们的遗骸受到了敬仰。

真相——嫉妒和贪婪

圣殿骑士团急需一名维护公共关系的官员，来改善其公共关系。由于这个组织是由那些更聪明、冷酷和富有的人来掌管，人们对该组织一直都有许多负面的评价。尽管关于他们有很多的流言蜚语和含沙射影的议论，然而，事情的真相是他们只不过是一个宗教军事修士会，仅此而已。圣殿骑士团是在第一次十字军东征，耶路撒冷沦陷后，由骑士雨果·帕伊恩建立，他想创建的是一个由他的同伴组成，受修道士控制的团体。他们的主要目标是在圣地保护朝圣者。1119年，雨果和其他八名骑士在拉丁礼耶路撒冷宗主教的面前发誓，要保持清苦、贞洁和服从。自此，“基督和所罗门圣殿贫苦骑士团”正式诞生，后来人们就称他们为“圣殿骑士团”。至1129年，他们已经得到了天主教会的认可，被认定为是一支新的宗教修士会，他们还说服主持圣伯纳的克莱尔沃，制定了七十三条圣殿骑士团的生活准则。这就表示圣殿骑士团已经成为西多会修士会的一个分支，遵循许多西多会的规则，但是同时又增加了涉及军事方面的内容。

> 人们认为圣殿骑士团所承认的罪行中，唯一真实的是他们否定基督耶稣，并且践踏十字架。圣殿骑士团这样做，是为了防止万一他们被穆斯林抓住后，让他们否定自己的信仰亵渎十字架，他们提前练习这样的做法，以使他们对此有免疫力。多年以来一些人认为，圣殿骑士团成员被捕的日期——1307年10月13日，星期五，是人们认为13号的这个星期五不吉利的这一迷信的来源，但事实并非如此。

圣殿骑士团从最初就关注征召贵族入伍，无论这些贵族是否有妻子。虽然不管他们的婚姻状况如何，但所有的骑士都必须严格遵守教会规则。他们被迫穿着衬衣、马裤，系着皮带，穿着鞋，开着灯睡觉。他们必须没有声响地吃饭，一周只吃三顿肉。星期五是斋戒日，而且在诸圣节宴会和复活节之间的六个月里，骑士们只能吃极少量的食物。和其他的修士会一样，骑士们必须进行日常的祈祷和礼拜。

圣殿骑士团覆灭的原因主要有三点。首先，自从西罗马帝国灭亡之后，一个用修道院的规则来约束的军事团体，就成了一支有序的在欧洲绝无仅有的常备军。这支武装不效忠于君主，游离在封建体制之外。1139年，教皇英诺森二世在他的教宗诏书里，承诺对所有穆斯林的抵抗既往不咎的法令。该法令允许圣殿骑士在所有基督教世界的国家里可以不受约束地随意往来，并且圣殿骑士团在当地的和国家的法律面前都享有豁免权。修士会不需要缴税，他们直接受教皇统治，不需要听命于其他任何人，甚至不需要听命于他们总部所在国家的国王。这是一个潜在的非常危险的情况，因为他们让太多的统治者忧心忡忡。

第二个让圣殿骑士团覆灭的原因，是由于他们的财富。在他们正式被教皇认可后，他们成为基督教世界中一个最受欢迎的慈善机构。正如其他的修士会一样，他们发誓清贫度日，但是他们又和其他的修士会一样，从捐赠和投资中获得了大量的钱财。由于他们很精明地打理这些钱财，圣殿骑士团成为了欧洲最富有的组织之一。

尽管圣殿骑士团的主要任务是为军事服务，但是只有一小部分的成员被派遣至圣地打仗。其余的骑士帮助战斗中的个别骑士，或者管理财务，只起到辅助作用。这些非战斗骑士的数量，以七比一的比率远远超过了战斗骑士的数量。维持圣殿骑士团的的花费，其中包括维持他们驻扎在十字军东征国家中的费用，是一笔巨大的开销。据估计，一个全副武装的骑士和他的侍从们，以及他的军士们所需要的花费，和现代军队中养一辆重型坦克的花费一样多。为了有更多的资金来维持这样一支队伍，圣殿骑士团在欧洲和东方买了大量的不动产，而且还拿团员个人的财产进行投资。 在圣殿骑士团中，许多贵族成员出国的时候，把他们的财产交给圣殿骑士团管理，这种现象非常普遍。这些财产全都被拿去投资，产生了丰厚的利润。

圣殿骑士团既拥有遗赠，也有投资，这使他们在欧洲和圣地有着广泛的金融网络，他们的财富和活动，使他们在中世纪社会中非常显眼。这些财富引发了人们对他们的嫉妒，结果就经常有人指控他们贪婪，就有贪婪的国王们自知资金短缺，把嫉妒的目光投向他们的大城堡和大量的现金储备。

圣殿骑士团灭亡的第三个原因，是十字军东征王国的瓦解，这就使得他们失去了存在的作用。没有朝圣者去保护或者财产去保护，他们再也没有存在的意义。自从1187年，耶路撒冷被埃及和叙利亚的苏丹萨拉丁夺取后，圣殿骑士团被迫把总部迁至阿卡的港口（位于现在的以色列北部），直至1291年。当东征十字军最终全部被迫撤离圣地后，欧洲的国王们开始不再支持圣殿骑士团。当圣殿骑士团在保卫圣地时，基督教君主们能够接受圣殿骑士团不受他们的统治。然而，在圣殿骑士团失去了他们的主要目的后，君主们无疑会对这样一支强大的、不效忠于他们、只听命于教皇，但是能够在他们的领土上自由穿行的强大的军队感到不安。

时代发生了改变，到十三世纪末，教皇们努力要对基督教世界的国王们显示自己的权威。然而，教皇执行教会的意志的唯一阻碍，就是缺少一支常备军。当时，受教皇控制的圣殿骑士团驻扎地点遍布欧洲，只需要有一位教皇颁布一道推翻所有皇家统治、用教皇权力取而代之的命令，欧洲的形势就会发生重大变化。当圣殿骑士团正忙于保卫最后的几个十字军东征王国时，教皇们在没有圣殿骑士团的帮助下，已经在十三世纪打败了德国的霍恩施陶芬王朝。那时，既然圣殿骑士团已经有了闲赋，教皇拥有这样一支可以掌控的武装力量，那么教会还可以取得什么样的胜利呢？这样的一个可能性，使许多欧洲君主感到恐慌，其中法国国王菲利普四世尤为恐慌。

最后的行动

菲利普四世是一位皮肤白皙、个头很高、很有魅力的人。但他非常冷漠，严肃，毫无幽默感，为人固执，报复心强，而且决心不惜一切代价要加强法国君主统治。和他同时代的一位批评家——帕米叶主教伯纳德·萨赛特曾这样评价菲利普："他既不是人，也不是兽。他是一尊塑像。"1301年，这位主教由于他的粗野无礼，被指控为犯有宗教异端、使用巫术、叛国、通奸和亵渎上帝等罪行而被捕。

菲利普和圣殿骑士团的关系由于菲利普的一个请求，而突然变得异常紧张。菲利普急需要经费来支持他和英国的战争，他于是就向圣殿骑士团贷款。但是圣殿骑士团拒绝给他贷款，并且声称他们的财富主要用于恢复圣地。因此，菲利普就不得不颁布命令向法国牧师征税，并且试图要教皇博尼费斯八世把圣殿骑士团逐出教会。博尼费斯拒绝了菲利普，反而把菲利普逐出教会，并且还在1302年颁布了一道教会诏书，称他自己比世界上的任何人都有至高无上的权力。随后，菲利普密谋绑架博尼费斯，还是按照鸡奸、亵渎上帝和宗教异端这些虚假罪行对其进行指控，他派法国军队入侵教皇在阿纳尼的皇宫。虽然这个密谋失败了，但是博尼费斯的健康状况每况愈下。1305年，他在重病一个月后去世。他的继承者是一个懦弱、犹豫不决的法国人——克莱门特五世。重大的事件从此开始接踵而至。菲利普从前圣殿骑士团成员对圣殿骑士团的不满指控开始展开调查。在克莱门特进行正式调查前，菲利普已经逮捕了大团长和法国境内的所有圣殿骑士团成员，并且没收了他们所有的财产。

大团长的诅咒

在被囚禁了几年之后，圣殿骑士团的大团长雅克·德·莫莱撤回他被迫所承认的罪行。菲利普四世对此极为愤怒，他命令把雅克·德·莫莱作为复辟的宗教异端分子，绑在柱子上烧死。1314年3月18日，雅克按期被带至大巴黎区的亚维斯烧死。他要求被绑在面朝巴黎圣母院的位置，手绑在一起祈祷。甚至当火苗包围着他时，他临死前还哼唱着圣歌，显示出了极大的勇气。当熊熊火焰燃烧到最高点时，他的声音从火海中雷鸣般地响起来，预言克莱门特和菲利普国王很快就要在上帝面前和他见面。然而，雅克曾经最信任和为他们效忠的这两位，很可能毫不在乎他最后绝望的呼喊。但是，就像是宿命一般，克莱门特在一个月之内死去，菲利普四世也在这一年年底的一次狩猎活动中意外身亡。

在菲利普的授意下，圣殿骑士团成员被酷刑折磨，以使他们承认所有那些所谓的罪行。圣殿骑士团成员被抬到拉肢刑具上，他们的四肢被拉伸至关节错位。其他一些成员被绑在他们后背的绳子从腰部吊起来。许多成员的脚底被擦上油脂，放在火前炙烤。所有的人都被拴着铁链，只给他们面包和水，但是不让他们睡觉。因此，人们不难想象，他们为什么会对任何指控他们的罪行认罪。由于菲利普过去就用过同样的酷刑对付他的对手，当菲利普宣布圣殿骑士团犯有宗教异端、鸡奸、使用巫术、叛国、通奸和亵渎神明等罪行时，教皇克莱门特拒绝相信这些指控。

菲利普施加压力，促使巴黎的暴徒狂热地要对亵渎神灵者采取行动。克莱门特最终屈服，颁布教宗诏书，指示所有的基督教国家的国王，拘留圣殿骑士团成员并且没收他们的财产。几十个圣殿骑士团成员在接下来的公开审判中，被绑在柱子上烧死。最后，由于菲利普威胁说，如果克莱门特不遵守他的请求，他就会使用武力，教皇最终顺从了他。1312年，在维埃纳的市政厅，教皇颁布教宗诏书正式解散了圣殿骑士团。教皇的这一做法非常懦弱，违背了他的前任教皇们从十一世纪五十年代起一直苦心建立的信条，使教会成为了潜在的傀儡，任何统治者都能够无情地把自己的意志强加给教会。

尽管克莱门特做了一些小规模的反抗，颁布命令要求把圣殿骑士团的财产都移交给医疗骑士团，但是菲利普把在法国没收的大部分财富都占为了己有。两年后，在大团长被烧死后，历史上最大的最成功的中世纪军事修士会在屈辱中不复存在。梵蒂冈后来用了历时七百年的时间，才让圣殿骑士团成员的灵魂得到安息。当审判的正式文本材料在2007年被出版后，梵蒂冈教会证实了许多人已经知道的事实——克莱门特最初宣告圣殿骑士团并没有犯宗教异端罪，只是在受到了菲利普的压力后，才撤销了他的决定。

历史影响

圣殿骑士团是中世纪教皇权力的主要支柱。他们的毁灭，使教皇的权力受创，而使国家的权力地位上升。教皇的权力主要是由于十字军东征，建立在天主教教会的军事化的基础上。在此之前，教皇的权威只是空谈，因为他们身后并没有后盾。教皇所行使的权力只是通过威胁将他们开除教会，在精神层面上操纵国王们。军事修士会的成立，比如说圣殿骑士团，使教皇拥有了一支不受任何世俗力量控制的武装。教皇利用军事修士会来支撑他们，从而能够获得更大的权力，军事修士会使教会能够发挥更大的作用。事实上，这些军事修士会在欧洲每个国家都有，这就意味着教皇有一批愿意为其执行命令，也能够为他执行命令的士兵。

随着圣地沦陷，十字军东征的斗志衰退，教皇们被迫要放弃他们的权力，权力将旁落至新兴的欧洲国家。圣殿骑士团的灭亡清晰地表明，由中世纪教皇推崇的，同时也是圣伯纳公开赞成的战斗的基督教正在日益衰落。菲利普的统治促使教皇权威衰落，他清除了一个体现普遍的基督教世界的机构，创造了一个欧洲权力结构的真空状态，而这个真空状态，正好可以由新兴的国家来填补。正如作家皮尔斯·保罗·里德所指出的："教皇们看到掠夺性的国家给他们造成的威胁时，已经为时太晚。谁又能预料到圣路易斯(法国国王路易斯十一世)的孙子，会去推翻罗马教会呢？"

欧洲国家及其统治者不再把基督教世界的福祉作为他们首要关注的焦点。随着国家的主体——公民开始把自己当作是国家的公民，而不再认为自己主要是基督教世界的基督徒，国王们最担忧的是发生在他们境内的事情。这个至关重要的变化，在事实上剥夺了教皇们与崛起的国家相抗衡的最强大的武器。欧洲民族国家迟早会转而反抗罗马帝国的继承者——教皇，主张他们长期被压抑的要求独立的欲望。当欧洲民族国家获得了独立，欧洲就将四分五裂。欧洲国家希望能推翻，或者至少能限制罗马教会对皇权的影响，因此他们迫切地抓住了宗教改革运动带来的契机，切断了与罗马教会的联系。

在宗教改革中，新教徒和对宗教怀疑者把假定的圣殿骑士团的罪行当作他们攻击天主教会的利器。英国国教圣人托马斯·福勒写道："圣殿骑士团最终的毁灭，一部分原因是因为他们的邪恶，一部分原因是因为他们的财富。"甚至连十八世纪伟大的英国历史学家爱德华·吉本都称圣殿骑士团为"贪婪的、傲慢的和堕落的基督教战士"。对圣殿骑士团这样的看法，是基于在他们最后的几年里关于他们的谎言，这些谎言形成了沃尔特·斯科特爵士在他的小说《艾凡赫》里对圣殿骑士团的描写的基础。斯科特描写圣殿骑士团成员布莱恩·博伊斯·吉尔伯特是一个"有着人们惯有的污点缺陷，傲慢、残忍和纵欲的人"。

现代有关圣殿骑士团的传说，都是人们自己编造的关于这个修士会可能拥有秘密的绝妙幻想，或者基于他们质疑基督教教义的秘密。其中许多的故事都是基于这样一个事实：圣殿骑士团的第一个总部，设立在耶路撒冷圣殿山上，他们占领这个地方长达七十五年。此处是所罗门庙的遗址，也是人们认为保存“约柜”的地方。现代阴谋论者声称，圣殿骑士团发现了藏在圣殿山上的文件，该文件“证明”基督耶稣要么从钉在的十字架上幸存下来，要么他从未受过此刑罚，他娶了玛丽·玛格达莱妮，并且和她有了孩子。这种想象是为了使人们相信，基督教的核心信仰是一个谎言。由于耶稣复活是基督教信仰的核心，如果没有这个核心，其他一切就只是空中楼阁。这些幻想家想把圣保罗的话变成现实:“如果耶稣没有复活，你们的信仰都是徒劳。”耶路撒冷由基督教掌控了三百年后，并不出人意料地被阿拉伯穆斯林夺取，但并没有证据表明圣殿骑士团在圣殿山上发现了什么秘密，也没有证据表明圣殿骑士团是由于发现了这样的秘密而被摧毁。其他的关于圣殿骑士团的传说与共济会有关，或者称他们发现了基督在最后的晚餐上用过的圣杯，并且在1307年他们被镇压时，把圣杯带到了苏格兰或者西班牙北部。

但是令人感到奇怪的是，圣殿骑士团在历史上的最后章节还未完成。2008年，声称是圣殿骑士团继承者的基督教会骑士团委员会在西班牙诉讼天主教教会。他们想要获得当年圣殿骑士团被迫解散时充公的、据估计价值有一千亿欧元的财产补偿。其实只要涉及钱的问题，人们对什么也不会真正忘却。

1944年6月6日，诺曼底登陆。当美国士兵在德国重机枪的扫射下趟过海水登陆时，进攻的部队从登陆艇中出来，直奔诺曼底海岸的一处要塞

使诺曼底登陆合理化的故事（1944年）

你们能够摧毁德国这一战争机器，铲除压迫欧洲人民的纳粹专制统治，为我们在自由的世界里带来安全。

——艾森豪威尔将军

在战争中，真相是如此弥足珍贵，以致于真相需要由谎言来保护。

——温斯顿·丘吉尔

谎言

同盟国需要开辟第二战场，帮助苏联打败纳粹。

真相

同盟国需要攻入法国，以确保他们能够抢在苏军前到达德国。

主要参与者

富兰克林·罗斯福，美国第三十二任总统。

温斯顿·丘吉尔，英国首相。

约瑟夫·斯大林，苏联领导人。

流传迄今的故事

1939年9月，在伪造了一份和苏联的合约后，德国军队侵入波兰，开辟了二战中的欧洲战场。至1940年，德国已经征服了比利时、荷兰和法国，而且已经插手入侵希腊，以帮助它的同盟者意大利。德国使用的闪电战抑制住了所有的抵抗，只剩下英国一个国家独自抗击德国军队。由于德国军队认为他们的西侧很安全，他们于1941年6月入侵苏联，开辟了东部战场。斯大林在此次入侵前三年的大清洗运动中，急剧地削弱了苏联各个级别的军事力量，他发现他的军队并没有做好迎战德国的准备。于是，他请求同盟国尽快开辟西部战场。英国热衷于建立一个第二战场，但是英国却想把第二战场先设在北非，通过无遮蔽的意大利半岛穿过“欧洲堡垒”。随着美军在1941年12月参战，苏联试图想让美国同意在法国开辟第二战场。直到1943年的德黑兰会议，英国、美国和苏联才达成共识，在法国开辟第二战场。“霸王行动”的计划开始了……

2004年6月2日，星期一，是诺曼底登陆六十周年——这也是同盟国军队进入西北欧洲的第一阶段。美国、法国、德国和英国的领导人齐聚在法国海滨城市阿罗芒什港的一块峭壁上，以纪念多年前在这个地方发生的重大事件。老兵们身穿蓝色军服，头戴贝雷帽，推着他们更加虚弱的同伴的轮椅向前行进。仪式上人们发表演讲，相互致酒，并且承诺要永远记住伟大的同盟国共同反抗德国的侵略，永远铭记他们迈出的结束希特勒的残暴统治的第一步。同样的仪式几乎每年都会重复举行，这就像所有的美好的神话，总是让人精神振奋和深受鼓舞。在此，这并不是去诋毁诺曼底登陆所有的牺牲和失去的生命，但是历史的真相却并非如此。历史的真相让人质疑诺曼底登陆的必要性，以及为什么在多年前有如此多的人在这片海滩上失去了生命。

诺曼底登陆所述的目标，是为了攻破希特勒的“欧洲堡垒”并结束战争。尽管这肯定是其中的一个目的，但是这并不是这次行动的主要意义。诺曼底登陆的主要目的，是为了防止英国和美国认定的比希特勒更可怕的敌人——苏联，进入欧洲。第二战场的开辟，主要是为了阻止苏军占领德国，获取其科学家，以及他们也正在大力发展的先进技术。诺曼底登陆的真正成功之处在于，其接下来的行动阻止了苏联所代表的共产主义主宰欧洲。

官方版本的故事——第二战场

斯大林非常绝望、偏执，处于极度恐惧之中。他的绝望来自于这样一个事实，在德国的猛攻下，苏联军队死伤严重，节节溃退，把大片的油田留给了德国。他的偏执来源于他认为同盟国已经重组，抛弃了苏联，让苏联独自抵抗希特勒的进攻。他的恐惧来自于他在二十世纪三十年代所做的轻率的决定，清洗了军队的主要官员，这使他的军队那时急缺有经验的官员。当1941年12月的圣诞节临近时，斯大林真正想要的礼物，是在欧洲某处开辟一个抗击德军的第二战场。然而，直到他等到1942年，同盟国领导们才认为那时才是走这样一步棋的合适的时机。

到那个阶段为止，第二战场被认为是非常关键的。1940年，法国已经沦陷，希腊正在被侵占，英国和它的共同体国家在北非抗击纳粹，苏联完全迎面承受着德军的侵略。于是，罗斯福、丘吉尔和斯大林共同发表声明，宣布同盟国急需开辟第二战场。但是，就在同时丘吉尔告知苏联外长，同盟国缺乏抵抗德国进攻的资源。丘吉尔这样做的原因，一部分是由于英国人的软弱，一部分原因是由于美国刚参战，需要时间来组建军队和生产武器装备。

英国人想要从意大利攻击德国南部，因为他们认为这是欧洲的薄弱部分，然而美国人强烈建议把英国当作基地，用最短的路线进攻。最初的全面进攻提案被称作“捉捕行动”，这拉开了1943年进攻的序幕，并为最终延迟到1944年6月的“霸王行动”计划奠定了基础。

组织这次进攻的行动，直到1943年底斯大林、丘吉尔和罗斯福在德黑兰会议会晤之后才正式展开。在这次会议上，罗斯福给了斯大林从1941年6月他就一直期盼的保证。罗斯福承诺，美国和英国将于1944年5月在法国开辟第二战场，这次行动和苏军在德国东部边境的进攻遥相呼应。这次行动的指挥权被移交至盟军远征军最高统帅部，由德怀特·艾森豪威尔将军统帅。伯纳德·蒙哥马利将军被任命为陆军进攻的总指挥，由他来负责制定进攻计划。

由于英国空军力量支持范围的局限性，诺曼底海岸最终被选为理想的登陆地点，但同时这也存在一些问题。其中的一个主要问题是诺曼底只有一个可用的港口——瑟堡，这个港口由德军的要塞大炮和军队把守。由于1942年8月盟军在袭击法国迪耶普港时遇到了巨大困难，所以直接进攻瑟堡港口的提议被否定了。尽管有这些问题，人们认为在诺曼底这一广阔的前线登陆，能够使盟军处于理想的直接进攻巴黎的位置，然后继续通往德国边境。由于德国人认为盟军不可能会从这个地点发起进攻，所以他们对诺曼底海岸线的防守并不严密。

然而，负责德国大西洋海岸防守的埃尔温·隆美尔将军，已经意识到他们现存的防守要塞只守卫了港口，而疏忽了对海岸线的防守，他因此提出了相应的加强海岸线防守的计划。但是问题的关键在于，在诺曼底登陆时，加强这个地区的防守工作还尚未完成。

为了确保“霸王行动”有极大的成功可能性，在行动前，一系列假的进攻计划被故意泄露给德国。这些假的进攻计划包括：袭击加莱、巴尔干半岛、法国南部；但是其中最大胆的计划——声称进攻诺曼底的“刚毅行动”计划，也被泄露给德军。随后，所有的准备工作就绪，十五万六千名英国、加拿大和美国士兵在1944年6月6日穿过英吉利海峡，并在诺曼底海岸登陆，从而开创了历史。

真相——如何处置意大利

诺曼底登陆的原因的官方解释是，为了在欧洲开辟第二战场，以减轻苏军在东线抗击德军的压力。西部盟军攻破希特勒的“欧洲堡垒”，对快速结束战争至关重要。这种解释在表面上看起来非常合理，但是这个解释忽略了这样一个事实：到1944年6月，盟军已经在意大利开辟了第二战场。

盟军把意大利视为一个容易攻击的目标，基于许多原因。那时候，意大利军队在战争中被证明战斗力比较弱，意大利政府对战争将信将疑，国家内患重重，反法西斯团体正致力于推翻意大利自负的领导人贝内托·墨索里尼的统治。

丘吉尔特别推崇通过袭击欧洲的软肋来结束战争。丘吉尔说，英国政府相信在北非的英美军队有着抗击并且打败德军的直接经验，他们应该参与到战争中。热衷于乘胜追击和密集打击敌人的丘吉尔积极推动进攻和占领西西里的军事行动，并把这作为全面进攻意大利和占领罗马的第一步。这也是英军及其英联邦国家军队1942年在北非如此努力地抗击德军的主要原因之一，因为北非被认为是进攻意大利的理想跳板。尽管美国总统富兰克林·罗斯福对丘吉尔的计划持保留态度，而且罗斯福认为盟军应该从法国发动进攻，但美国还是派出了大量的士兵，提供了丰厚的资源去进攻意大利。

于是，1943年7月，盟军军队登陆西西里，第二战场被开辟。这是一场让人精疲力竭的战争。盟军用了十二个月的时间，突破意大利大陆，并且一路向北攻打。当意大利在1943年9月投降后，盟军相信他们能够迅速通过意大利。但是，德国却没有投降的意思。希特勒认为意大利的投降是一种背信弃义，于是他把意大利当作是失陷的领土。利用意大利多山的地形优势，德军进行了顽强抵抗，大大降低了盟军前进的速度。尽管盟军直到1944年6月才攻下罗马，但他们仍然稳步向前推进，并且确信他们能够一直打到奥地利、法国和德国。因此，从本质上说，盟军已经在欧洲战场了。西线战场已经被开辟，大量的德国资源从东线战场被抽调回来。那么为什么盟军还要登陆诺曼底呢？答案是因为他们害

1944年5月由字谜引发的恐慌

在策划诺曼底登陆时，一些重要的行动和地点都用代号来替代。同样，这次全面进攻的代号是“霸王行动”。正如大家所预料的那样，这次行动的方方面面，特别是日期和登陆地点都被严格保密。

准备工作在1944年5月达到了如火如荼的阶段，那时英国情报部门注意到《每日电讯报》上的一个字谜，惊人地包括了大量的和即将到来的行动代号一样的词。其中两个提示词的答案是“Utah”和“Omaha”——这是美国军队在诺曼底海岸登陆的地点名称。随后，刊登的字谜包括了答案“Mulberry”——浮动港湾的代码，以及“Neptune”——海军支援部队的代码。

起初，安全部门企图把整件事情看成是巧合，但是当发现一个提示答案是“Big-Wig”，字谜答案是“Overload”（霸王）后，他们才开始担心字谜被用于给德国人预警。于是，安全部门派遣了两名官员去调查字谜的编写者——一位五十四岁叫作雷纳德·道的教师。在仔细盘问之后，安全局相信雷纳德·道完全不知道即将到来的登陆行动，这些提示答案和字谜答案，确实只是一系列怪异的巧合。

诺曼底登陆的历史影响：1961年10月28日，苏联和美国坦克在东西德的主要关卡——著名的理查检查站前对阵，在僵持了十七个小时后，苏联坦克撤离边境

怕西方人眼中的“鬼怪”——苏联。

德国人即将输掉战争。到1943年底，所有人都清楚地知道，苏联人将击退在东线战场拉得过长的德国军队。即使没有诺曼底登陆，1945年底或者在1946年初，德国也将被击败。然而，西方领导者一想到苏联人到达德国，获取其所有的科学家，他们心中就充满恐惧。西方领导人怀疑，而且事实也证明，在纳粹灭亡之后，苏联会变成他们的敌人，西方领导人决定要让他们的军队率先进入德国。但是由于穿过意大利的进程如此缓慢，他们该怎么办呢？答案即是他们要设计一个从欧洲北部进入的登陆——诺曼底登陆，这样他们就能赶在苏联人之前抢先占领德国。

但是他们不能丝毫显露诺曼底登陆的真正目的，这样就会促使苏联和他们疏远。因此，这次行动被描述成一次伟大的西方国家推翻希特勒的进攻。但是显然这只是这次进攻的次要原因，其最主要的原因其实是为了要阻止有可能觊觎德国的苏联抢先进入德国。如果苏共的军队不受任何阻碍地前进的话，比利时、法国、希腊和意大利都有可能被苏联掌控。这样的一个结果是不可思议的，同样不可思议的是“冷战”在1944年的初夏，就已经在北部沿海开始了。

至1945年初，随着德军战败，西方国家就迫切需要对起草中的防止苏军进一步深入欧洲的计划进行保密。丘吉尔的参谋长海斯丁·伊斯梅将军向丘吉尔递交了“特别行动”的计划。这份计划写道：“总的政治目标是要苏联按美国和英帝国的意志行事。”

蒙蔽斯大林

从1917年布尔什维克革命以来，对苏联的恐惧四处蔓延。西方政府迫切地在1918至1922年的内战中支持白俄罗斯人，但同时对布尔什维克人的敌对，并没有在二战中减弱。丘吉尔在同意1943年进攻意大利之时，肯定把遏制苏联作为一个重要的因素来考虑，因为他相信这个行动会给苏联进入欧洲制造障碍。丘吉尔强烈地反对布尔什维克党，尽管斯大林在抗击希特勒时有着重要的作用，但是丘吉尔还是像对待敌人一样，害怕并防范斯大林。

尽管丘吉尔对斯大林持审慎态度，但是他早在1941年就和斯大林讨论过开辟第二战场以抗击德国的可能性。他们两位都知道他们急需开辟第二战场以抵抗德国军队，从而给希特勒施加压力。然而，丘吉尔一直反对在法国开辟第二战场，他坚持要攻入意大利。他私底下希望德国和苏联在东线上相互消耗，这样就会使西方国家届时能够自由处置这两个国家。在1943年11月的德黑兰会议上，人们知道德国在战争中已经开始受挫，丘吉尔、斯大林和罗斯福讨论“霸王行动”的细节问题，并达成共识，决定在1944年5月攻入法国。事实上，在几个月的时间里，德国军队已明显精疲力竭达到了极限。当盟军在意大利缓慢推进的时候，苏联人不仅抑制住了德军的挺进，而且还击退了他们，他们打败德国也只是时间问题。

在东线战场抗击德军，对最终打败德国起着至关重要的作用。在诺曼底登陆后的几个月里，西欧的战场是盟军十五个师对阵德军十五个师。而在东线上，苏联四百个师和德国四百个师相互猛攻，长达四年之久。德军在东线上的战斗，从坦克主战场到猛烈的挨家挨户的小规模战斗的损失，几乎占到其总的军事损失的百分之九十，这些战斗的猛烈程度被德国人称为——“老鼠之战”（你死我活的战争）。

然而，斯大林在德黑兰会议上并未能洞察出德国已经开始衰退，所以他迫切地想要开辟第二战场。斯大林没能像其他盟国一样预见到德国会迅速变得精疲力竭、疲于奔命，苏联要么能够无限期地拖住德国，要么最终能够占领德国。因此，斯大林认为在法国开辟第二战场对他有利。西方同盟国，尤其是罗斯福，也迫切想要在法国开辟第二战场，但却出于不同的原因；同时，他们也不想显得如此急切，以防引起斯大林怀疑“霸王行动”的真正目的——赶在苏联人之前到达德国。

由于罗斯福和丘吉尔知道希特勒在进攻波兰之前轻而易举地蒙骗了斯大林，他们决定在德黑兰会议上也操控斯大林一次。罗斯福显得支持斯大林，他通过表达想在战后控制大英帝国的想法，获取了斯大林的信任。正如美国历史学家罗伯特·达莱特写道：“罗斯福的坦率，是为了让斯大林认为他是一个值得信赖的同盟。罗斯福和丘吉尔争论不休，故意显示出和斯大林站在一边。”与此同时，丘吉尔对从法国发动进攻表示有一些疑虑，他希望集中西方的兵力攻打意大利。这明显的意见不一的表演，达到了很好的效果，这也和斯大林把英国当作主要的敌人的想法一致。他未能洞察出诺曼底登陆的主要目的，也未能预见到美国在战后会变成主导西方的力量。然而，罗斯福和丘吉尔表面上的意见不一，使斯大林误以为西方国家并没有共同策划反对苏联；反之，他认为西方国家相互猜疑、四分五裂。罗斯福和丘吉尔故意使斯大林认为，是他说服了他们发动西线进攻，而且他和罗斯福结成了同盟反对丘吉尔，得到了他想要的结果。

罗斯福在他的总统任期内，一直保持这种伪装，尽管他有时会表示一些个人的忧虑，但是他一直确保他起草的关于斯大林和苏联的函电都是肯定的语气。在他和斯大林的个人交往中，他煞费苦心地和这个独裁者发展了一种友好的同志关系。由于罗斯福扮演的是亲苏的角色，他让其他人成为反对布尔什维克的倡导者，其中的一个反布尔什维克倡导者就是丘吉尔，另一个就是1944年总统竞选时他的竞选伙伴——以反共著称的参议员哈里·杜鲁门，杜鲁门在罗斯福1945年4月去世后，成为了美国总统。

当美军和苏联红军争夺柏林时，斯大林最终意识到了他的错误，但那时已经为时已晚。诺曼底登陆实现了其战略构想，在苏联有机会占领整个欧洲之前，给西方国家提供了一个阻碍苏联的机会。

历史影响

诺曼底登陆之战术欺骗的主要成果，是完全达到了它的预期目标：阻止了苏联在欧洲最终立足。但是西方国家只是以微弱的优势取胜。希特勒的失败，主要是他错误地估计了苏联的形势。他认为苏联的经济非常薄弱，苏联的军队装备陈旧，攻击力差，不堪一击。他不相信斯大林会以牺牲成百上千万的人来赢得胜利，然而，结果却是苏军人员以极大的数量优势使德军陷入困境。1945年4月25日，苏军和美军最终在易北河相遇，把德国一分为二。柏林和东德由苏联控制，而西北部德国、丹麦和荷兰属于英美的控制范围。这一结果，就为即将到来的两大意识形态的国家的“冷战”拉开了帷幕。假如历史上没有诺曼底登陆，情况还会变得更糟，苏联军队有可能占领整个德国，甚至有可能占领法国和意大利。

战后，苏联控制了欧洲的东半部地区，对此感到心满意足。斯大林迫切地在东德、波兰、罗马尼亚、匈牙利、捷克斯洛伐克、保加利亚、阿尔巴尼亚和南斯拉夫安插了傀儡政府。苏联这样做的目的，是为了建立一系列的缓冲区，以防止它的敌国直接袭击苏联，这样苏联也没有必要占领整个欧洲大陆。诺曼底登陆使盟军阻止了苏联的推进，也使西欧的人民免于被严刑拷打，或被关入劳改营和在“美好的工人天堂”遭受暴行。

由于盟军的胜利，民主的政府和资本主义市场体系得以在西德、法国、希腊、奥地利、比利时、荷兰和斯堪的纳维亚地区蓬勃发展，使饱受战争之苦的欧洲大陆经济复苏，一片繁荣。美国领导人认为，如果美式的政体和市场能够被广泛地建立起来，各个国家就能通过像联合国和北约这样的国际组织来解决争端。这和苏联的国家计划经济体制造成的对经济的破坏，形成了鲜明对比。

西塞罗是一个间谍的代号，这位间谍从英国驻土耳其的领事馆获取机密情报。人们长期以来一直认为，德国人通过西塞罗获取了“霸王行动”的大量细节，但人们却不知道，德国人从西塞罗那里得到的唯一的具体的细节只是“霸王”的代码。

诺曼底登陆之后的欧洲得到解放，也给欧洲的政治面貌带来了一些深远的影响。在一千六百年前西罗马帝国灭亡之后，欧洲一直战争不断，二战前的欧洲一直都是各自为阵、四分五裂的社会。可是二战后，欧洲第一次成为希望的象征。在今日的欧洲，为打败法西斯和苏联所作出的所有的牺牲，都有着显而易见的重大意义，欧盟国家相互支持，相互理解。

北约，尤其是美国，造成了欧洲共产主义的衰落，以及苏联共产主义的最终失败。苏联低效的共产主义经济体制被证明无法保障维持极权主义军事国家所需要的巨大开支。如果当年苏联能够在欧洲建立卫星国，美国人绝对不会有机会让苏联承受他们现在所需承受的压力。由于美军在西欧设有基地，以及瞄准苏联中心位置的导弹，这就迫使苏联必须把大部分的国民生产总值用于发展军事，使苏联卷入一场他们毫无希望获胜的军备竞赛。

美国总统罗纳德·里根非常清楚诺曼底登陆的真正历史意义。在他1984年令人值得回忆的讲演中，他指出，并非战后所有的结果都按原计划发生，比如一些自由国家的沦陷。1945年进入华沙、布拉格和东柏林的苏军在欧洲和平之后并没有撤离，并且四十年后，他们仍然驻扎在此，但是他们是不受欢迎的、多余的。正因为苏军的存在，盟军必须也驻扎在西欧，以捍卫民主。二战结束后，美军时刻准备着保卫欧洲的自由；美国在欧洲占领的唯一的领土是纪念碑和他们阵亡将士的墓冢。美国已经从这两次它并不想参与的世界大战中，悟出一个真理——美国需要主动守卫和平，而非在失去自由之后，再作出反应。

西方世界对“冷战”一直心存感激，因为它抑制了苏联的扩张。“冷战”的另外一个结果，是使得美国的国力在世界范围内大大提升。

1947年10月17日，印度教教徒和锡克教教徒逃离巴基斯坦这个新建的穆斯林国家

印度分治及明争暗斗
（1947年）

印度教教徒和穆斯林有着信仰截然不同的宗教、哲学体系，不同的社会习俗和文学……如果要在一个国家里强行把两个民族融合在一起，一个民族占绝对多数，另一个民族占少数，在这样的国家结构中成立的政府，必然会招致人们对其日益不满，并最终会导致其灭亡。

——穆罕默德·阿里·真纳

我们不应该信任那些试图让你诋毁人类理智，并让你放弃宗教信仰的人。在任何有宗教信仰的地方，一旦这些人说服了你，他们就能对你为所欲为，让你接受任何他们想要强加给你的荒谬理论。

——约瑟夫·普利斯特里

谎言

印度的穆斯林一直都是分立的，因此他们都需要一个分立的国家。

真相

印度教教徒和穆斯林在印度一起生活了许多世纪，其实是穆斯林的领导担心失去其权力和影响。

主要参与者

穆罕默德·阿里·真纳，巴基斯坦第一任总统。

贾瓦哈拉尔·尼赫鲁，印度第一任总理。

蒙巴顿将军，英属印度帝国的最后一任总督。

流传迄今的故事

1858年，在印度兵变带来的一片混乱局面逐步消退之后，由于（荣誉）东印度公司效率低下和问题百出，英国政府决定通过一个独立机构来统治印度。这就使更多的印度亚大陆地区直接由印度地方机构统治，并且使几百个“独立藩王省”几乎都能够自治。十八年后，在1876年，维多利亚女王成为印度女皇。到那时为止，印度还是一个由印度教信徒和穆斯林和平相处的州郡拼凑起来的国家。几十年后，由于人们对自治的呼声日益高涨，到二十世纪三十年代，尽管在多次要迫使英国放弃统治印度的努力失败之后，许多印度显贵仍然倡导建立一个统一并且独立的国家。鉴于印度的大部分人是印度教教徒，他们注定会统治这个新国家，可是这使由穆罕默德·阿里·真纳领导的占人口比例较低的穆斯林忧心忡忡。

二十世纪早期的英属印度，由英国著名小说家鲁德亚德·吉卜林和福斯特生动地描述为一个相对宁静和稳定的世界。这是一个有着午餐、英国先生和太太、宽敞的平房、马球和下午茶的世界。从内陆的黑森林到乡村及城镇的多彩的集市，狭窄的街道上到处都是人，成千上万的印度人忙忙碌碌地处理自己的日常事务，印度教教徒和穆斯林一起生活。然而，把镜头快进到五十年后，映入人们眼帘的是破败的景象，每条街上到处尸横遍野，阴沟里到处是血，河里遍布着男人、女人和儿童的浮尸。印度教教徒、锡克教教徒和穆斯林，由于在大英帝国衰落的日子里他们之间日益升级的愤怒和偏执，促使他们突然相互攻击。印度国大党和全印穆斯林联盟的权力竞争，导致宗教派别之间常有暴力冲突，从而把南亚次大陆四分五裂。随着最后一支英国军队在1948年2月从孟买港口撤离印度，印度承受着诞生两个国家，而并非是一个国家的剧痛。

一直以来风行的说法是，英国是让印度分治的罪魁祸首，是它把印度分裂成两个独立的国家，但从某种程度上来说这种提法并不公平。因为那时英国国力逐渐衰退，缺乏能力及意愿把这样一个解决方案强加给越来越强大的政治竞争对手。而且英国也不愿最后和全印穆斯林联盟对决，因为他们一直强烈地主张占多数的印度教教徒和占少数的穆斯林截然不同，他们认为两个宗教团体一直都是分立的，因此他们需要建立两个分立的国家。然而，事实的真相却是，印度教教徒和穆斯林在印度友好和平地一起生活了好几个世纪，穆斯林的领导人担心在印度独立后失去自己的权力和影响力。他们的偏执导致了大约有一百万人惨遭杀戮，还致使历史上最大规模的迁徙——大约有一千二百万至一千四百万人离开家园，到两个国家中的另外一个国家定居。两派宗教冲突的影响依然存在，现在随着印巴核武器威胁的不断增加，印度教教徒从孟加拉国迁徙到印度，两个国家争论不休，克什米尔地区时有冲突发生，紧张局面仍然继续。

官方版本的故事——分立的人民，分立的国家

穆罕默德·阿里·真纳是一个危机感非常重的人。他多年来一直是印度国大党的成员，因为印度国大党是一个倡导印度本地人以各种形式自治的党派。然而，真纳越来越对国大党里印度教教徒为主导的局面感到担忧，并且认为除非有合适的保障来保护占少数的穆斯林，否则将来穆斯林就会遇到很多问题。虽然真纳早就知道全印穆斯林联盟这个组织，但是他一直犹豫是否要加入。真纳是一个矜持、有威严的人，总是穿着整洁的英式套装，但是他并不严格地遵守伊斯兰教的风俗和教规。他吃猪肉，他很少去清真寺做礼拜，开会用英语发言，而不用大多数印度穆斯林所使用的乌尔都语。尽管他很矜持，他最终还是加入了全印穆斯林联盟并成为领导，并且还在这之后的几年里，仍然是国大党的成员。

然而，圣雄甘地的到来，迫使真纳离开了国大党。这主要是因为甘地的领导风格。甘地拒绝穿西式衣服，喜欢说印度语而不是说英语，所有的这一切都表示他是印度教教徒，而不是穆斯林。而且，真纳还反对甘地的“非暴力不合作”政策，他宁愿通过宪法手段来开展抗争。

当全印穆斯林联盟1927年分裂的时候，真纳离开了印度，但是1934年他又返回印度再次领导全印穆斯林联盟。到这个阶段，他的信仰发生了巨大的变化。他原本反对把印度分离成两个单独的国家，但是国大党里印度教教徒权力的日益增长使他改变了主意。当1935年英国通过印度政府法，允许印度人选举当地政府（由总督监督选举），国大党在大多数省份都能够组成自己的政府。然而，在组阁的时候，国大党成员们拒

绝任命任何没有宣布放弃穆斯林联盟成员资格的穆斯林为部长。就在这时，真纳开始直接接触英国，论证需要给印度的穆斯林建立一个单独的国家。

真纳提出了两个观点。首先，他声称除非能够有保护措施，确保占人口少数的穆斯林的政治声音和自由，否则一个统一的印度会导致穆斯林边缘化，并最终引发内战。真纳的第二个观点是——为了要说服英国人同意把印度一分为二的解决方案，是正确和正义的方案。他说道:

> 其实很难理解，为什么我们的印度教朋友没能领会伊斯兰教和印度教的不同的本质。从严格意义上来说，它们不是宗教，事实上它们是截然不同的社会秩序，而且印度教教徒和穆斯林能变成一个共同的民族，只能是一个无法企及的梦。关于建立一个印度的错误观念是有问题的，如果我们不及时修正，最终会导致印度灭亡。印度教教徒和穆斯林有着信仰截然不同的宗教、哲学体系，不同的社会习俗和文学。他们既不通婚，也不一起进餐，他们属于建立在冲突的观念之上的两个完全不同的文明。他们对生活的理解和生活的层面完全不同，印度教教徒和穆斯林的灵感起源于不同的历史渊源，他们有着不同的史诗、不同的英雄人物、不同的轶事。一种宗教中的英雄人物，常常是另一种宗教的敌人，同样地，他们的胜利和失败有重叠之处。如果要在一个国家里强行把两个民族融合在一起，一个民族占绝对多数，另一个民族占少数，在这样的国家结构中成立的政府，必然会招致人们对其日益不满，并最终会导致其灭亡。

真纳的论辩本质上是说，穆斯林在南亚次大陆上形成了一个和印度教教徒截然不同的民族。他引用了来自十一世纪的一个证据——阿尔·比鲁尼观察到印度教教徒和穆斯林在所有的事宜和习惯上都有差异。在南亚次大陆建立的州郡，要么是建立在印度教文化基础之上，要么是建立在伊斯兰教文化基础之上，要么是建立在锡克教基础之上；历史上从未有过一个州郡或者政府是这三种文化的融合。由此可见，尽管他们在南亚次大陆上共同生活了一千年，印度教教徒和穆斯林从未真正平等相处过。

1946年，在印度即将分治之前，宗教间的暴力行为不断加剧，真纳的观点似乎得到了证实。正如真纳有预见性地说道：“我们要么把印度一分为二，要么把印度摧毁。”英国人接受了真纳提出的建立分立的国家的观点，这就使得灾难无法避免。

真相——多元化的团结

在印度分治之前，印度有三亿七千万人，印度的每个省份都有着不同信仰的居民，他们在一起和平相处了好几个世纪。印度教教徒是其中最大的一支，占总人口的一半以上；穆斯林是少教人教派中很重要的一支（超过五千万人），他们其中的大部分是七百年前从中亚到达印度的侵占印度的战士的后代。印度还有大量的锡克教教徒——他们是一支改革的印度教教派，除此之外，印度还有为数不多的帕西人、耆那教徒、佛教徒、基督教徒和犹太教徒。

从公元前500年起，南亚次大陆就经历了许多帝国的起起落落。例如，笈多帝国一直统治印度北部地区至公元550年，这一时期被称为“印度的黄金时期”，印度的文化和科学得到了繁荣发展。

从十三世纪的德里苏丹国开始，随着伊斯兰帝国统治印度，印度发生了一个重要的变化。这一时期印度文艺复兴，印度文化和伊斯兰文化得到了融合，在建筑、音乐和文学领域出现了一批不朽的作品。伊斯兰的影响力在莫卧儿帝国时期达到了鼎盛时期，该帝国由成吉思汗的后裔巴布尔建立。到1600年时，莫卧儿帝国已经控制了整个印度次大陆；1707年后，莫卧儿帝国开始慢慢衰落，最终在1857年印度兵变中灭亡。在莫卧儿帝国的衰落期，新的帝国开始出现，比如印度玛莎帝国、穆斯林王子海德拉巴建立的王国，以及锡克王国。在英国对印度殖民的战争中，这些帝国全都被扫除。

印度历史中的所有帝国都有着一个共同点：各个帝国都对国民中不同的宗教群体采取宽容的态度，允许宗教多元化的存在。国民在多元化

甘地领导了“非暴力不合作”运动，以抵抗英国在印度的统治，但同时也疏远了在印度人口中占少数的穆斯林

中团结一致，统治阶级的统治政策开明并通情达理，也不愿意让一种宗教团体和另一种宗教团体争斗。莫卧儿帝国和玛莎帝国的国民，无论他们归属哪种宗教，他们都是帝国的成员。当然，历史上也有一些例外。莫卧儿帝国的早期，王室和当地的贵族通婚，使他们和当地的土邦规则联合起来，并试图把土耳其波斯文化和古印度生活方式融合起来，并且创立了一种独有的印度拉萨逊建筑。阿克巴皇帝甚至提议把两种宗教融合在一起，创立出一种新的宗教信仰。然而，在莫卧儿帝国衰退的时候，他们摒弃了这些准则，重新引入伊斯兰教教法，要求穆斯林严格遵守伊斯兰教教义，摈弃他们祖先的宗教开放政策。这些做法使印度教教徒与他们渐渐疏远，加速了莫卧儿王朝的灭亡。

当大君哈日辛格请尼赫鲁帮助其部族抗击巴基斯坦对他们的侵略时，尼赫鲁说服他正式签订加入印度的协议后，才同意出兵帮助。

尽管在印度国土上建立的帝国中，统治者有过穆斯林、印度教教徒以及锡克教教徒，帝国中的民众的各种宗教信仰混合在一起；然而，民众并不关心帝国的缔造者信仰何种宗教，民众更加关心的是当地的或者地区的事务。纵观印度历史，没有证据能够表明真纳的观点的正确性，即穆斯林和印度教教徒在一个国家中不能友好相处这一观点。

英国的策略

英国人提出印度由一个统一的政府来管理的理念，他们认为统一的政府能够带给印度和平、统一和平等的宗教权力。印度过去由于由英国“分而治之”，支持占少数的群体来抵制占多数的群体这一殖民政策。印度曾经有许多个管理实体，英国现在想要在印度建立一个统一的统治实体。希林·科恩写道：

> 英国对印度采用的是“分而治之”的政策。甚至在人口普查中，英国人根据印度人的宗教信仰把他们分门别类，把他们看作是不

同的群体区别对待。英国人对印度人民的了解，是基于印度不同宗教的经文和他们发现的宗教群体之间的不同之处，而不是基于当前印度各宗教的民众友好相处的事实。英国人也担忧穆斯林对他们的潜在威胁，因为穆斯林的莫卧儿帝国先于他们在印度次大陆统治了三百多年。为了要赢得印度的穆斯林，英国人……支持全印穆斯林大会……但是全印穆斯林联盟一成立，英国人就把他们放在单独的选区。从此，穆斯林分立的观念就在印度的选举过程中被建立了起来。

英国的政策促进了印度次大陆上的不同民族的分立。因此，非常自然地，在印度人在寻求独立的过程中，由英国人指出的各宗教团体在社会和宗教上的不同，都在印度民众追求自由和自治之路上体现了出来，特别是穆斯林要采取措施保障他们在一个新的、统一的印度统治之下的位置。尽管这样，但一想到作为少数派，以及将受他们的祖先曾经统治过好几个世纪的印度教教徒的领导，穆斯林领导层的许多人就觉得难以忍受。由于失去了权力，不满增加，并且担忧被占多数的印度教教徒荡平，以及过去的辉煌在他们脑海里留下的难以磨灭的印象，真纳和他的同僚们开始要求建立一个独立的穆斯林国家。他们的鼓吹点燃了一个到那时前，还从未想过和他们的印度教教徒邻居分离的民族的愤怒。

英国人认为可以利用全印穆斯林联盟来挫败印度国大党以及他们要求独立的计划。甘地的卓越领导才能和他的政治敏锐性，迫使英国人来到谈判桌前，但是一旦进行谈判，他们就利用真纳和全印穆斯林联盟来阻扰甘地的计划。全印穆斯林联盟知道英国的战略战术，并且告诉英国人："还是用旧的座右铭：分而治之。但是现在要进行分工了，是我们分立，你们统治。"甘地要求的完全独立，受到了穆斯林领导的阻挠，穆斯林领导提出要国大党保证穆斯林要有独立的代表机构，要被独立地对待，但是甘地拒绝接受这一提议。当二战爆发后，国大党拒绝支持英国，然而真纳及全印穆斯林联盟通过给英国提供无条件的支持，获得了英国的感激之情。

那时，真纳开始加大力度，以确保他将是英国方面所能听到的唯一代表印度穆斯林的声音，尤其是因为国大党获得了许多在旁遮普邦和孟加拉邦的穆斯林的支持。真纳继续鼓动分立，然而国大党坚决要求统一。二战后，印度教教徒和穆斯林都明确知道英国不再愿意，并且也没有经济实力控制印度的这一事实。所以，双方都不计不断上升的死亡人数，开展暴力活动，以迫使英国解决印度问题。

英国最终默许，二战后任命路易斯·蒙巴顿将军为印度总督，监督英军从印度撤离，并把政权移交给印度人。蒙巴顿正式提出印度分治，并且说服印度国大党主席贾瓦哈拉尔·尼赫鲁，认为如果印度不分治，那么暴力冲突就永远不会停止，印度也将永无宁日。除了甘地不同意，尼赫鲁和其他的国大党成员都同意了蒙巴顿的方案。

从所有史实综合分析来看，其实真纳的担忧毫无依据。尽管国大党中的一小撮人热衷于建立一个只属于印度教教徒的国家，但是国大党中的决策者甘地和尼赫鲁决心维护印度全民族的统一，包括所有的印度教教徒和穆斯林。他们已经竭尽全力确保国大党中会吸纳很多杰出的穆斯林成员。真纳真正所关心的是什么一直都是一个疑问，他一直掩盖自己的野心和真实企图。无论怎样，正是因为真纳的强硬才使这个方案不是相互妥协后的方案，他操纵英国人最终达到了自己的目的。真纳的维护者辩论说，真纳的确认为巴基斯坦应成为一个小一些的类似于世俗化的印度的国家，甚至到1946年晚些时候，他还准备考虑一个由英国工党政府提出的联邦政府体制方案。但是，那不是一个正式的提案。真纳要求把旁遮普邦和孟加拉邦，及信德、俾路支斯坦以及西北边境全部都归穆斯林国家统治，但这将一直造成宗教派别间的流血冲突。当蒙巴顿遇到真纳，警告他分治将会意味着把旁遮普邦和孟加拉邦分开，真纳回答说：“我不在乎你只分给我这么少的地区，只要你全部给我就行。”这就是真纳的回答，真纳的骄傲和强烈的野心使他不能够妥协，从而建立一个统一的印度，他的骄傲所带来的将是一场灾难。

历史影响

人们立即就感受到了分治所带来的后果。蒙巴顿宣布，英国将在1947年8月15日把政权移交给两个国家——印度和巴基斯坦。他的官员们急急匆匆地订立了两个国家的边界。但是令人疑惑的是，就算时间有限，他们也应该确保划出一个边界，使所有的印度教教徒在边界的一侧，所有的穆斯林在边界的另外一侧。由此，我们可以有把握地猜测，

马哈特玛·甘地被暗杀事件

甘地一如既往地迫切要寻求走一条非暴力之路，他敦促德里的印度教居民在分治后，仍然允许穆斯林返回自己在德里的家园。甘地一直都是受压迫的人的权力的捍卫者，但他成为了那些不容异己、热衷于清除异己的印度教教徒的眼中钉。因此，在1948年1月30日，当甘地正在穿过人群，走向他每天的祈祷会仪式时，一个年轻人向他走去，低下身体，在非常近的距离向甘地的胸部开了三枪。甘地最后用印度语说的话是——天呀！

听到这个消息，尼赫鲁和蒙巴顿都从人群中挤过去看，这是否是真的。当蒙巴顿听到有人在人群中喊道，“行刺者是一个穆斯林”，他立即厉声回应道：“傻瓜，难道你看不出来他是印度教教徒吗？”后来私底下，当他的新闻办秘书问他是怎么知道行刺者是个印度教教徒的，他说：“我并不知道，但是如果真是个穆斯林的话，印度将会有一场世界上前所未闻的恐怖的大屠杀。”事实的结果是，行刺者的确是一名印度教教徒，他是一个极端主义者的报社的编辑，认为甘地倡导非暴力活动，宽容穆斯林，会削弱印度教及新成立的印度。

分治造成印巴又多了一名受害者，这陨落的生命，为阻止印度的分裂而曾经顽强地斗争。许多人也许会说，分治的代价太高昂了，竟然失去了这样的一位伟人。但是甘地自己也许会对这种想法感到震惊，因为他坚信，在分治中造成的成百上千万的消失的生命和其他的生命一样弥足珍贵。

划定分立边界的人之前从未去过印度。

印度和巴基斯坦这两个国家按期在8月15日诞生，然而就在那一天，在东旁遮普邦的一些穆斯林妇女被一群锡克教暴徒强奸，强迫她们裸体游街，然后把她们杀死焚尸。同样在这一天，在新建立的巴基斯坦边境的一个锡克教神庙被穆斯林烧为平地，当那些正在神庙拜佛的锡克教教徒被困在烈火中时，穆斯林响起阵阵欢呼声。

印度经历了在现代历史中最大规模的人口迁徙，大约有一千二百万至一千四百万人穿越新宣布的东西巴基斯坦边境。在这场轰轰烈烈的迁徙中，邻居们和朋友们由于国籍和宗教而从此分离，甚至相互攻击，并遭到嚎叫的暴徒催促，甚至还发生了许多信奉同一宗教的教徒间的暴力事件。满载着绝望的受到惊吓的穆斯林的火车，遭到了印度教教徒和锡克教教徒的袭击，火车上所有的乘客都被屠杀。同时，往相反方向行进的印度教教徒，也遭到了穆斯林的杀戮。那些推迟动身的人受尽了折磨，甚至惨遭杀害。印巴两方都时有男人杀死自己的妻儿的事件发生。

1947年9月，随着宗教派别间的暴力冲突愈演愈烈，英国只能在无助的恐惧中观望，但是他们也无能为力，因为那时英国军队已全部从印度撤走。留在边境原本是为了监督他们所期待的和平交接的军队，也为印巴双方争斗的猛烈程度感到震惊，不知所措。最终，随着难民人数的减少，随着愤怒的熄灭，暴力冲突和报复行动越来越少。巴基斯坦和印度最终摆脱了分治所带来的恐怖，但是由于分裂后两个国家关系持续紧张，他们永远也不可能再完全相互信任。

真纳最终如愿以偿地当选为蒙巴顿创立的新建的巴基斯坦的总统，但是他没能长寿，无法享受他的胜利果实。真纳患上了肺结核和肺癌，在分治一年后去世。他留下了一个从未真正实现民主的国家。巴基斯坦多次发生军事政变，国家的强硬派伊斯兰极端主义分子从未原谅印度教教徒在1947年所实施的暴行。1977年，巴基斯坦发生军事政变，推翻了选举出来的以菲克·阿里·布托为总统的政府。2007年12月27日，一名伊斯兰极端主义分子在反对派领袖布托的女儿贝娜齐尔·布托号召把民主还给巴基斯坦的活动中，将其暗杀。巴基斯坦的所有团体都不信任西方的民主传统：军方认为西方的民主传统有可能使国家一片混乱，穆斯林认为西方的民主传统会破坏伊斯兰传统。

然而，印度努力建成了一个欣欣向荣的管理多种族国家的民主体系，尽管政府也时而会被谴责腐败。和巴基斯坦一样的是，印度也被政治暗杀所困扰。1948年，马哈特玛·甘地被一名印度教极端分子杀害；首相英迪拉·甘地在1984年被枪杀；英迪拉·甘地的儿子——议会主席拉吉夫·甘地1991年也在自杀性爆炸中丧生。

在分治后的混乱期结束后，印巴的基本关系得到了改善，但是两个国家间有过三场主要的战争，它们分别发生在：1947-1948年间、1965年及1971年。两个国家持续关系紧张的一个主要原因，是和中国接壤的克什米尔地区的归属问题。在分治时，由世袭的王侯们所控制的地区，都被给与自由选择愿意成为巴基斯坦或者印度领土的一部分的权力。克什米尔自从1925年以来一直由印度教教徒哈日辛格大君统治。尽管克什米尔的大部分居民是穆斯林，但哈日辛格在巴基斯坦当地的穆斯林侵入到他的领地后，加入了印度教区联盟。巴基斯坦对他的决定非常愤怒，派兵想迫使他改变决定。印度在1947年10月26日接受了由哈日辛格签署的正式加入印度教区联盟的文件，同样也派兵克什米尔，这样就引发了第一次印巴战争。巴基斯坦对克什米尔正式加入印度的合法性提出质疑，但是英国认为这是合法的，同时英国坚决要求在克什米尔进行一次全民公投，以此来调查该地区居民的意愿。联合国也要求进行全民公投，但是投票从未真正进行。印度坚持认为，只有巴基斯坦从该地区的西北部撤军后，才能进行投票。但是令事情更为错综复杂的是，在1963年，克什米尔北部的一部分地区被巴基斯坦割让给中国，但是这次割让从未被印度接受。

克什米尔问题困扰着几代印巴政治家，而且也引发了无以计数的冲突。1947年，首次划分的一直延续至今的边界大致规定：巴基斯坦占克什米尔三分之一的领土，印度占三分之二的领土。1949年划分的停火线——即众所周知的控制线，成为了印巴许多地区事实上的边界。印巴接下来的战争，分别在1965年和1971年爆发，每一次双方都僵持不下。

印巴双方关系仍然非常紧张，尤其是在印巴双方研发了核武器之后，相互投掷测试导弹，紧张的状态进一步升级。

假如印度这个存在多种信仰、多个种族的国家并未进行这本可以避免的分治的话，这所有的一切流血冲突都不会发生。关于巴基斯坦必须是个独立的国家的谎言，最终导致了成百上千万无辜的人丧生，以及一直延续至今的冲突。某些个人为了追求自己的政治野心而牺牲了国家的统一。那些继续煽动民族和宗教仇恨的国家领导人，实际上正在把国家未来的接班人置于毫无结果的斗争中。

总统林顿·约翰逊许可美军在越南把战事升级

立即出兵——北越将要发动攻击（1964年）

如果要避免共产主义在亚洲，尤其是在印度支那的进一步扩张，我们就必须要冒险把美国士兵派去。我认为政府的执行机构必须采取这一不得人心的政治立场去实施这一战略，我个人会支持这样的决定。

——理查德·尼克松

主观臆断是把事情弄糟的根源。

——安吉洛·董黑尔

谎言

北越挑动战争袭击在南越的美军。

真相

一个没有耐心的声纳系统操作员，有点儿过于敏感。

主要参与者

林顿·约翰逊，美国第三十六任总统。

罗伯特·麦克纳马拉，美国国防部长。

约翰·海利克，美国驱逐舰“马多克斯号”舰长。

流传迄今的故事

在十九世纪晚期，法国人声称越南、老挝和柬埔寨这些地区是法国的殖民地，这个地区被称为“印度支那”。法国人一直统治着这个地区，直到1941年第二次世界大战时，日本军队入侵。在越南，在胡志明的领导下，人民奋起反抗，要把日本军队赶出越南，建立一个独立的国家。随着日军在1945年战败，胡志明占领越南首都河内，宣布独立。然而，法国人不愿放弃他们的殖民地，派兵要重新建立法国的殖民统治，从而导致了第一次印度支那战争，但是战争以法国军队1954年战败而告终。由于胡志明是一名共产党员，已经建立了共产主义国家，而美国自认为是世界上自由与民主的守护者，坚决要求第一次印度支那战争签订的条约，把越南分成南北两个部分，北部建立共产主义国家，南部建立一个民主国家。尽管越南人民想要统一和独立，但是“冷战”正在迅速蔓延，美国无法容忍一个由共产主义掌权的统一的国家。

唐纳德·古德斯坦很冷静地评价说：“越南战争是二十世纪美国经历的最痛苦难忘的经历。在二十世纪，美国经历了太多严峻的考验：经历了两次世界大战，两位总统被暗杀，一位总统辞职，经济大萧条，冷战，种族动乱，毒品和犯罪盛行。”鉴于美国投入的财力和物力，投入的兵力，以及美国投入越战大约有十年时间，人们会认为只有像袭击美国世贸中心这样的事件，才会迫使美国如此完全投入战争。法国人在印度支那浪费了许多年的时间，最终两手空空，灰溜溜地离开越南，但是现在情况发生了变化。美国越来越关注苏共在东南亚的扩散，而且深信它必须在权利范围内保护那些还没有屈从于苏联的国家。

使美军卷入战争的事件，远没有2001年基地组织攻击纽约世贸中心这么严重，只是1964年8月4日美军驱逐舰在巡逻北越海域时以为遭到袭击，宣称他们绝不会容忍这样明目张胆的挑衅，由林顿·约翰逊领导的美国政府决定使美国插手越南的事务。

事实上，这样的袭击从未发生过。尽管美军起初认为，他们受到了北越的攻击，但是他们很快就发现，他们并没有和敌人交火。错误的报警和报告导致了一片混乱。但是这并未能阻止使约翰逊政府利用这件事的蛛丝马迹，宣布美军遭受袭击，尽管连总统本人及其国防部长罗伯特·麦克纳马拉都不相信这是真的。事情的结果是，美军完全投入越南战场，干预南北越南内战。此举所带来的短期后果是美国战败蒙羞，远期的后果是人们不再认为美国战争机器战无不胜，美国社会内部也出现了严重的分歧。在越战失败后，美国避免采取积极主动的外交政策，并且更加专注于处理国内事务。直到1990年的海湾战争，美国才暂时从越战的阴影中走出来。

官方版本的故事——美军遭到攻击

1964年8月4日晚，美国驱逐舰在北部湾北越水域巡逻，并按照命令搜集电子情报。驱逐舰上的船员非常紧张。因为在此前两天的晚上，他们曾遭到北越的鱼雷快艇攻击，所以他们就密切注视附近是否有敌舰。他们最害怕发生的事情似乎发生了，在美国驱逐舰“马多克斯号”上的一名雷达操作员以为在晚上7点40分，五十八公里外有五艘鱼雷快艇。美国的舰船也收到无线电信号，他们认为这就意味着北越海军即将发动新一轮进攻。

美国驱逐舰“马多克斯号”和驱逐舰“特纳喜悦号”准备战斗。当接近的船只在八公里远时，“马多克斯号”发射了照明弹，照亮了这个没有月亮、被厚厚云层覆盖的漆黑的夜空。当声纳表明船只离驱逐舰只有五公里远时，“特纳喜悦号”用雷达瞄准，用大炮攻击。“马多克斯号”也开始发射大炮，尽管它的雷达并没发现攻击船只。然而，在“特纳喜悦号”上的四名船员和一名在“马多克斯号”上的船员确实报告说看见敌舰的轮廓，而且一名船员声称，他看见一束探照灯划过夜空。声纳也显示有二十二艘鱼雷快艇正在攻击“特纳喜悦号”。

战斗总共持续了大约两个小时。当战斗结束后，“马多克斯号”舰长约翰·海利克给在华盛顿的美国政府拍电报粗略地描述了这次攻击。他在第一次函电中，只是说他们好像被袭击了。太平洋舰队总司令、海军上将尤利西斯·葛兰特在夏威夷火奴鲁鲁急切地发电文回复询问：“你能确认你们确实遭到攻击了吗？”

华盛顿时间凌晨1点27分，海利克回复说：“因为我们有过交战的经历，所以会认为这次有交战，但是不能确定是否有鱼雷发射。这很可能是由于怪异的天气引起了雷达反应，过于心急的声纳操作员应该对这些报告负责。”一个小时后，他很快缓和语气，发电报说:“整个行动留有许多疑问，但是起初我们似乎确实遭到了伏击，建议在白天用飞机侦查。”三个小时后，海利克证实说，他“确定最初的伏击是确有其事”。

在海利克那天晚上的最后一份报告中，他说道：“第一艘接近‘马多克斯号’驱逐舰的船很可能发射了一枚鱼雷，但是发射过程没有被看

在美国驱逐舰“马多克斯号”遭到猛烈攻击后，引发了一系列的事件，使美国向北越宣战

见，但是被听见了。接下来的一系列‘马多克斯号’对鱼雷的报告，还是不能被确定，因为人们怀疑声纳操作员听到的是自己的船的螺旋桨发出的击打声。”尽管有这样种种不确定性的存在，约翰逊总统还是和他的高级顾问们，以及国家安全委员会商谈，开始考虑空袭敌人船舰以及基地。随后，美国国防部长罗伯特·麦克纳马拉声称，他得到的可靠情报（人们普遍认为是通过截获北越电台情报所获得的消息）表明，不仅河内方面计划袭击美国驱逐舰，而且也获知了这次袭击的进展情况。

华盛顿时间8月4日晚11点30分，约翰逊总统下达命令，对北越实施报复性攻击，这是继朝鲜战争之后，美国第一次派兵。几分钟后，六十四驾战斗机从美国海军“提康德罗加号”巡洋舰和“宪法号”巡洋舰上起飞，前往攻击北越鱼雷快艇基地和燃料设施。第二天，《华盛顿邮报》头版头条报道：“在美国驱逐舰第二次遭袭后，美国飞机打击北越；这次行动旨在抑制北越新的侵犯。”

真相——一个大错误惹的祸

在所有关于1964年8月在北部湾发生的一系列事件的种种说法中，有一些事实能够确定。北越方面承认他们的三艘鱼雷快艇确实在8月2日袭击了美国驱逐舰“马多克斯号”。从美国海军“提康德罗加号”巡洋舰上起飞的美国飞机，袭击了北越正在撤退的鱼雷快艇。当美国驱逐舰“马多克斯号”撤退到南越水域，“特纳喜悦号”在南越水域与其会合时，它只有很小的损伤。美国政府接下来宣称，这是一次毫无来由的攻击，而这正是北部湾事件的第一个谎言。

不像之前所说的那样，美国驱逐舰“马多克斯号”在8月2日，只是在进行常规巡逻，事实上它正在进行一次情报搜集操练，配合南越海军以及老挝空军攻击北越。约翰·普拉多在北部湾事件四十周年发表的文章描述，1964年8月2日，美国驱逐舰“马多克斯号”和北越的鱼雷快艇的遭遇战，是由一系列的美国秘密的“34-A”海军突袭北越沿海目标行动所引发的后果。约翰逊政府的高级官员都知道，美国正在进行这样秘密的海军突袭行动，突袭行动和“马多克斯号”的搜集情报之行有一定联系，这种巡逻被称作“德索拖巡逻”。马克纳马拉在某处确实提及了“34-A” 突袭计划，但是坚持说这个计划是由南越政府实施，美国并不参与战斗。然而，许多文件资料表明，他知道“34-A”行动计划，该行动由美国指挥并由美国出资，使用美国海军得到的和修复的船只，攻击由美国中情局发现的目标。南越方面对该行动的投入非常有限，只提供由美国特种兵领导的越南突击队员，一旦有任何差错，南越需要承担行政责任。

舰长约翰·海利克的报告使8月4日晚发生的事情的疑点变得清晰，但是人们还是未免会得出这样的结论：一名胆战心惊过于敏感的声纳系统操作员出现了一个判读失误，其实美军并未遭到袭击。这也得到了北越方面的证实，北越愿意承认8月2日的袭击，但是否认了8月4日的袭击。其他的证据来源于那晚负责领航的中队长詹姆斯·斯托克代尔的叙述。斯托克代尔说：“当晚我占据了最好的位置，我把那天发生的事情看得一清二楚。我们的驱逐舰只是在向幻影目标攻击，那里并没有鱼雷艇……那天有的只是黑色的水面和美国舰只开火的火光。”负责枪支的雷蒙德·康奈尔上尉回忆道：“我们只是来回跳动，想看清楚‘特纳喜悦号’正在攻击的是什么。 我们射击了许多次，但是从严格意义上来说，只是防御战术。”

肯特州立大学大屠杀

1970年5月4日，在俄亥俄州肯特州立大学上演了这样一幕：学生反对越战，政府用军队镇压持不同政见者。

理查德·尼克松在1968年当选为美国总统，承诺结束越战。然而，他尝试更新兵役法，扩大战争，并于1970年4月30日宣布美军已经攻入柬埔寨。得知这个消息后，肯特州立大学的学生开始在5月1日抗议美国入侵柬埔寨，并在接下来的两天中举行了大规模的示威游行，但是形势有点儿失控。俄亥俄州州长罗兹向国民警卫队发出请求，同时在5月3日举行记者招待会，把抗议者称为“非美国人”。罗兹说：“他们比纳粹党党员、3K党员和自卫派还要糟糕。他们是美国的最差的一类人。我认为我们奋起反抗的是美国最强壮的、训练有素和好战的革命团体。”

第二天，大约有两千名学生聚集在大学食堂按计划进行抗议活动。国民警卫队被请了出来，命令学生离开，并使用了催泪瓦斯强行使学生离开。抗议者向国民警卫队投掷石块进行报复。在意识到抗议者不会散开后，一队国民警卫队队员开始用刺刀向学生逼近。起初，国民警卫队成功地驱散了抗议者，但是许多学生很快返了回去，仍然向他们投掷石头。过了一会儿，一些国民警卫队队员用半自动步枪向一群聚集在校园中楼群附近的学生射击，造成四名学生死亡，九名学生受伤。死亡学生中的两名的确参与了抗议活动，而另外两名死亡学生，只是正向教室走去。

在枪击发生后的几天里，游行示威活动在全国范围内展开。在华盛顿特区，十万人参加游行示威反对战争，抗议屠杀参加抗议活动的学生。对许多美国人来说，这种行为代表他们选出来的官员背叛了民众。尼克松政府中的一个官员表达出他对政府当局的怀疑：“这不可能是美国的行为。这不是世界上最自由、最民主的国家应有的做法。美国正在向自己开战。”

其实没有任何确切证据来证实8月4日所谓的袭击。“特纳喜悦号”舰长和四名船员说遭到袭击，他们报告说看到探照灯，看到船只驾驶舱的灯光，看到发射出的子弹打中北越船只而冒出来的烟，还看到了至少一枚鱼雷的航迹。然而，尽管美国海军声称，击毁了两艘攻击的鱼雷艇，但是交战后既没有发现士兵尸体，也没有发现船的残骸。

马克纳马拉的“无懈可击”的证据——截获的北越的情报的誊抄本——在2003年也得到解密。根据一份国家安全档案，约翰·普拉多写的文章讨论北部湾事件，他指出文件清楚地表明，这些电文并不是截获的北越的电文的原文，而只是美军对电文做的综述。由此可见，在夏威夷的太平洋舰队的总司令，或者在华盛顿的美国政府，不可能同时得到截获的原始电文。

因此，约翰逊总统和国家安全委员会决定对北越发动反击时，不可能都已经有新誊写出的电文。他们的决定只是基于旧的提及那晚为派出巡逻舰而做出的准备，以及8月4日晚的事件的自相矛盾的详细的电文。然而，这则信息以及河内否认此次攻击的信息，已经被发送给在美国白宫的总统。很明显总统有疑问，因为他说道：“据我所知，我们的海军只是在对着鲸鱼射击。”但是，事实是约翰逊政府已经决定下令攻击北越；北部湾事件恰恰给他们提供了他们所需要的借口。

错误的多米诺理论

约翰逊政府急于插手越南的争端，主要是受到了苏联共产主义将会蔓延的理论的影响，也就是所谓的多米诺原则。这个理论最先是由美国总统艾森豪威尔提出，他指出：“你把一排多米诺骨牌立起来，把第一块推倒，最后一块骨牌会怎么样？它肯定也会很快地倒下去。因此只要一个地方瓦解，它就会产生一系列深远的反应。”至1960年为止，美国外交政策专家认为苏联寻求在东南亚推动共产主义的发展。他们认为苏联积极地准备颠覆民主国家，并且希望一个国家的崩溃会进而导致其他国家的崩溃，就像倒塌的多米诺骨牌效应一样。美国人认为，他们必须表明反对共产主义的立场，需要在沙盘上和越南划清界限。

然而，整个假设都是基于两个不正确的推论：第一个推论是越南的形势主要是由共产主义掌控；第二个推论是共产主义世界是一个联合起来的敌人。然而事实上，尽管有一些内战的特点掺杂在其中，但是越南的矛盾冲突主要是一场独立战争，首先是反对法国殖民统治，而后反对美国。越南是一个几乎没有任何工业的贫穷国家，然而，由北方的共产党领导的军队，不但井井有条而且非常高效。1955年，当越南民主共和国在南方建立之时，政府没有得到民众的支持，因为其中大部分人想要建立一个统一的国家。共和国的主要支持者是从北方共产主义国家逃出来的天主教徒，但是傀儡政府无法获得民众对它的忠诚。越共成了受到人们追捧的统治越南的政党，他们受到喜爱的主要原因是由于他们正在进行一场独立战争，而并不是因为他们是共产党。在越南内部，与美国的战争被称作“反美战争”，斗争的本质是要结束西方殖民主义在东南亚的殖民统治。

多米诺理论的最主要的错误在于，它的支持者对于在这个地区不同的共产主义国家的关系的理解方式上存在不同。美国人眼中的敌人，是一个庞大的、团结的反对西方的敌人，实际上，这个假想敌只是美国政府的胡思乱想。二十世纪六十年代，中苏关系急剧恶化，两国边境冲突不断。在越战结束后，中越关系也由于越南推翻了柬埔寨红色高棉的统治变得极为紧张，因为红色高棉也是一个共产主义政体，并且和中国是盟友。这也导致了许多中越之间的战争。由此可见，和西方世界一样，共产主义世界也有其内部矛盾纷争。共产主义绝不可能成功策划，一个个地占领东南亚的国家。共产主义在越战结束后，并没能在泰国、印度尼西亚和其他大的东南亚国家立足，这些事实说明多米诺骨牌效应实际上毫无根据。在越南和世界上其他许多地方，美国显然没有区分清楚共产主义和民族主义。每当美国支持一个为了抑制共产主义蔓延的政体，他们所支持的政体，最终总是被当地民众憎恶。因为，他们不可避免地会腐败，并且会侵犯人权，最终引起民众以及军方反对他们的统治。民众转而去支持反对美国的主要政党 ——共产党。实际上，全球共产主义领导只是试图把不受欢迎的外国人从自己的领土上赶出去，他们所想要的是自治。

历史影响

北部湾事件直接引发了越南战争，也许也导致了美国最大的外交政策失误。在战争中付出的代价，庞大到无法估量。在越南，南北分界线两侧，有三百万人在战争中丧命。至少有一百万老挝人和柬埔寨人，也在战争中死亡。由于美国投掷了六百七十万吨的炸弹，东南亚的广大乡村地区遭到了巨大的破坏，而整个二战中，在德国总共才投掷了两百七十万吨炸弹。越战造成的伤害一直延续至今，地雷和没有引爆的弹药，从1975年投掷在西贡后，已经造成了十万越南人死伤。此外，由于美国人在清除越共用来掩护行动的丛林时使用了橙剂（一种臭名昭著的落叶剂），许多在越南乡村地区的人，至今仍然承受着这种化学制剂造成的遗传缺陷所带来的伤害和痛苦。

越战对美国而言，也是灾难性的，尽管是在不同的方面。美国以巨大的代价，把共产主义在越南取得胜利的时间推后了大约有十五年，但是共产主义者最终还是统治了越南。将近有二百五十九万名美国军人曾经在越南战场上战斗过，其中五万八千一百六十九人在战争中丧生，三十万四千人受伤。在1965年至1973年间，美国在战场上花费一千二百亿美元，造成了通货膨胀，使得美国经济受到重创。美国的声望也受到了几乎是致命的打击。战争的程度和凶残损害了美国在世界上的道义领导地位，使美国从二战结束后和欧洲建立起来的紧密联系变弱。

战争在道义上的模糊，使美国的良心受到谴责，美国战败严重挫伤了美国的自信心，并且在接下来的许多年中，一直对国家有极大影响。由于国家在战争中遭受了一定程度的损伤，越南战争成为美国一代人的痛苦回忆。征召国家的年轻人去战斗，使越战在美国不受欢迎，暴力抗议活动和反战游行使约翰逊政府和尼克松政府都感到震惊。为了压制持不同政见的人采取的暴力行为，他们也用暴力方式回应。艾森豪威尔和肯尼迪执政期的乐观景象，都被越战破坏，甚至时至今日，在美国一旦提及越战，都会激起人们曾经的痛苦回忆。由于越战在美国国内不得人心，这也影响到了美国士兵的士气，这甚至对驻扎在半个地球外的、潮湿的丛林中的美国士兵的战斗素质产生了影响。英国作家乔治·弗雷泽曾经和美国士兵一起参加过二战，他认为："……由于美国没有一支训练有素的军队，所以美国必然会在越战中惨败。因为美国士兵并不适合参加军事行动。美国士兵大多是残忍、低级、可恶、神经质、滥用毒品的懒汉，不守纪律和准则……然而美国1942至1945年间的士兵并非如此，他们是好战士。为什么诺曼底登陆时期和太平洋战争时期的良好的军队素质，会下降到如此地步？"

越战的发动者，美国国防部长罗伯特·麦克纳马拉

美国政府很难接受战败的事实，并且所有的美国人都挣扎着想要理清楚美国战争机器失败可能会带来的影响和启示。甚至在当代，美国人仍然在激烈争论美国在越战中失败的原因：是由于军事上的失败，还是由于议会的政治意志导致的？甚至扩大到全美国人的政治上的失败。越战的确说明一个民主国家不可能有足够的国力以及资源无限制地卷入战争，对小国家是这样，对超级大国也是如此。民意、军事力量以及经济实力是决定现代战争结果的主要因素，美国政

府不可能再像在二战期间和朝鲜战争那样，靠盲目的爱国主义把民众召集在一起。

尽管人们一直认为，越战那时在美国非常不得人心，然而，1972年的选举结果却未能体现出人们的这一想法。这次选举是共和党在美国历史上一次最大的胜利，总统理查德·尼克松扩大了美国对战争的投入，引入了一种抽彩征兵方案，这种方案成为众多反战群众攻击的目标。然而在重新选举中，他以达到百分之六十的基础票再次当选。由此可见，绝大多数的美国人对他的执政，以及他对越战的处理抱有信心。

民主国家从越战中所能学到的一课是，如果要在战争中取胜，战争首先要得民心，其次耗时要短。在越战后的几年中，美国仍然受到越战失败的困扰，不愿再采取积极的外交政策。政府也更倾向于关注国内的事务，不愿发展军队，美国政府有时不得不采取一些不太成功的策略来达到目的：比如，美国给叛军堪查斯游击组织提供援助，以推翻尼加拉瓜桑迪诺政府，或者在对格林纳达进攻时，采用简短的精准打击方式。直至1990至1991年的第一次海湾战争，美国新一届政府和新一代人才觉得有足够的自信从越战的阴影中走出来，才在盟军进攻中做首领。在科威特，美国迅速并轻而易举地取得了胜利。在这种愉快情绪下，美国越战战败的阴影才暂时被放置一边。直至第二次伊拉克战争，在美国被拖入战争太长时间后，越战战败的阴影才再次被唤醒，人们并且无法避免地开始把伊拉克战争和越南战争进行比较。

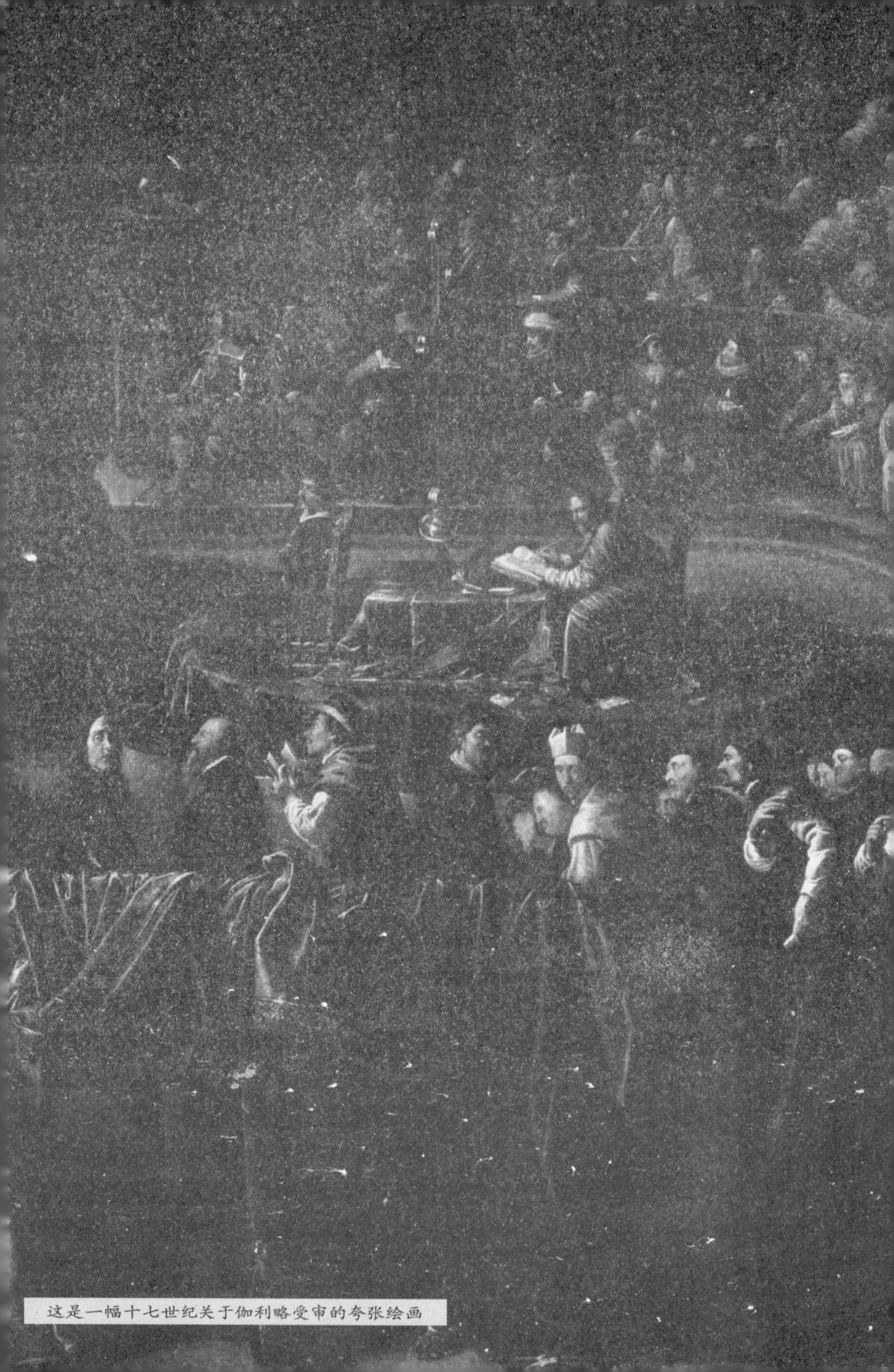

这是一幅十七世纪关于伽利略受审的夸张绘画

第四部分 偷梁换柱

所有真实荣耀都会生根发芽，深入人心，发扬光大；所有虚假伪装都会像花朵一样，最终凋零，归于尘土，不会长久。

——马科斯·图里亚斯·西塞罗

迦太基军事梦想破灭——公元前202年扎马战役

必须摧毁迦太基
（公元前146年）

这株玉米（迦太基）长得太茂盛了，必须摧毁迦太基！

——老加图

不是军队发动了战争，而是政治家发动了战争。

——威廉·威斯特摩兰

谎言

迦太基故意挑衅罗马后，罗马被迫宣战。

真相

在第二次布匿战争后，罗马一心想要进行报复，找了一个蹩脚的借口对迦太基宣战。

主要参与者

玛尔库斯·波尔奇乌斯·加图（老加图），罗马议员首领。

西皮奥·埃米利安努斯，罗马将军。

马西尼萨，努米底亚国王。

流传迄今的故事

在公元前300年，主宰西地中海地区的两支劲敌是罗马和迦太基。内陆强国罗马，最终成功地占领了整个意大利半岛。然而，海上强国迦太基，统治了北非的大部分地区和西西里岛。最终在西西里岛上，两个国家起了冲突，并于公元前264年引发了第一次布匿战争。罗马的海军最初经受了许多次失败，直到其最后成功地阻止了迦太基的援军到达西西里，罗马才得以扭转战局，以西西里军队投降而告终，罗马的军队最终大获全胜。然而，两国的竞争仍然持续着。公元前218年，迦太基杰出的将军汉尼拔率军进攻意大利，第二次布匿战争于是爆发。由于罗马在战场上无法打败迦太基军队，罗马就采用拖延战术，以消耗迦太基军队，最终迫使汉尼拔撤回迦太基。公元前202年，汉尼拔在扎马战役中战败。迦太基在战败后寻求和平，放弃了成为军事帝国的梦想，转而致力于和它的邻居们建立贸易关系。迦太基和罗马有许多贸易往来，然而这却引发了罗马的许多不满……

1985年2月，发生了一件非比寻常的事件，一群穿着考究的外交官和政府官员，在突尼斯的一个山脚下的多功能政府楼里集聚一堂。罗马市长乌戈多·韦泰雷和罗马市参议院一方的领导齐德利·克里比，与迦太基市长签订了一份友好合作象征条约。这份协约的特殊之处在于，它标志着早在两千两百四十八年前就开始的一系列战争的终止。

在公元前264年至公元前146年间，一共有三次布匿战争，这标志着罗马的崛起和迦太基的败落。在突尼斯签约仪式现场的官员备受感动，他们称这次仪式“象征性地尘封了我们最后的相互报复的举措”。但是，假如在二十个世纪前，设计使迦太基败落的负责人能够出席这个仪式的话，看看他将会说些什么，这将会是非常有趣的情景。他会祝贺他的共和国继承者吗？或者监察官加图，是他的偏执促使他操纵罗马人发动了一场针对一个平和的国家的战争，最终毁灭了这个国家，如果他也出席这个签约仪式，他还会宣称“必须摧毁迦太基”吗？

官方版本的故事——迦太基想要发动战争

由历史学家李维概括的罗马的官方观点认为，罗马人发现迦太基人正在建立自己的陆军和海军，直接违反了两国签订的条约。迦太基人却抗议道，他们只是在准备反抗努米底亚（在北非）国王马西尼萨的入侵。然而，在罗马，加图却声称迦太基做的战争准备旨在针对罗马，并派出使节去迦太基调查事情的真相。使节们一到迦太基，就指责迦太基元老院做发动战争的准备，背信弃义，提议当努米底亚和迦太基的仲裁者。迦太基元老院同意了罗马使节们的提议，但是迦太基民众却发动暴乱，迫使罗马使节落荒而逃，这使得罗马元老院确信迦太基肯定要发动针对罗马的战争。

当使节们在迦太基大使和国王马西尼萨的儿子吉律沙的陪伴下从非洲返回后，他们向罗马元老院报告他们看见迦太基似乎在备战。吉律沙宣称他也确信迦太基人正在准备向罗马发动战争。迦太基人建战船有什么用呢？议员们对此问题进行了讨论，这期间加图命令罗马立即向非洲派兵。然而，元老院却投票赞成继续讨论，同时要求迦太基人裁军，让罗马调停努米底亚和迦太基的争端。如果迦太基人不烧掉他们的船只解散军队，罗马元老院将会采取措施，并于次年向迦太基宣战。当罗马使节们带着这些条款再次前往迦太基时，迦太基人拒绝让吉律沙进入，决定不管罗马的要求，直接向马西尼萨宣战。

这个消息传到罗马元老院后，加图勃然大怒，再次决定用战争来解决问题。这次他成功了，一支军队被适时地派了出去。当军队到达非洲后，他们派出使节们去迦太基元老院告知他们罗马已经向其宣战，让迦太基立即投降。投降的条件是，迦太基人必须移交三百名人质，以及他们拥有的所有武器和战争器械，必须拆毁迦太基城，在离海至少十五公里的位置上再重建迦太基城。迦太基人直接驳回了罗马人所有的要求，准备包围罗马人。

由于迦太基城非常大，方圆有三十四公里，罗马人必须一块一块地攻打，一次只能集中攻打一小块区域，罗马人用了三年时间才占领了迦太基城。迦太基存在了七百年后，最终在公元前146年投降。

真相——历史根源

如果说有什么事件能标志着罗马共和国从获得了许多海外领土的鼎盛时期到开始走下坡路，使共和国变得腐败，陷入一片混乱和内战，这个转折点便是第三次布匿战争。

老加图向罗马元老院展示来自迦太基的无花果

布匿战争是古代两个大国之间的一系列战争。战争的一方是经久不衰的迦太基帝国——西地中海的商业中心，它是一块坐落在富饶的土地之上的城市，南部有荒凉的撒哈拉沙漠，北部有温暖的地中海海水。战争的另一方是崛起的罗马，这座城市位于台伯河两岸，跨越七座山。罗马民众赶走了他们的异族的国王，创立了一个共和国。第一次布匿战争（公元前264—公元前241年）是因为两个国家争夺对西西里的控制权。战争之初，迦太基凭着丰富的海战经验占了上风，但是罗马人最终把迦太基人拖垮，并把他们从西西里岛赶了出去，使西西里岛成为大陆以外罗马控制的第一片领土。

迦太基军队发誓要复仇，不久后，即公元前218年，第二次并且是最著名的一次布匿战争爆发。通过这次战争，迦太基人把领土扩张至西班牙，补偿了他们失去西西里岛的损失。对此，罗马非常反对，这激怒了迦太基伟大的军事统帅汉尼拔，迦太基开始进攻罗马。在寒冬里，汉尼拔带领一支由四万名士兵组成的军队穿越阿尔卑斯山，突袭罗马。在穿越过程中，迦太基军队损失近四分之一以上的士兵，三十六头战象仅有一头幸存。尽管如此，他们还是到达了意大利，这标志着罗马人一系列耻辱性失败的开端。

公元前217年，汉尼拔带领军队向南挺进，在特拉西米恩湖战役中大败罗马军队。接着，汉尼拔绕过罗马，向意大利南部行进，以争取盟友。罗马军队任命费比乌斯·马克西姆斯来牵制汉尼拔的军队，但是他采用了迂回战术，想要把汉尼拔的军队拖垮。可是，这种战术伤及了罗马人在军事上的自尊心，费比乌斯·马克西姆斯被任命一年后被解职，由两名执政官替代他的职位，他们决定遵守长久以来所有政治家的传统，承诺速战速决。他们召集了五万名士兵，那是罗马历史上队伍最庞大的军队，于公元前216年在坎尼和汉尼拔的军队决战。尽管罗马军队人数远远超过汉尼拔领导的只有三万人的迦太基军队，但是汉尼拔还是包围了罗马军队，彻底击溃了敌人。据说，当时只有不到一百名罗马士兵得以逃跑。罗马人汲取了教训，重新任用费比乌斯·马克西姆斯，他最终利用迂回战术在意大利拖垮了汉尼拔的军队，在西班牙和北非攻击了迦太基军队。汉尼拔最终在公元前202年战败，结束了战争。

最后一次，也就是第三次布匿战争于公元前149年爆发，罗马民众被煽动攻击一支被包围的迦太基军队。第二次和第三次布匿战争相隔五十年，在这期间，罗马忙于攻占海外领土，摧毁了东部的希腊帝国以及西部的不具备读写能力的西班牙部落。然而，他们所拥有的辉煌和骄傲，使他们不能够忘却他们曾经被迦太基人羞辱，屈服于迦太基人。令人奇怪的却是，一个以军事上的勇猛和纪律严明引以为豪的民族，并不是其军队想要一个羞辱和征服迦太基的机会。在罗马共和国时期，罗马没有守卫罗马城的常备军，在有需要的时候，罗马人才集结军队，从意大利半岛上的各族居民中抽调人员。罗马民众会认为，为罗马而战是一种爱国行为，但是他们本身其实并不想要战争；他们更愿意待在家中，看管他们的农作物和家畜。然而，罗马的政客们，尤其是元老院的中坚力量，成为了战争的主要推动力。

在众多要求再次攻打迦太基的呼声中，最重要的声音来自于议员玛尔库斯·波尔奇乌斯·加图（老加图），他是众多认为罗马的伟大在于人们持续忠于自我否定和崇尚秩序的古罗马理想的罗马政客中的一员。他藐视希腊风格的东部，他谴责所有从地中海引入的外国风俗和奢侈。他尤其批判与奢侈相关联的颓废和无秩序的思想，认为乡村的简单朴素是理想状态。他本人就刻意地穿着普通，还经常模仿乡间农民的行为方式。他很自豪罗马是一个极小的城市，城市非常简单不经修饰，但却可以和东部的宏伟的城市相媲美。

加图认为在个人生活和公共生活中，纪律严明都非常重要。他主张，家庭的力量来源于每个家庭成员的力量，家庭是国家的基础。与此相应，他本人是一个冷酷的丈夫，一位严父，以及一位严厉的主人。他认为在家庭和国家中，不应该有慈爱和温和，他觉得这两种态度会导致国家和家庭的灭亡。爱国热情和对罗马历史与传统的敬重，使他踏上了消灭迦太基之路，罗马人也由此爱戴他。

迦太基的命运

迦太基在第二次布匿战争之后，吸取了教训，不再寻求成为一个军事强国，它成为了一个贸易者之城，重新获得了昔日之繁荣。然而，这却引起了罗马的警惕。罗马人认为一个复兴的迦太基，会再次对他们构成威胁，随着时间的推移，人们对迦太基的怨恨和仇视，变得越来越强烈。罗马人似乎无法容忍迦太基在军事上或者经济上能够与之匹敌，罗马元老院中曾被汉尼拔军队打败了的贵族将领的后代，也不曾忘记他们的先辈所蒙受的耻辱。直至公元前150年左右，罗马人一直很满意他们的盟友努米底亚人在国王马西尼萨的领导下经常进攻迦太基，阻止迦太基复兴。按照第二次布匿战争结束之时迦太基签订的条约中的条款，迦太基被迫放弃了军队，因此，他们不能够抵御努米底亚人的侵犯，这也就意味着迦太基经常失去自己的领土。当迦太基人派大使去罗马寻求帮助时，罗马元老院并没有主持正义，反而支持马西尼萨的既得利益。

随着努米底亚人对迦太基的劫掠次数越来越多，事情到了紧要关头。在第三次布匿战争爆发前四年，迦太基人再次请求罗马援助。罗马人决定利用这次请求来衡量迦太基的实力，派出了由加图率领的一支代表团前往迦太基。从这次行程开始，加图变得关心迦太基的财富以及其周边富饶的地区。因此，在加图回罗马后，他开始着手让民意反对迦太基，尽管当时没有任何迹象表明，迦太基对罗马怀有任何敌对情绪和反对罗马的企图，并且事实上，迦太基人早就在汉尼拔军事扩张失败后，宣布放弃反对罗马的行动。

这位罗马议员现在迫切地想要摧毁迦太基，在他一直等待机会到来的同时，政客们经常谴责迦太基贸易联盟有军事野心。加图公开操纵人们，使他们想要对迦太基宣战。加图在每次讲演时，不论在什么论题的结尾，都会加上一句话："必须摧毁迦太基！"因此，当时的罗马人就相信了迦太基人再次准备攻击他们。这里有一个关于加图在元老院做讲演时，是如何从古罗马长袍里拿出一个利比亚无花果在议员面前摇晃的故事。正当议员们欣赏无花果硕大的果实和漂亮的外观之时，加图提醒他们，这个生长无花果的国家坐船到达罗马只需要三天时间，并告知大家，罗马想要限制迦太基复兴的努力已经失败。

> 当西皮奥看到熊熊烈火吞噬迦太基城时，他哭泣了，并且说出了罗马人的后代认为是预言的一番话："亚述已经毁灭，波斯和马其顿也将同样被毁灭。迦太基正在燃烧，神圣特洛伊灭亡的一天即将到来，普利阿莫斯和其人民将会遭到杀戮。"

罗马人为了挑起他们期待已久的战争，利用迦太基想要守卫自己领土的企图，于公元前151年默许努米底亚国王马西尼萨进攻迦太基。但是这次，迦太基人已经受够了这一切，不能再一味纵容他们。他们集结了一支两万五千人的军队，但这抵御不了马西尼萨领导的饱经战争磨炼的努米底亚人。罗马观察员没有描述那幅迦太基人在面对努米底亚人时的柔弱的景象，而是宣称迦太基人很明显已经违反条约集结了一支军队。罗马对此作出反应，派出一支以发动战争为目的的军队前往北非。他们命令迦太基弃城搬至内陆，废弃的城市由罗马军队夷为平地，以惩罚迦太基人抗令。他们还宣称，迦太基人如果拒绝执行命令，就表明他们正在计划一个针对罗马的军事行动。迦太基人拒绝弃城，认为他们的祖先曾居住在这个城市，他们也将继续住下去，他们的决定并不令人感到惊讶。罗马元老院对此无动于衷，他们把迦太基人的拒绝当成他们宣战的借口，迅速围攻迦太基城。

数位无能的罗马统帅想要占领迦太基城的企图，都以失败告终，迦太基的公民抗击罗马军队围攻长达三年之久。这些将领后来被西皮奥·阿米里纳斯替换掉，他领导罗马军队和迦太基人在近距离猛烈地战斗了六天，以暴风骤雨之势迅速占领迦太基城。罗马人毫无怜悯之心，在迦太基人最终投降后，七十万人的总人口中只存活了五万人。这些凄惨的幸存者被聚拢在一起，当作奴隶卖掉。作为最后的报复，尽管西皮奥反对，罗马元老院仍然下令把迦太基城夷为平地。当罗马人把所有能带走的东西都拿走后，他们拆毁了这座海滨城市，把所有的大型建筑物和城墙都拉倒，并放火使整个城市燃烧了十七天。当西皮奥看着熊熊烈火吞噬了迦太基时，据说他落下了眼泪，因为他预见到自己的国家也将有着同样的命运。

历史影响

随着迦太基帝国最终被摧毁，罗马成为西地中海的主人。在布匿战争中，罗马夺去了许多地区，这些地区改变了罗马共和国的性质，并最终影响到西欧的命运。罗马获得了许多海外省份和地区，这意味着罗马密切和外国人联系在了一起，尽管共和国建立的初衷，并不是去管理一个拥有海外省份的帝国。罗马最初的成功和崛起，主要是由于它是由一个城市构成的小国家，它的政体使其能够非常高效能地处理当地事务。管理一个帝国使所有的一切都发生了改变，也改变了罗马的中坚力量看待自己的方式。这些海外省份成了当地地方总督的玩物，他们残酷地对其进行剥削和掠夺。那些有军事头脑的总督，把他们的领地当作进一步实施针对外国国王进行投机性军事干预的基地，实际上，他们的行动很少得到元老院的赞同。每当他们的既得利益受到其他与之竞争的元老院家族的威胁时，这些地方总督发现他们可以轻而易举地漠视罗马元老院的权威。由于罗马的法律和其先辈的传统联系紧密，罗马没有规定总督的职责的法则，也没有针对腐败的惩罚措施。这是罗马共和国元老院遇到的一个新困境。罗马元老院非常受传统的约束，它无法去应对这些新情况——尤其当这些总督是元老院中的一员之时。一旦共和国变成帝国，有着小镇思维的元老院，迟早将会被唯一的一个统治者所取代。

往地里撒盐

这是一个广为流传的关于迦太基灭亡的故事，但是其真实性令人怀疑。为了确保迦太基在其建筑物和要塞被拉倒之后再也不会崛起，对罗马构成威胁，罗马人往迦太基的土地里撒盐，不让任何农作物在此生长。

这个故事的真实性让人怀疑之处有下列三点。首先，这个故事在任何的古代的文献中都未提及，只出现在二十世纪历史学家的描述中。其次，尽管罗马人有可能用这种方式破坏迦太基的土壤，但这样的举措也会阻碍罗马人继续扩张，因为罗马依赖从北非进口大量的谷物。毕竟，能够得到新的谷物来源是布匿战争后罗马得到的最大的经济利益。最后，盐在古代是一种非常昂贵的商品，如要永久性地破坏肥沃的土壤，需要大量的盐，罗马有可能得到的实惠将远远不及其投入的经济花费。正如罗马历史学家指出："有些人可以不追求金银财宝，但是所有的人都需要盐。"

随着得到越来越多的海外省份地区，罗马的财富也极大地增加了，这意味着地方总督们可以史无前例地影响罗马共和国的政治程序。元老院候选人在竞选中可能会遭到谋杀，政治集团开始利用城市的暴徒，迫使其反对者听命于他们。这些行为起初都得到了容忍，最终元老院认为有必要用暴力来拯救"共和"。不能够用合法的渠道来阻止立法改革的议员们雇佣暗杀者，利用贿赂以及虚假指控等手段来达到目的。改革者发现他们的立法过程受到保守势力的阻碍，于是他们就利用罗马下层民众日益增长的失望和愤怒的情绪，以暴徒的形式来恐吓元老院；他们用的另外一个方法，就是寻求将军的干预，因为将军们不再认为阻碍改革的元老院有任何作用，另一方面，他们也想在退役后改善自己的生活。

由于罗马公民被越来越频繁地召集去打仗，这就意味着罗马军队的支柱——农民，再也无法高效地管理自己的农场。许多农场被迫出售，被当时富裕的议员买下。这些事实不仅改变了军队的构成，并且改变了共和国的本质。从前的战士（来自于农民）是出于对罗马的爱国之情而战斗，新的军队跟随他们的将军为了战利品而战，士兵永远受雇于军队。这些职业军人形成了只忠于自己的指挥官的核心群体，他们永久性地失去了对共和国的忠诚。

最终，元老院未能制定出新规则来管理海外省份，掌控指挥官及其军队，这造成了共和国的衰亡。元老院准备对最厚颜无耻的罪行视而不见，避免指控犯罪的他们的同伴、支持者以及元老院成员。迦太基战争和东部战争致使罗马共和国腐朽没落，使罗马公民都反对共和国政府。

当罗马人最终选择西皮奥·阿米里纳斯来结束对迦太基的包围之后，督察官加图称赞他说："他是唯一有脑子的人，其他人都只是过往的影子。"

在一个世纪的内乱之后，公元前27年，奥古斯都成为罗马帝国的第一任皇帝，他征服了元老院，开始拆除陈旧的政府机器。他的做法得到了下层各阶级人的赞同，这是一场他们在布匿战争结束之后就一直期盼的变革。由此可见，罗马共和国获得海外省份和其最终的衰落灭亡，有着直接的联系。内战使罗马共和国一片混乱，独裁者和古罗马执政官最终征服了共和国，使罗马共和国在其自身的矛盾中崩溃。所有这一切，都是罗马共和国为了满足其攻占其他领土的野心及讲述的谎言所带来的最重要的历史影响。

尽管共和国被毁灭了，但迦太基战败使得罗马进入扩张阶段，并最终使罗马创立了一个以某种形式存在了一千五百年之久的帝国，直到1453年，东罗马帝国才被推翻。正是这个帝国，而不是其他任何制度，勾勒了我们今天所看到的欧洲的轮廓。罗马帝国使欧洲在历史上首次在许多方面都得到了统一，包括语言、法律和习俗，也给欧洲公民一种共同的命运感，就算罗马帝国的西半部分脱离之后，对此也没有什么改变。无论是通过天主教或者欧盟，罗马帝国的影响一直延续至今。

引发最后一次布匿战争的一系列事件，有着重要的历史影响，给我们提供了一个靠煽动民意引发战争的经典案例。显然，加图是一个完美的政客，他一直呼唤人们的爱国热情和正义感，并蓄意把迦太基解释成是对罗马的一个威胁。他所用的这些技巧在历史的长河中被人们使用了无数次，今天的人们也仍然在使用这些方法。

努米底亚国王马西尼萨的半身像，
他攻打迦太基，引发了第三次布匿战争

1099年7月，彼得·德西德里乌斯力劝十字军战士攻击耶路撒冷

第一次十字军东征——我能从中获得什么（1099年）

这座位于世界中心的圣城（耶路撒冷），现在由基督教的敌人——那些不知道上帝的异教徒霸占。因此，她寻求得到解放，不断地哀求你们前去救助她。她尤其想要得到你们的援助，因为正如我们所说的那样，上帝已经赋予你们优于其他任何国家的特权，拥有无比的荣耀。如果你们热切地踏上这次征程，你们的罪孽就能得到赦免，你们肯定也会在天国中得到不朽的荣耀……

——教皇厄本二世

每一次战争都是市场以及势力范围的争斗，每一个战争都像交易一样被出售给职业的骗子和宗教狂热分子，正如圣战士兵宣称为了从撒旦和邪恶手上拯救上帝和善良。

——罗伯特·安东·威尔逊

谎言

第一次十字军东征的军队由虔诚的想要给圣地带去自由的朝圣者组成。

真相

第一次十字军东征的军队由小偷、谋杀犯、强奸犯、土匪组成，他们旨在征服领土以获得战利品。

主要参与者

教皇厄本二世，天主教会领导人。

亚历克修斯一世·康尼努斯，拜占庭帝国皇帝。

图卢兹的雷蒙德伯爵，第一次十字军东征的领导人。

流传迄今的故事

巴勒斯坦和广大中东地区在伊斯兰军队占领其大部分区域之前的

三百多年里，一直都是信奉基督教的地区。公元634年，伊斯兰军队从东罗马（拜占庭）帝国手中夺过该地区的控制权。拜占庭帝国在接下来的四百多年的时间里，一直在进行无谓的战斗，试图保卫它的领土。至公元1000年，拜占庭帝国已经收复了许多在前几个世纪的失地。然而，在公元1071年，拜占庭帝国的军队在曼兹科特（现代的土耳其）的战役中遭受了灾难性的惨败，受到了重创，从此帝国就开始受到穆斯林土耳其的侵略。拜占庭帝国向教皇求助，称他们在圣地受到迫害，他们需要军队介入，以挽回局势。拜占庭帝国想要得到一支军队，以收复土耳其人抢占的领土，或许还能使他们像他们的罗马祖先那样重新统治圣地。然而，事情却完全是另外一番情形……

圣战战士纵横沙场去解放传说中的耶路撒冷的形象，深深地铭刻在西方基督徒的脑海里，已经有近千年的时间。关于骑士的故事代代相传，传说中骑士的盔甲在太阳底下熠熠发光，他们威武的旗帜迎风招展，他们英勇的形象出现在民间说书艺人讲述的民间传说中、寓言故事中，以及中世纪传奇故事、历史故事和史诗电影中。

故事中呈现的是一项充满骑士精神和英勇行为的神圣事业；在上帝的名义下，十字军有个人牺牲精神，为荣耀而战。但是如果深入挖掘这些传说故事，事实却完全是另外一番景象。传说中由骑士和虔诚的朝圣者组成的军队，原来是由谋杀犯、小偷、纵火犯和强奸犯组成，这些人都是社会中的人渣。他们这群人响应了十字军东征的号召，去清洗自己的罪孽，是他们这群人把第一次十字军东征变成了可怕的大屠杀。第一次十字军东征的历史影响是，从此穆斯林和基督教徒彼此不再信任，而且这种不信任一直延续至今。

官方版本的故事——使圣地获得自由

1095年3月的一个寒冷的春天早晨，一群人到达意大利北部城市皮亚琴察，这种模样的人，自从两百多年前查理曼大帝加冕后，就从未在西欧出现过。原来，他们是拜占庭帝国皇帝亚历克修斯一世的使节，他们到这座城市是为了向教皇厄本二世求援，以打败塞尔柱土耳其人。塞尔柱土耳其人是占领了部分圣地（现代的以色列和巴勒斯坦）的穆斯林，在圣地，他们被指控使基督教朝圣者遭受各种方式的侮辱。

厄本二世看到这是一个拯救长达四十年之久的东西方基督教宗教大分裂的契机，于是，他于1095年11月在法国克雷蒙召集会议。在召集的贵族和牧师面前，厄本二世敦促所有基督教世界虔诚的朝圣者们，为基督耶稣拿起宝剑去战斗，重新从穆斯林占领者手中夺回圣地。

教会的庞大笨重的机制迅速运转起来，以响应这一号召。在欧洲，从西班牙至德国，从西西里岛至苏格兰，所有的牧师及修士们开始宣传号召基督教徒立即行动，去收回亵渎神灵的非基督教信徒所占领的圣地。如隐修士彼得和赤贫者瓦尔特讲述了许多野蛮的和过度夸张的关于穆斯林对到耶路撒冷和其他中东地区的基督教朝圣者实施种种残暴行为的故事，其中有一些故事确实是真实的，这引发了人们对十字军东征的狂热。

为了激励人们加入十字军，教皇对所有参与者给予全大赦，这就意味着他们在死后，待在炼狱的时间将会缩短。成千上万来自社会各阶层的人，从农民到工匠、牧师以及少数贵族，都响应了号召。最终，总共有大约五万人的十字军，其中包括七千名骑士，分成许多支小队伍，从欧洲前往拜占庭首都君士坦丁堡。

这支军队由三位伟大的贵族领导。第一位是图卢兹五十六岁的雷蒙德伯爵四世，他是十字军中年纪最长、最富有、也最虔诚的一位，他曾在西班牙和穆斯林对战了许多年。第二位是奥特朗托的勃赫蒙德一世王子，诺曼人，他是在所有贵族中最具有军事才能的一位。他身高一点八米，金发碧眼，使别的十字军成员都显得矮小。作为十一世纪八十年代拜占庭战争的老兵，他经验丰富，尤其在实施艰难的围攻方面有丰富的经验，这对即将到来的战役起着非常重要的作用。最后一位是布戎的戈弗雷，他是查理曼大帝的后代。

当这些贵族、国王的兄弟们带领骑士们骑马率先进入君士坦丁堡时，给人们留下了深刻的印象。他们的出现，使得这么庞大的一支队伍在行进中几乎没有遇到什么阻碍，尽管他们偶尔遭遇过劫掠，但这是非比寻常的事。十字军一到君士坦丁堡，皇帝亚历克修斯一世就安排他们坐船渡过博斯普鲁斯海峡到达小亚细亚，在那里十字军开始行动。在1097年十字军攻占了尼西亚之后，他们继续向安提阿（属于今天的土耳其）前进。在孤注一掷的八个月的围攻之后，他们攻破了安提阿。1099年，他们踏上前往耶路撒冷的征程，但是在安提阿战役中经历了艰苦的战斗之后，十字军的士气无比低落。

当十字军最终于1099年6月到达耶路撒冷的城墙前时，军队的士气得到了极大的鼓舞。同时一位叫作彼得·德西德里乌斯的牧师宣称，他从一年前去世的勒皮主教阿希马尔那里得到消息，他的魂魄告诉彼得，十字军必须使自己从这个腐朽的世界中解放出来，摒弃罪恶，在耶路撒冷的城墙前光着脚走一圈。彼得还告诉十字军，上帝许诺耶路撒冷在九天之内就能攻破，就像耶利哥（约旦一古城）败给约书亚一样，因为约书亚相信上帝的承诺；如果十字军未能按照阿希马尔的魂魄指示的那样去做，上帝就会使十字军有更多的厄运。

因此，1099年7月8日，十字军就按彼得·德西德里乌斯指示的那样，开始绕着耶路撒冷的城墙走上一圈，全程五公里。七天后，也就是7月15日，十字军推倒部分城墙，进入耶路撒冷城内，结束了包围。对十字军来说，这就是一个奇迹，就像以色列人渡过红海一样，被当成是他们的行动得到了上帝的帮助和认可的神迹。另外的一些奇迹，加深了人们的这一信仰。比如，在安提阿十字军找到了神圣矛（曾刺穿过基督之身）；来自亚克斯的罗马主教阿诺夫在占领耶路撒冷之后，发现了真正的十字架（基督耶稣受难的那一个十字架）。

在攻破耶路撒冷以及平息了所有的反抗后，十字军让来自图卢兹的雷蒙德伯爵四世当耶路撒冷的国王，但是他拒绝了，说他不能在基督耶稣戴着满是荆棘的皇冠的地方，戴一顶金子做的皇冠。于是，来自埃泽萨的鲍德温代替雷蒙德伯爵四世被选为耶路撒冷的国王。当他们在胜利后的第一个晚上在圣墓教堂的拱形顶下主持弥撒时，当时在场的十字军没有一个会预测到，他们只占据了这座圣城八十八年，最终在1187年被穆斯林英雄萨拉丁驱逐出去。

真相——牧师和贵族

然而，事实真相和上面描述的正统版本的历史事件截然不同。尽管那时候以及现在的人们宣称十字军是由虔诚的朝圣者组成，东征的主要目的是要使圣地获得自由。对于牧师、修士和教皇而言，其实是对东正教的猜疑激起了他们策划和实施第一次十字军东征，他们把有着和他们同样信仰的基督教同胞们，视为比占领耶路撒冷的穆斯林对他们更大的威胁。

教皇厄本二世——罗马主教、天主教教宗、王子的使徒、普世教会的教宗、上帝的最低下的仆人（罗马教皇的自称），是一个有着坚定的决心、处事灵活并善于利用外交手腕的人。那时，教皇是欧洲社会至高无上的领导人、古罗马皇帝的继承人，欧洲社会上至国王，下至农民，都遵守他制定的法律。但就在二十年前，教皇格里格雷七世——厄本的前任教皇，为了迫使神圣罗马皇帝向他祈求原谅和服从教皇，把罗马皇帝开除出了教会。厄本是一个精明的政治家，他把十字军东征看作是把拉丁教会（即罗马天主教）扩张至东部的希腊的一个契机。

皇帝亚历克修斯一世在寻求帮助时，他的处境危机四伏。其实，这也是意料之中的事情，因为他继承的是一个濒临崩溃边缘的国家。亚历克修斯是基督教东罗马帝国（现在人们普遍称为拜占庭帝国）的统治者，他的国家和穆斯林一直打了四百多年的仗。

其实情况在历史上并不总是那么糟糕，到1071年时，穆斯林和拜占庭基督教之间的政治和军事局势一直都相对平稳。然而，在国家经历了数位无能的拜占庭皇帝统治，以及在曼兹科特（属于今天的土耳其）战役中被塞尔柱土耳其人打败后，小亚细亚的大部分地区都输给了穆斯林。

1076年，土耳其人攻占了耶路撒冷，情况变得更加糟糕。亚历克修斯一世登上皇位时，拜占庭帝国已濒临灭亡。非常时期就需要采用非常手段，亚历克修斯派出使节去向教皇求助，以求教皇能帮助他们收回失守的拜占庭领土，减少来自塞尔柱土耳其的威胁。由西欧国家组成的西方的拉丁地区（由罗马天主教会领导）一直都蔑视东部的希腊（由东正

穷人组成的十字军

十字军损失惨重的先头部队被称为所谓的穷人的十字军。教皇厄本二世原本希望欧洲的贵族会响应他的号召，但是他首先得到的却是一支由十万农民组成的军队，其中大部分人没有战斗技能，甚至包括妇女和儿童，这群人由骑着一头驴和身着简单衣服的隐修士彼得率领。

这支十字军最初颇为顺利，其成员一路劫掠，穿越了匈牙利和拜占庭的领土。当这支衣衫褴褛的军队最终到达君士坦丁堡时，皇帝亚历克修斯一世不知道该拿他们怎么办。因此，他迅速地打发这支队伍去小亚细亚，建议其成员不惜一切代价要避开土耳其人。然而，他们忽视了他的建议，遭到了杀戮，最终只有几千人返回君士坦丁堡，加入了几个月后组织有序的第一次东征的十字军。

教领导），这次求助更加证实了他们的想法，显示出拜占庭帝国到底有多孱弱，也显示出皇帝谈判的资本少得可怜。

罗马天主教会的高级教士们认为希腊是分裂教会者，他们固执地拒绝接受认可教皇至高无上的地位，此举威胁了世界教会的统一和稳定。罗马天主教牧师们对任何和他们的信念相背离的观念都无法容忍，甚至关于在圣餐中用加酵母的面包，还是用不带酵母的面包这样极其无关紧要的差别都难以容忍。因此，他们笃信对基督教世界最大的危险来自于

内部的敌人，而不是外部的敌人。

1054年的宗教大分裂让罗马教会深信为了保证统一，罗马教会需要共同努力把罗马教会的信仰贯彻给东正教会。因此，尽管厄本二世宣称，十字军东征是为了兄弟互助和友好睦邻关系，实际上十字军宗教领袖的真正的目标，是要把罗马教会的信仰强加给希腊东正教。

当亚克斯的阿诺夫——法国十字军的牧师，在1099年当选为第一任耶路撒冷的罗马总主教，忽略所有希腊总主教的要求时，罗马教会的目的更加突显出来。甚至当教皇宣布阿诺夫不合格做总主教后，又一位罗马高级教士代替他做了总主教。罗马教主试图在所有的十字军中间，执行罗马天主教的仪式，禁止在圣墓教堂举行任何非罗马天主教的弥撒仪式，进一步孤立叛离的希腊东正教徒。这只是一系列使东正教听命于罗马天主教会的努力中的第一步，最终的目的是要转变所有的东正教基督徒，使他们皈依罗马天主教，采用罗马天主教的仪式。

领导十字军的贵族们也未能达到人们对他们的期望值。他们远非理想中的认为基督教的职责是为了把圣地从穆斯林手中解放出来的皇室宗亲。事实上，他们是唯利是图的机会主义者，他们认为十字军东征是他们在东方创立自己王国的契机。图卢兹的雷蒙德伯爵四世管理才能极差，并因沉溺于女色而臭名昭著。他极其仇恨穆斯林，在西班牙的一场和摩尔人的战役中失去了一只眼睛。奥特朗托的勃赫蒙德亲王非常残忍，不择手段，脾气变化无常，有着要占领拜占庭帝国的野心。布戎的戈弗雷因曾经和一头大熊摔跤而扬名；一个贝都因阿拉伯人要求他杀死一头骆驼，他用剑劈了一下，就把骆驼的头砍了下来。他们都是强悍并有野心的人，他们都想为自己争取荣耀、领土、财富，以及一个能传给自己的子孙后代的王国。在欧洲本土，他们很少有机会使这样的野心成为现实。然而，在欧洲确有这样的先例，他们都见证了他们的同胞们1055年在意大利南部以及1066年在英国建立了王国。

尽管大部分小贵族（指介于平民和贵族之间的这群人）在十字军东征结束后也许想返回自己的家园，但这些皇亲国戚们千里迢迢赶到巴勒

教皇厄本二世主持法国克莱门特市政厅会议

斯坦，在历经三年的艰辛，用尽了钱财和军队打败穆斯林后，如果让他们立即就把所占领的领土交还给拜占庭，然后就这样返回家园，这是会让人觉得非常难以想象的事情。事实上，分裂的破坏性从一攻克安提阿就开始显现出来了，以典型的十字军的方式，他们花了长达六个月的时间为谁该拥有这座城市而争吵不休。最终安提阿由奥特朗托的勃赫蒙德掌控，他甚至在十字军行军至耶路撒冷之前，就自封为安提阿亲王。

最终占领耶路撒冷之后，法国和诺曼的骑士领袖们决定不把占领的圣地归还给拜占庭帝国，他们要创立自己的小王国。亚历克修斯一世发出了无数封愤怒的信件，一再提醒十字军曾经发誓要把领土归还给他，但是骑士们对此都置之不理。对于牧师们和第一次东征的十字军的贵族而言，这个结果是非常令他们满意的。

小偷和罪犯

然而，牧师和贵族仅占十字军总人数很小的一部分。历史主要记载了十字军的领导层，却遗忘了十字军的大多数成员，其实，大量的平民构成了百分之八十的步兵，这与普遍的对他们的描述大相径庭。成千上万的平民响应了十字军的号召，但这些平民到底是些什么人呢？那时欧洲大部分城镇都居住着农民、工匠、商店经营者和其他一些商人，但是并不是这些人响应号召，拿起武器为宗教而战。其实，教皇厄本二世应该对此种现象负责任。

> 据说，阿克萨清真寺是先知穆罕默德升入天堂的地方。

教皇在号召基督教信徒进攻异教徒的过程中，曾许诺全大赦所有的参与者。在一个把得到上帝的拯救看作无比重要的时代里，这实际上就意味着能免费进入天堂，只要一个人能够悔改和忏悔，他就将不会进入炼狱中受苦。那么，实际上是哪些人最需要这张神圣的“无罪赦免”卡呢？从逻辑上来看，是那些在生活中犯了罪的人，罪孽越深重，他们就越迫切想要得到赦免，所以大量的小偷、谋杀犯、纵火犯、强奸犯，以及其他犯了重罪的人响应号召参加十字军，也就是情理之中的事情。不像富有的贵族和牧师，他们这些奔赴战场的人，几乎什么都没带，常常只有穿着的衣服和一些武器。

据曾经写过十字军东征编年史的提尔城的大主教威廉所述，十字军中只有少数一些骑士，其中大多数人都只拿着非常原始的武器，比如斧头、匕首和少量的剑；他们几乎没有马匹和行李马车，历经千难万苦，从西欧全程徒步走到巴勒斯坦。大多数平民步兵，都有一些共同特点，都有过犯罪史，有反社会的倾向。

罗马教会忽略了他们的罪行，这些曾被教会定为是敌人的人，都被释放出来，因为这样做符合教会的利益，吸引了这类人参战。由于这类人在十字军中有好几万，他们就成了十字军的支柱，他们也犯下了难以避免的恶行，在耶路撒冷屠杀了所有的居民。他们在耶路撒冷，一个人都没有留下，无论是穆斯林、犹太人或者是东正基督教徒，他们一概全部杀死。许多穆斯林在圣殿山上的阿克萨清真寺防守失败后，尽管诺曼贵族坦克雷德已经给他们提供庇护，但是其他十字军在第二天早上仍然残杀了所有的人。许多犹太人聚集在圣殿山哭墙的犹太教堂，以寻求安全，但是他们连同教堂一并被十字军烧成灰烬。一些人认为在中世纪战争中，这种行为是常态，或者认为一支由宗教狂热分子组成的军队迫切想以上帝的名义杀戮，这些行为是难以避免的，但是事情显然本非如此。事实上，他们的行为是罪犯行为，他们对中东和世界历史的进程，造成了深远的影响。

历史影响

第一次十字军东征是基督教教会军事化的第一次真实的范例，这对好战的占据优势的穆斯林作出了回应，具有重要意义。几个世纪以来，罗马教会一直都支持政府的非宗教武装为“正义”而战，但是这是罗马教会第一次参与策划和实施一场战争。

创立军事修士会，例如圣殿骑士团和医疗骑士团，保卫了罗马教会的利益，抑制了迅速扩张的违背上帝的“就像上帝爱你那样彼此爱护”的命令的穆斯林势力。然而，伊斯兰教提供了一个现实的范例，它是一种结合了军事意识形态和一种攻击性的理论基础的宗教，这也就意味着基督教教会必须要跟风模仿，否则就会被摧毁。圣殿骑士团是由从整个欧洲吸收的一些小贵族组成的修士会，他们在第一次十字军东征成功后出现，他们的纲领是保卫圣地和朝圣者。医疗骑士团是成立得较早的一个组织，于公元600年建立，是负责管理收治病人和贫民的医院。他们也在第一次十字军东征之后，被改变成一个军事修士会，并保留了之前的作用。这些军事修士会，成为教皇权力广泛建立的基础。

第一次十字军东征的一个影响就是，中世纪教皇权力建立了起来，成为一个既为上帝服务，又为皇帝服务的组织。教会通过军事手段发展成为一个世俗权力机构，这一发展引起了一系列严重的后果，其中对教会最具灾难性的后果是，由于有一些人呼吁基督教教会回归最基本的教义，天主教会在改革中从基督教世界中脱离出来。

在十字军东征的一系列行动中，新教批评家，比如马丁·路德指出了天主教会犯的明显的错误。他们谴责狂热的牧师和僧侣用虚假的神迹和神物愚弄人民，谴责颁发免罪符的做法，认为这是一种无知的、非圣经所示的迷信。尤其重要的是，他们谴责教皇把十字军当作工具，企图控制基督教世界。

尽管如此，神圣基督教战士为上帝而战的神秘和真正的信仰，在新教徒和天主教徒心中都产生了巨大的影响。尽管新教改革者怒斥教皇提倡十字军东征，他们却很乐于采用十字军的理想，以激励他们的追随者从事上帝的事业清洗教会和世界。在英国内战（1638-1651）中，苏格兰誓约派的行为很能够体现出他们对十字军的行为的效仿。他们共同认为他们自己是上帝的真正的追随者，新教教会归正会的真正成员，这一信念把他们团结在一起，他们决心把长老会教义带进英国国教，推翻半教皇制的英国国教。为此，他们入侵英格兰，代表议会中的雄辩家反对查尔斯国王和主教进一步推进他们的宗教改革进程。

尽管誓约派可能并没有认为自己是“十字军”，但他们的确认为自己是为上帝而战的基督教战士，是真正反对恶魔的人，他们是真正能够很好地接受十字军理想的神话的人，这是他们模仿教皇建立十字军的目标——通过军事力量实现宗教统一。正是基于这一原则，使得新教徒和反对宗教改革的天主教徒之间进行了战争，在十六世纪、十七世纪和十八世纪，数以万计的的人因此丧命。

> 勃赫蒙德亲王来自奥特朗托——一座位于意大利像靴子形状的版图上的后跟位置的小城。非常具有讽刺意味的是，在他当政的前十年中，在亚历克修斯一世统治的拜占庭帝国的战争中战败了许多次，但他竟然响应了亚历克修斯的号召去帮助他。

十字军的影响甚至延续至今，这种强势的基督教对所有的原教旨主义基督徒仍有非常大的吸引力。他们把伊斯兰教视为对西方犹太基督宗教生活方式的一种威胁，他们的偏见，由伊斯兰极端主义分子犯下的罪行得到了进一步强化。他们把十字军东征看成是对他们的祖先和西方生活方式的一种爱国行为和正当防卫。

美国作家詹姆斯·鲍登在一本福音保守派组织的出版物《复兴美国》中论述道：

> 十字军东征是西方的战略反击。“十字军东征”一直到现在都是一场高尚的战争的代名词。自由的世俗主义者和懦弱的基督教徒如此憎恶基督教保守派，以致于他们都宁愿看到穆斯林统治西方，而不愿意让西方基督教福音派控制他们。他们推动多元文化，对十字军进行咒骂……在福音十字军击败穆斯林之前，美国必须面对穆斯林难以和解的敌对情绪和无法满足的需求。

对十字军这种错误的诠释，影响着穆斯林看待西方人的态度。第一次十字军东征的残忍，以及认为十字军是由普通基督教徒组成而非罪犯组成的错误观点，使得许多穆斯林仍然不信任基督教徒。关于耶路撒冷大劫的故事，一直在家族中代代流传至今，耶路撒冷遭到包围后的十字军的残忍血腥，强化了而且仍在继续强化着穆斯林对基督教徒和西方人的态度。

这种态度在基地组织领导奥萨马·本·拉登的思维中，可以很明显地体现出来。他在接受美国有线电视新闻网采访时，表明圣战是一种职责，圣战有许多方面，其中包括要联合起来反对基督教最新的十字军东征。他还强调说，这是一场会反复发生的战争，并把布什的行动描述成一种升起十字架继续进行的——由狮心王理查和法国国王路易、德国皇帝腓特烈一世最初倡导的——十字军东征。

1633年伽利略·伽利莱在梵蒂冈的宗教法庭面前

伽利略和耶稣会会士
（1633年）

当上帝创造出的自由的头脑被迫盲从于外部意志时，当我们被告知要否定自己的感官而受其他人奴役时，当无能的人当选为评判专家的评委，随心所欲地对待专家时，谁不会怀疑这将导致一片混乱呢？这些新奇的现象最终将会导致全体公民的毁灭和国家的覆灭。

——伽利略·伽利莱

伟人总会遭遇到庸人的强烈反对。

——阿尔伯特·爱因斯坦

谎言

教会迫害伽利略是由于他提出了地球绕着太阳转的理论。

真相

教会迫害伽利略是由于他惹怒了一些有影响力的耶稣会会士。

主要参与者

伽利略·伽利莱，意大利天文学家。

教皇厄本八世，天主教领导人。

霍雷肖·格拉西神父，罗马耶稣会大学数学教授。

流传迄今的故事

公元十七世纪，罗马天主教教会内部进行改革，希望避免“宗教改革运动”之类的行动带来的进一步破坏。罗马天主教会在十六世纪三十代和四十年代的宗教改革运动中受到了重创，1563年，他们用特伦特会议[①]更正了教会内部的不正之风，试图保证其教义完整和一致。作为保证一致性的标志之一的就是，神学家认为教会应该保持一致的观点，即

① 指罗马教廷于1545至1563年期间在北意大利的特伦特城召开的大公会议。此次会议乃罗马教廷的内部觉醒运动之一，也是天主教反改教运动中的重要工具，用以抗衡马丁·路德的宗教改革所带来的冲击。

地球是宇宙的中心（一种由哲学家亚里士多德提出的“地心说”的理论）。“地心说”由托勒密于大约公元150年提出，教会一直认为这一理论是真理。这个理论在一千多年中从未受到过质疑，直至波兰天文学家哥白尼在1543年出版的一本书中宣称，地球不是宇宙的中心，他认为地球以及其他星球都绕着太阳转（又名“日心说”）。尽管当时哥白尼的理论遭到了官方一些人的批评，但是教会本身并没有采取正式行动反对“太阳中心说”，直至六十多年之后，有人利用望远镜遥望夜空，继续推广哥白尼的理论……

对于现代人来说，我们很难想象那个人们不知道地球的本质以及和太阳系的关系的时代。我们现代人都理所当然地认为，地球是一块在真空里运行的石头，地球和其他行星都绕着太阳转。然而在好几个世纪里，由太阳和其他行星表演的空中舞蹈，却被以不同的方式诠释。在人们脚下的地球表面的固态，以及通过人们的观察，所有理性的人都认为地球是固定的位于宇宙中心的物体，宇宙中的其他物体都绕着它旋转。人们的这种信念的根源，在今天仍可以看得出来。当人们说起太阳从东方升起时，就意味着太阳从天上升起来，而不是从我们的星球。对于那些接受“地球中心说”的人而言，很自然地会认为有某种神掌管我们的家园，使其保持在天的圆顶之下。

当公元十七世纪这一理论受到挑战时，人们的反应各不相同。有些人欢迎并接受了这一新科学观点，而另一些人则立即跳出来反对，并想使人们不相信这种观点，甚至消灭这种观点。其中最著名的挑战来自于意大利天文学家伽利略·伽利莱。他与天主教教会的斗争，成为了现代伟大的斗争的缩影：科学和迷信的斗争；理性和宗教的斗争；文明社会和要让任何敢于挑战他们的世界观的人沉默的宗教权威的斗争。

但是，如果认为伽利略是由于支持“太阳中心说”而遭到了迫害，其实是一种错误。事实上，教会最初支持伽利略提出的这一新观点。而他的厄运是由于他蔑视了评估他的理论的宗教权威带来的后果——宗教权威不再对评价他的观点感兴趣，由于他的傲慢，他们转而想要毁掉他。然而，这一传说却流传了下来，结果人们认为教会曾是，并且仍然是所有追求真理者的敌人。

官方版本的故事——伽利略是宗教异端

1610年1月7日的清晨，一位身材矮小的四十四岁的大学讲师，兴奋地在意大利帕多瓦城的狭窄的寒冷的街道上跌跌撞撞地走着，他的手里紧紧攥着一张羊皮纸，上面记录着一个他希望能够使他成名的令人振奋的发现。这个人就是伽利略·伽利莱，他刚刚发现了木星的三颗卫星——爱我、欧罗巴、卡利斯托，但是真正令他兴奋和具有开创性的发现是，这几个卫星时而出现，时而消失，伽利略认为这一观察数据显示，这几个卫星跟在木星后面。伽利略由此得出结论，这几个卫星实际上绕着木星转。在那个星期的后几天，当他继续观测的时候，他又发现了一颗木星的卫星，他把它命名为加尼米德，它也和他发现的前三颗卫星一样跟在木星后面。这个发现的重要性在于，一个行星有更小一点儿的天体绕着它运行，这是证明哥白尼理论的正确性的第一个真正的证据，从而证明了"地心说"——在天空中所有的天体都是围着地球转的理论——有着致命的错误。

在同一年的下半年，伽利略搬到了佛罗伦萨，他提出金星表现出了全位相，和地球的卫星——月亮相似，都有着这些位相：月牙、上玄月、盈凸月、满月等，这进一步证明了托勒密"地心说"模型存在问题。正如哥白尼预测的那样，金星绕着太阳转的轨迹使其照亮了它的表面，这主要取决于它在这次行程中处于什么位置。伽利略受到了他自己的许多发现的鼓舞，出版了一本简短的书名为《恒星使者》的专著，论证了他的出人意料的观测结果，以及这些结果似乎推翻了托勒密和亚里士多德的宇宙论。

不久后，伽利略就被指控为宗教异端分子。根据修士们和神学家按字面意思对《圣经》的解读，他们攻击伽利略的发现和他的阐释。伽利略最坚定的反对者就是佛罗伦萨的弗赖尔·卡奇尼，1615年，他去罗马的宗教裁判所状告伽利略，宗教裁判所是罗马天主教会负责铲除宗教异端分子的机构。1616年，宗教裁判所和伽利略会面，结果宣布"'太阳中心说'从哲学上的角度看，是愚蠢和荒谬的理论，它在许多方面和

《圣经》相抵触，因此被正式划定为宗教异端学说”。伽利略被告知，要放弃相信哥白尼的模型，伽利略也确实按照这样去做了。

在接下来的几年中，伽利略不再试图证明哥白尼“太阳中心说”模型是真理。然而，大约在1630年，他又回到论战中，开始写一本书，书中他用同样的笔墨把“地心说”和“日心说”两大对立的理论进行比较。这本书于1632年出版，书名为《关于托勒密和哥白尼两大世界体系的对话》。在书中，伽利略通过赞扬哥白尼体系、嘲弄托勒密宇宙论，再次试图证明哥白尼体系的正确性。罗马教会震怒了，1633年，伽利略被告知，再次到宗教裁判所去应对对他宗教异端分子的控告。

在简短的审讯之后，他被发现仍然认为“某人传授的错误理论——太阳是世界的中心”是真理，他已经违反了1616年宗教裁判所给他下达的指令。宗教裁判所裁令他“放弃这一理论，不再把这一理论传授给他人，不再维护和论述这一理论；一旦你不遵守这一强制令，你将会被投入监狱”。鉴于他是一时失足的宗教异端分子，宗教裁判所命令他公开宣布放弃“太阳中心说”，并判处他终身囚禁（后来又改为在家软禁）。他们同时宣布《关于托勒密和哥白尼两大世界体系的对话》将被禁止出版，并被列为禁书。我们最后看见的伽利略，是一个病态的老者跪在宗教法庭前，否定一个他仍然坚信的理论，公开咒骂和悔恨自己的错误。从此，他再也没有公开谈论过哥白尼或者“太阳中心说”，直至他1642年去世。

真相——提防耶稣会会士

历史上所记载的关于天主教会的事件，没有一个事件像对伽利略的谴责这一事件这样遭到了如此的误解。这个案例在几个世纪中都被用来证明科学和神学势不两立；科学必须把自己从中世纪教会狭隘的信仰中解放出来这一观点。正如美国作家托马斯·伍兹写道：“大家熟知的伽利略事件的片面版本，是人们普遍认为教会是阻碍科学探索前进的根源。”正如伍兹所述，伽利略是由于他的理论而遭到迫害的这一观点，

1616年2月26日的记录

1616年，在关于对伽利略的谴责的漫长的辩论中的所有的事件中，其中有一个仍然是未解之谜。这个事件对1633年伽利略第二次在宗教裁判所受审有着重大影响。

1616年，宗教裁判所的一些官员通过判决结果——哥白尼理论是“愚蠢、荒谬的理论，从哲学上来讲，是宗教异端邪说，因为这个理论直接和《圣经》的章节相抵触”。但这个判决结果被一些更加谨慎的主教们否决了，他们赞成贝拉明主教的看法，认为哥白尼理论是一个有效的现存的假设。在他们颁发的一个更加温和的裁决中，“宗教异端”这个术语被删除。在满足伽利略这个要求之后，贝拉明只给他一份仅责令他不再“持有或者维护”这个理论的官方文件。

然而，同时，一份写有伽利略应该放弃哥白尼理论，并不再教授和维护，甚至都不能再讨论这个观点学说的陈述报告，被放进了他在宗教裁判所的档案中。人们一时无法确定这份报告的真实性，或者这有可能不是一份由一些腐败的罗马教会的官员悄悄地塞进伽利略档案的伪造的文件。历史学家想确切地知道，这份文件是什么时候被放进去的。

直到1633年，这份假想的判决书的原件才最终出现。当愚蠢的伽利略在发表了《关于托勒密和哥白尼两大世界体系的对话》之后，伽利略又身陷囹圄。从严格意义上来说，《关于托勒密和哥白尼两大世界体系的对话》的内容并没有违反贝拉明的命令，但却违反了在伽利略档案中存疑的这条禁令。伽利略看起来完全不知道这个禁令的内容，但是在1633年对他的第二次审判中，却被用来攻击他。

应该被伽利略是由于树立了一个非常强大的、决心不择手段要摧毁他的敌人而遭到迫害这一观点所代替。也就是说，是政治，而非宗教，是造成伽利略遭到迫害的原因。

关于伽利略有许多故事。他是一个天才，思维敏捷，能够把逻辑思维领悟力运用到对世界和宇宙运行的思考中。他同时也非常地任性、傲慢，对任何他无法忍受、他认为是傻瓜的人都是这样。他为人固执，不愿妥协，在职业生涯中，他嘲笑过许多人，树敌无数。在这些人中，他得罪的最重要的人是耶稣会会士。耶稣会的天文学家克里斯托夫·格兰伯格触及了这件事情的核心，他说道："如果伽利略知道如何得到耶稣会的帮助的话，他本可以躲过他的所有的厄运，他原可以撰写任何他愿意写的内容，甚至关于地球的运动。"

当伽利略的麻烦最初出现的时候，曾得到过很多善意的帮助。他在教会统治集团中的许多朋友都热心地帮助他，他们也都不认为他的理论有任何宗教异端学说。在1615至1616年，伽利略出现在宗教审判所之前，宗教裁判所要求红衣主教贝拉明对哥白尼的理论表态。在宗教裁判所成员告诉贝拉明相反的发现后，他写信给伽利略并建议他，尽管他不

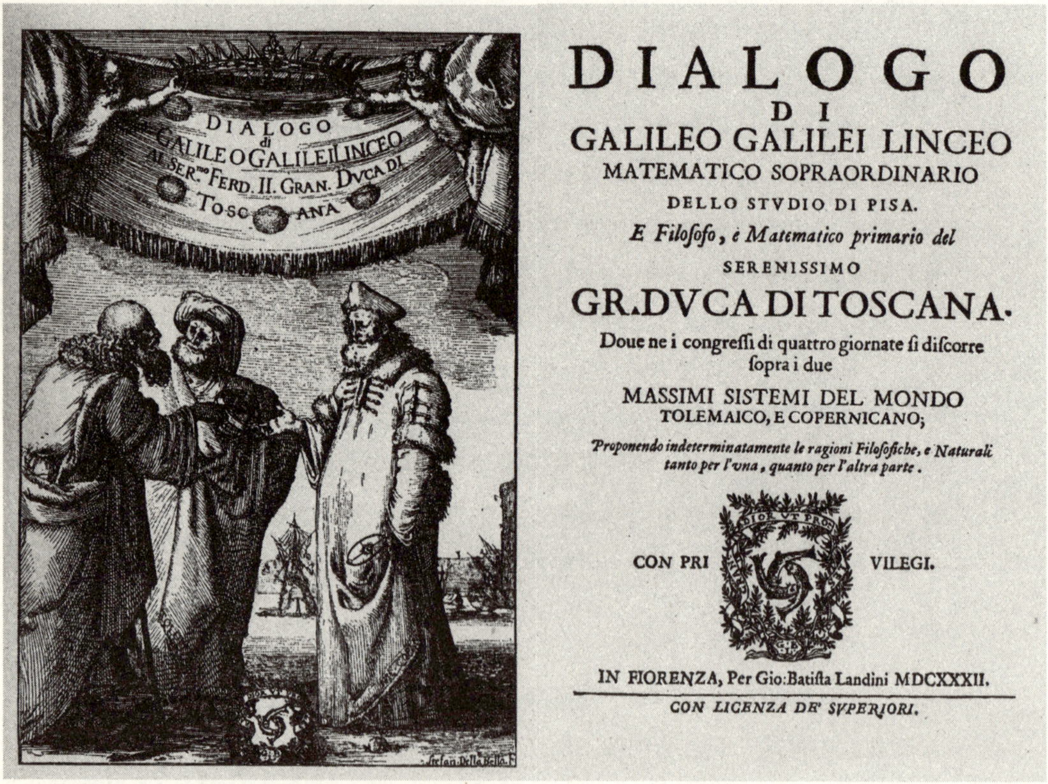

伽利略的《关于托勒密和哥白尼两大世界体系的对话》的卷首插图和标题页，1632年由乔瓦尼·巴蒂斯塔·兰蒂尼出版社出版

能够持有并守卫“太阳中心说”这一理论，但他肯定能够以假设的口气论述这一理论，并能够进行讨论，继续实验和观测。进一步来说，虽然宗教裁判所判定他的观点是宗教异端，但他的观点和教会并没有如此重大的关系。

但是，伽利略决心不计任何后果地推动人们认可哥白尼理论以及自己的发现成果。在此过程中，他生硬粗暴的态度以及富有攻击性的战术，惹怒了所有本可以帮助他的人，使得教会统治集团别无选择，或者认可哥白尼理论是真理——尽管这一理论还未被证实，结果就要重新阐释《圣经》经文，或者必须公开抨击这一理论。伽利略坚信自己是正确的，他并不愿意和反对哥白尼理论的耶稣会会士进行辩论。然而，他和耶稣会会士的论辩并不仅仅是涉及“太阳中心说”。伽利略已经和耶稣会会士克里斯托夫·施纳在太阳黑子和他们的阐释方面，有了许多分歧。1619年，伽利略进一步和另外一个佛罗伦萨人马里奥·奎杜奇共同驳斥了由罗马耶稣会大学数学教授霍雷肖·格拉西神父发表的关于彗星的理论。伽利略和奎杜奇在他们的论文中侮辱克里斯托夫·施纳，并有许多对罗马大学教授不敬的言论。伽利略在他自己的抗辩中，对格拉西嗤之以鼻。伽利略所有的这些行为，最终使原本一直在思考他的观点的耶稣会会士转而反对他。

在这种情况下，耶稣会会士开始调查伽利略支持的哥白尼理论。人们引用古希腊哲学家亚里士多德提出的理论，他的理论指出如果地球确实围绕太阳转，应该从地球上能看到太阳一侧的位置的明显挪动，六个月后就能移到另外一侧。这一现象，现在人们知道是恒星视差。伽利略用他手中的粗糙的仪器无法找到相应的证据，而且这一证据直到接下来的三百年后才被找到。伽利略还坚持认为，行星以完美的圆圈绕着太阳转，这是甚至耶稣会会士都能看出是不正确的观点。

我们必须记住的是，到十七世纪三十年代，甚至天主教会都已经受到了文艺复兴运动和宗教改革运动的影响，然而主宰宗教审判所的圣方济会和道明会的神学家却很讨厌这些影响。尽管他们只从神学的角度上攻击伽利略，但耶稣会会士是教会的知识分子先锋，他们都是能够给教皇递悄悄话的人。

伽利略对他们的批评作出回应，他通过在整个欧洲散发小册子和信件，进行了一场针对耶稣会的运动。他回复耶稣会批评他的人说，他不值得努力去说服那些根本没有能力去做最基本推理的傻瓜。他不管他罗马的朋友的建议，仍然坚持把讨论转移到神学的阵地上。他感到他必须回应那些认为他的理论和《圣经》经文相抵触的反对之声，从而把论战从科学论战转移至宗教论战，而这正是耶稣会会士所想要的。他们利用伽利略的错误判断去羞辱他、毁掉他，以报复他的目中无人和恶语伤人。

责难

甚至在侮辱了耶稣会会士的知行能力，离间了许多牧师之后，伽利略其实仍然能够扭转形势，因为在那时，他仍然还有一个举足轻重的人物——教皇的支持，他的决定，比其他任何人在天主教欧洲的决定都要重要。伽利略认识到，他如果能够认同一个人（教皇）的观点和其他人疏远的话，他的研究就会被接受，至少是被容忍。

在伽利略仍然憎恶宗教裁判所禁止他持有或教授哥白尼理论时，他有了一个使这个禁令得以解除的机会。1623年，伽利略的熟人以及资助者——主教巴伯雷尼成为了教皇厄本八世。巴伯雷尼反对责难伽利略，伽利略立刻就提议他的朋友应该解除1616年的禁令。他们聚在一起讨论这件事情，但是厄本八世是一个自负的、脾气暴躁的人，他自封为文艺复兴的王子，认为自己有能力洞悉出所有涵盖人类方方面面的知识。在他们的一次谈话中，厄本八世说，尽管教会不会把哥白尼的学说定义为宗教异端，但他认为关于行星研究的所有理论都不切实际。

大约在这个时候，伽利略开始写《关于托勒密和哥白尼两大世界体系的对话》，正是这本书造成了伽利略的衰败。教皇厄本八世让伽利略从正反两方面论述哥白尼的世界观，他坚持认为论证必须是均衡的，不能公开支持“日心说”。厄本八世坚持要求，他自己对该论题的视角也要出现在书中。1630年，伽利略完成了这本书，在书中，他攻击“地球中心说”，证明哥白尼理论的正确性。尽管他遇到了许多批评之声，以

伽利略——既非常聪明，又反复无常、傲慢无比

及教会的反对，但令人奇怪的是宗教裁判所评审这本书的官员竟然同意该书出版，甚至连一位评审这本书的道明会神学教授都支持其出版。在这些支持和教皇的默许下，1632年，这本书得到了出版。

尽管其他人有可能赞同伽利略的书，但是教皇本人在了解了这本书的细节后，却震怒了。伽利略错误地判断了厄本八世的宽容态度，他在《关于托勒密和哥白尼两大世界体系的对话》中对他的反对者表示出蔑视，他不仅很明显地指出亚里士多德和托勒密的支持者有智力缺陷，还把教皇厄本八世的世界观放在书中一个名叫辛普利西奥的人的口中。辛普利西奥的角色是亚里士多德“地心说”的捍卫者，他被刻画成是个弱智者。伽利略很明显地在嘲弄唯一一个愿意维护和保护他的人，教皇也不会允许侮辱他的人就这样逃脱。

伽利略的宗教上的敌人知道，攻击他的时间到了。他们说服教皇把伽利略传唤到罗马，应答对他非法出版图书和宗教异端行为的指控。伽利略出现在宗教裁判所前，对他的主要指控是以虚假的借口、没有征得宗教裁判所的同意就擅自出版图书。关于地球运动、宗教异端学说的指控只是其中很小的一个指控，位列八个指控中的倒数第三个指控。把伽利略带到宗教裁判所的主要原因，是他冒犯了宗教裁判所本身。结局可想而知，伽利略被判犯有宗教异端罪。然而，无论责难伽利略的官方原因是什么，1630年，教会支持《关于托勒密和哥白尼两大世界体系的对话》一书的出版，能够清楚地显示出教会并不反对这一理论，事实的真相是教会中伽利略的许多敌人，利用这个机会来复仇。

历史影响

伽利略对我们对宇宙认识的影响非常深远，并具有革命的开创性。他改进了天文望远镜，使天文观测达到了前所未有的高度。他运用了具有突破性的定量实验的方法，实验结果的准确性可以用数学方法来验证，展示了他对数学、理论物理和实验物理的关系的非凡理解力。他的成就得到了艾萨克·牛顿的高度赞扬，他对现代科学的贡献受到了阿尔伯特·爱因斯坦这样杰出人物的认可。爱因斯坦称他为“现代科学之父”，宇宙学家史蒂芬·霍金认为伽利略是现代科学诞生的主要奠基人。

然而，人们可以说伽利略对世界最伟大的影响不是他的科学成果，而是在于他和天主教教会关于是否支持哥白尼天文学理论的斗争。在斗争中，伽利略暴露出了那时的宗教权威是多么不切实际，这场争论一直被认为在历史上是科学和宗教间进行对话的一个至关重要的事件。伽利略对实验结果的投入，以及对实验结果的分析，使人们在考虑科学问题时，不再完全无条件地服从于教条的权威，从而激发科学从哲学和宗教中分离出来。正如温斯顿·丘吉尔写道：

> 《圣经》中被用来斥责“日心说”的篇章是《诗篇》第一零四章第五节：“你们把地球置于它的地基处，永远也不能移动。”

> 对人们固有的理论的质疑，伴随着人文精神的快速发展……人类首次开始把之前的世纪称作“中世纪”。尽管中世纪的许多思想仍然存留在人们的脑海中，人类感到他们那时是生活在新的现代的世纪的边缘，那是一个不仅在艺术和建筑方面有着辉煌的成就的时代，也

是一个开始有科学革命的时代。

人们对教会迫害伽利略的误解的一个重要历史影响，就是天主教教会的反应使人们相信，宗教权威是所有寻求真理者的敌人。对伽利略的审判，是天主教教会和欧洲一些伟大人物所论辩的观点疏远的一系列的事件中最新近发生的事件。这个趋势，早从宗教改革运动和伊拉斯马斯就已开始，清教改革者指责教会是由迷信的骗子掌管，他们旨在使人们永远无知，永远被教士所控制。

伽利略事件发生在宗教改革运动后，结果教会因此被严厉地批判。在他们要侮辱和驳斥伽利略的过程中，教会被视为属于过去的中世纪，要像魔法、迷信和巫师一样被清除掉。没有人真正关心天主教教会为什么要迫害伽利略，人们把这个事件放在教会在历史长河中一直都镇压持不同意见者的大环境下来理解。他们把对伽利略的迫害和对马丁·路德的攻击、对加尔文的谴责以及在整个欧洲对清教徒的杀戮和迫害都等同起来，这些都是由于天主教企图要把迷信和野蛮强加给自由的人民。

因此，欧洲许多最好的思想家在追寻关于世界的自然知识的过程中，开始对教会感到厌恶。他们不再愿意接受空洞的承诺——世界是在七天中创造出来的，抑或天体都是完美的球体，他们需要证据。人们几乎立即就开始在佛罗伦萨寻找证据，第一个致力于新的实验科学的研究会——西蒙拖研究会于1657年成立。在那里，进行了欧洲第一次有控制的实验，并进行了许多其他的科学创新。

这一系列变化的一个最终结果，是世界开始稳步进入启蒙运动时期，其目标是提出推理和科学，并最终摆脱宗教对国家的束缚。欧洲宗教战争所造成的对社会、政治和经济的破坏，使许多人相信宗教国家从本质上来说具有破坏性。政府的唯一合理的体系是国家和宗教分离，这种体系强调是否遵从政教合一的宗教权威是个人良知以及个人意志的选择，为科学家、医生、数学家和其他知识分子的发展提供了沃土。科学和推理一直不断地推动社会向前发展，而宗教一直把国家拖向人们想要逃脱的原始状态。宗教渐渐地不再是战争的借口，西方国家需要找到更加合理的“借口”来发动战争，比如说经济、势力、名誉和尊严等。

决定美国历史的时刻：1776年签署《独立宣言》

美国国父们的隐秘意图

（1776年）

殖民者享有的自然的权力包括：生存，自由，财富；总之，还拥有以任何最好的方式守卫这三种权力的权力。

——萨缪尔·亚当斯

叛军都是无知的、不安分的亡命之徒，丧失了良知和原则，他们领导了一帮受骗的人群，去遵守在他们想象中的抱怨的伪装之下的标准。

——阿比盖尔·亚当斯

谎言

国父们都是受道德驱动的人。

真相

国父们热衷于赚取金钱和对他们的殖民地同胞们行使权力。

主要参与者

萨缪尔·亚当斯，美国革命的领导者。

乔治·华盛顿，革命的将军以及美国第一任总统。

约翰·汉考克，大陆会议的第三任主席。

流传迄今的故事

1607年，英国建立了第一块殖民地，日后这块地方变成了美利坚合众国。从十七世纪三十年代开始，殖民地建立的速度更快，第十三块，也就是最后一块殖民地在1733年建成。尽管一些殖民地被作为流放地，美国仍然被视作是一块清教徒和其他稳健派能够逃离英国国教的地方，从而为上帝的选民建立一块领土。一些殖民地，开始是由一些个人经营管理的。但是到了十八世纪初，所有的殖民地都归附于英国女王的殖民地，各殖民地总督都由英国国会任命，所有的殖民者都要服从英国国会的法律。在对法国和印第安人的战争（1754–1763）中，殖民者和英国军队并肩战斗，这给他们一种作为美国人的共同身份的认同感。战争的花费非常大，然而英国人的税赋已经非常重，英国国会还宣布战争的花费，以及维持殖民地常备军以防止法军的突然袭击的费用，都应该由殖民地的缴税负担很小的人来承担。非常自然地，这个政策遭到了普遍的憎恶……

“我们所有的人不可能都成为华盛顿，但是我们都是爱国者。”这些话是传说中回荡在美利坚合众国建立之初普通民众口中的话，他们在一些牺牲了自己的生命、肢体以及财产为了实现所有人的自由和公正的人的领导下反抗外国势力。在读《独立宣言》中的话语时，没有人不会不受到美国国父们的理想主义的鼓舞：“我们认为下述真理是不言而喻的：人人生而平等，造物者赋予他们若干不可剥夺的权利，其中包括生命权、自由权和追求幸福的权利。”

无论要赞扬那些为了推翻在十三个殖民地中的非代表性的政府而献出了自己的生命的人的魅力有多大，重要的是我们要记得，关于美国国父们的传说，也仅仅是传说而已。美国革命，也只是一些胜利者重写历史的另一个案例，是在自由、正义的事业以及受到无端的攻击等伪装下的具有高尚情操的历史事件。

主要的历史参与者开始创建他们喜欢的历史版本：托马斯·杰斐逊起草了精美的备忘录，其他人毁掉了那些使真相公布于众的文件。托拜厄斯·里尔——乔治·华盛顿的私人秘书，在整理他的主人在总统任期内的文件后，写信给亚历山大·汉密尔顿，提供帮助压制一些文件使其不被曝光：“有一些你们也知道的信件和文件，其中的很多文件都不应该由公众进一步知晓和审查。” 萨缪尔·亚当斯烧毁了很多的信件，声称这些信件可能会毁掉一些人们都信任的人的名声。查尔斯·汤姆逊——1774至1789年大陆会议的秘书，拒绝留下任何作为见证人的关于国父们的动机和行动的叙述，包括国父之间的关系以及他们和英国统治者之间的往来。托马斯写道：“我应该指出，美国革命的历史与事实不符，但是通过对美国国父们——他们的动机、手段的描述，我们应该感谢上帝使革命能够成功。让世界崇敬这被人们信以为真的智慧和我们伟人的英勇。也许他们采用了他们所拥有的特质，由此成就了正义的事业。可是，我不得不欺骗我们未来的后代们。”

官方版本的故事——《不可容忍法令》

多年以来，英国在没有咨询必须遵守法令的殖民地居民的意见的情况下，就为美国殖民地颁布法律。一段时期以来，一群人——国父们——决定反对这样的专治统治，这是他们能够走的唯一之路。1761年，马萨诸塞州律师詹姆斯·奥蒂斯辩论说，《协助收缴走私物品令》——一份作为一般的搜查令的法律文件，违反了宪法规定的殖民地居民的权力。1762年，乔治三世否决了弗吉尼亚的《两便士法令》，刺激帕特里克·亨利——弗吉尼亚未来的总督——宣布国王是一个暴君。1765年，《印花税法令》使殖民地所有的抗议者联合起来，宾夕法尼亚总督约翰·迪金森宣布，赋税法案在没有任何代表的情况下制定，违反了人类最早的和最基本的权利。本杰明·富兰克林也支持说，“殖民地居民在七年的对抗法国的战争（1756-1763）中流血牺牲后，殖民地额外的赋税对殖民地居民不公平”。

1783年，华盛顿否决了军事独裁的提议。当英国国王乔治三世于1796年听说华盛顿拒绝接受更大的权力，而只是想要回到自己的农场时，乔治三世称他为“这个时代最伟大的人”。

然而，在1770年，事件开始升级，许多伟大的人物站出来为自由而战。在波士顿大屠杀——英国军队杀死了几个平民后，约翰·亚当斯提起常备军给人们带来的潜在危险。1772年，萨缪尔·亚当斯创立了通讯委员会，这使十三个殖民地的爱国者在同一个框架里团结起来，其中包括一些知名人士，比如帕特里克·亨利和托马斯·杰斐逊。第二年，萨缪尔·亚当斯领导袭击英国船只上的茶商，以抗议《汤森关税法令》，这个法令对茶叶、纸和玻璃都征税。作为对此事件的回应，英国颁布了《不可容忍法令》，其中包括《波士顿港口法令》，关闭波士顿港口，直至东印度公司得到对被损毁的茶叶的赔偿；还包括司法行政行为，允

托马斯·杰斐逊、本杰明·富兰克林和约翰·亚当斯在费城讨论《独立宣言》草案

许官员变更一位受指控的英国官员受审的地点。殖民地居民对此作出回应，他们在1774年召开了第一次大陆会议，呼吁所有的殖民地居民组成民兵，保卫自己的财产。

1775年，战斗在莱克星顿和康科德展开，最重要的爱国者名望越来越高，赢得了人们的信任。乔治·华盛顿——一位富有的地主及坚定的共和党人，被选为大陆军的总司令，是他的远见和决心领导殖民地居民走向胜利。但是，也许美国国父们最重要的行动是起草了《独立宣言》。《独立宣言》的灵感来自于法国知识分子的作品，大部分基于1689年的《英国权利法案》，它给人们带来了远见卓识以及前十五年中有诗意的思想、文字和行为。它表达了斗争的神圣性，使接下来的斗争都具有合理性，并宣布了从英国和它的国王——人们认为他是一个暴君——处寻求独立的事业是正义之战。

美国国父们的理想，激励了美国世世代代的人去追随他们的脚步，严格遵守《独立宣言》的核心原则。正如亚伯拉罕·林肯在美国历史上的另外一次危机中说道："八十七年前，我们的先辈们在这个大陆上创立了一个新国家，它孕育于自由之中，奉行一切人生来平等的原则。"

真相——寻找专政和贵族

尽管围绕美国革命的氛围是神圣的，但事实的真相是，这既是脱离英国殖民者的战争，也是由对印第安人土地的贪婪、对金钱的欲望，以及个人权力欲所激励。商人和拥有土地的阶层出于他们自己的隐秘意图及野心，推动了战争。

没有几个更加贫穷的殖民地居民可能会真正关心他们被征的税被送回自己的祖国。根据作家弗兰克·史密斯所述："几乎一半的城市居民都是无产者，其中有许多人，都是来自欧洲的新移民。税收记录表明，约有百分之三十的居民处于社会最底层，一无所有，最富有的百分之十的居民拥有占财富总量百分之六十左右的财富。无产者不被允许参与社会的政治活动。"贫困的殖民地居民如此地专注于去满足他们自己最基本的需求，他们根本不关心英国决定单列出一些特殊的商品——其中最重要的是木材，必须出口给英国；这些拓荒者也不在乎，城市居民和种植园农场主把税交给谁。只有这些日益崛起的富有的中产阶级——他们的钱的去向关系到他们的既得利益——才对钱的去向非常关注。在为了“无代表则不纳税”的原则的斗争中，他们知道了如何为自己以及他们的美国同胞们获得权利。如果他们无法成为英国政治进程的一部分，他们就要不惜一切代价，成为美国政治进程的重要推动者。

在革命结束后，他们达到了这一目标。他们创立了一个国家，像他们一样拥有土地和财富的人，在这个国家中拥有至高无上的权力。在美国创立之初，普通人没有选举权或者当权的权利：这些权利是为那些拥有一定数量的土地和个人财富的人所预备的。按军事历史学家休·毕奇诺所说：“他们建立的不过是和英国政治体制一样的可以保持长久的寡头政治，既不是选举出来的，也没有得到他们宣称的所代表的民众的支持。”

有三个关键的虚构的故事，构成了美国国父们的传奇故事。第一个故事——其中最引起人们注意的话语是“无代表纳税”是暴政。正如上文所述，美国革命的种子是有钱人统治其殖民地同胞的权力欲，而他们在英国国会统治下无法实现这一目标。许多杰出的殖民地居民，比如约翰·亚当斯，有了建立地方政府这一想法，他呼吁人们一旦独立后，其提高人们社会地位的潜力，远远超过在殖民关系中所能够取得的地位。

他们抱怨的根本原因是嫉妒——嫉妒“外国人”有权利征税，在他们的土地上通过法律，然而他们却不可以这样做。革命的主要煽动者是有富裕背景的个人，其中很多人是种植园主和奴隶主，比如乔治·华盛顿，他就拥有大片的土地，但是并不富裕。其他的一些鼓动者是从波士顿来的富有商人，他们憎恨英国对贸易的种种限制。这两群人也憎恨英国限制他们西扩，以及牺牲美国印第安人的利益以获得土地。

当他们的利益受到了威胁，这些当地富有的精英们比英国人保护自己的权利的心情都要更加迫切。第一次试验是1786至1787年的谢斯叛乱，一些马萨诸塞州的小农场主在“无代表则不纳税”的旗帜下反抗，他们的做法和之前波士顿商人的做法一样。他们被无情地镇压下去，这次不仅是被英国政府所镇压，也是被新出现的担心失去自己特权的美国政府所镇压。处于统治阶层的约翰·亚当斯的妻子阿比盖尔·亚当斯对此事忧心忡忡，她从伦敦怒气冲冲地给托马斯·杰斐逊写了一封信，责骂这些“无知、不安分的亡命之徒没有任何良知和原则”。农场主们的抱怨情有可原，他们也只是响应十年前的爱国主义的号召，但这些理由都无关紧要。事实上，阿比盖尔的批评可以同样针对并没有引起她注意的美国国父们。

最后，尽管由大西洋分隔着，美国殖民地居民和他们的英国殖民者仍有一些共同之处，比如，都受到来自于西班牙和法国扩张的威胁。我们必须要记住一点：从殖民地征缴上来的赋税是用来保护殖民地，帮助其抵御法国和西班牙扩张的野心。在外国领土上维持军队的费用非常高，正如美国2003年在进攻伊拉克之后所发现的一样。

美国革命的第二个虚构之处，围绕着国父们的高贵品质展开。总的

樱桃树

关于年轻时的乔治·华盛顿的一个最有名的轶事，和一棵在他父亲的果园砍倒的樱桃树有关。当他的父亲问他是谁砍倒了樱桃树时，人们认为小华盛顿应该说：“父亲，我不能说谎，您知道我是不会说谎的。是我用我的短柄小斧头把它砍倒的。”这个故事很有吸引力，具有指导意义，但是却完全不真实。

这是由一个叫作梅森·威姆斯的作家编造出来的故事，他在华盛顿去世后，出版了两本关于他的传记。威姆斯为了寻找华盛顿所拥有的能够作为指引美国年轻人的航标灯的品质，在他的《乔治·华盛顿将军的历史：生存和死亡，美德和英勇事迹》(1800年)和《乔治·华盛顿的人生：关于华盛顿令人津津乐道的趣闻轶事及其对国人的启示》（1806年）这两本书中，创作出许多小说故事。

这些引人入胜的故事，被以真实的故事呈现给美国民众，形成美国人对他们的第一任总统的概念。尽管樱桃树故事的真实性一直以来都受到质疑，但是人们一直还是引用这个故事，作为一种人们对拥有一位在为自由而战中表现出正义感和美德的领导的需要。

来说，国父们都是普通人，而不是英雄和圣人。其中的一些人，比如约瑟夫·沃伦，确实是高尚的人，美好的未来一直激励着他。他是为数不多的几个真正担心和英国开战会削弱美国在和法国的战争中的实力的革命者，他在精神上和肉体上都非常英勇。1775年，他在布瑞德山和普通战士们并肩作战，并为他所信仰的未来献出了自己的生命。

可以说，许多追随沃伦的领导者为不再听命于殖民国，在为争取行使自己的权利而战。但许多人像约翰·汉考克一样，是财富的继承者，而非创造者。这和大洋那边的贵族（英国贵族）的情况非常相似，国父们是一群要求获得领导地位，以和自己在殖民地中提高的身份地位相称的人。

在战争的主要鼓动者中，最主要的推动者是出生于波士顿的萨缪尔·亚当斯。他严格恪守清教徒式的生活方式，形成了一个由他在其父亲投资银行失败后感到的痛苦所激发而产生的政治意识形态。亚当斯的父亲在投资了1744年英国政府宣布为非法的纸币后，失去了所有的财富。他的父母都是清教徒，已经倾向于不信任英国政府，他们只能无能为力地看着位于世界另外一端的，完全不关心殖民地居民需求的中央政府，大笔轻轻一挥便毁坏了他们的生计。

亚当斯支持和英国正面暴力对抗，认为英国精英们非常糟糕。他鼓动暴乱，反对国会，并无耻地故意歪曲事实。在波士顿大屠杀时，亚当斯把英军打死喝醉了的五名和紧张的武装士兵发生冲突的暴徒，描述成一场屠杀，希望这样的措辞会造成更大规模的起义。他也是声名狼藉的“波士顿倾茶事件”的主要组织者之一，在此次事件中，三百四十二箱茶叶被倒进了波士顿海港，以抗议英国政府征收的茶叶税。亚当斯编写了大量煽动性的信件，通过以不同的假名从正反两方面编造虚假的辩论，其中大部分成功地煽动了民意。尽管他是一个虔诚的清教徒，但亚当斯很愿意和法国天主教及国王联盟以达到目的。

亚当斯并不是一个人在战斗，美国许多国父们都精心安排了许多旨在挑衅英国发动战争的行为。例如，在1772年，爱国者们在将来的罗得岛州的政客约翰·布朗的领导下，烧毁了英国海军船只“加皮斯号”，激起了英国方面严厉打击各种反英活动。由此，作为《不可容忍法令》的后果，第一次大陆会议宣布此法令不符合宪章，并敦促人们组成民兵，并极具煽动性地号召马萨诸塞州组建爱国者政府。

在许多情况下，美国国父们本可以更早地结束战争，实际上也获得了他们寻求的所有自由。1778年，英国政府愿意出让领土，但是爱国者的野心使战争又持续了五年之久，希望他们和法国结盟能迫使英国把加拿大的殖民地也给他们。到战争末期，七万名美国人和三千一百名英国人在战争中丧生。

战争一结束，胜利者就开始撰写历史，强调他们所扮演的英雄角色。官方版本的历史很少提及爱国者所做的战争准备：情报搜集、预警信号以及第一次战役的不确定性；官方历史必须显示出，战争是由英国军队进攻毫无防卫能力的农场主引发的。尽管有一些不真实的故事，但国父中有一些人应该值得被认为是真英雄。比如，乔治·华盛顿是少数能够抵制绝对权力诱惑的人之一。他只愿意担任一届美国总统，由于他有更好的判断力，在托马斯·杰斐逊的推动下，他才同意连任两届总统。许多在新成立的联邦当中的成员都热衷于让他继续担任总统，但是他不再愿意行使此权力。

少数人的统一

第三个也就是最后一个虚构之处，来自于美国奠基的一系列的事件，主要是由于英国士兵对普通农场主所进行的一系列毫无来由的挑衅性行为。当英国政府变得令人无法忍受时，就会导致美国殖民地居民组建民兵。但毫无疑问的是，民兵虽由普通农场主所组建，但是他们却被那些有钱有势的人所利用，并为他们的利益服务。

在战争爆发前，民兵就已经组建，萨缪尔·亚当斯这样的人早就让民兵准备好为他们正在大力煽动的战争服务。1775年4月英军挺进康科德。这是美国革命的第一场战役——莱克星顿战役的情形：官方观点认为，英国军队向一群正忙于农务的无辜的农民开枪，但是另外一种解释却截然不同。

萨缪尔· 亚当斯和约翰·汉考克那天已经让民兵聚集在莱克星顿，

已经说服民兵们和英国军队对抗。英国出兵的原因是，因为他们听说用来抵抗英军的武器藏在了康科德。这批存疑的武器包括三门攻城炮，这并不是十八世纪美国普通农民所能拥有的工具，这种大炮并不具备防御功能，只用于围攻一座防御森严的城池或者封锁港口。康科德距波士顿港口只有三十二公里，这样的大炮从1776年3月开始就被用于威慑接近波士顿半岛的船只。因此，对于英国方面来说，他们猜测民兵准备用这些武器攻击他们，也并不是无稽之谈，要不然为什么在敌对行动爆发之前，要把这些大炮掩藏在康科德监狱的庭院里呢？这就表明民兵并不只是想保护自已生活方式的普通农民，而是全副武装的、为即将到来的战争做好战斗准备的战士。

事实上，英国在美国革命的第一阶段，并没有认真地尝试让英帝国权威牢牢控制殖民地，同时，英国方面也并没有在殖民地十分富于侵略性或者采取铁腕政策。他们肯定只是想保持住他们的殖民地，但是如果无情地击垮这场革命只能意味着——英国只能通过在殖民地无限期地维护一支常备军才能维持住殖民地。英国军队试图在战场上击垮美国民兵和大陆军，但是过后又允许他们撤走，希望他们丧失斗志，革命随之失败。但是英国政府错误地判断了美国国父们的决心，他们签署了《独立宣言》，然后又和法国人站在一边，把英国推向全面战争。事实上，正是由于法国的加入，才迫使英国认真地对待战争，尽管他们真正关注的并非殖民地居民，他们所关注的是确保法国不再在北美扩大其势力范围。

《两便士法案》是一项允许每磅烟草负债两便士的法律规定，而这相当于市场价格的三分之一。

这场战争正如其他战争一样，都冷酷无情，异常残忍，尤其是在美国爱国者和支持英帝国的人之间的战争。在1780年的国王山战役中，支持英帝国的美国军队在投降后遭到了屠杀，其中一些人在经过了摆样子的公审后，被慢慢地勒死。市长帕特里克·弗格森——支持英帝国领袖的尸体被毁坏，并且有人向尸体撒尿。事实的真相是，战争双方的领导者都和以往战争的领导者一样都是为权力、财富以及自我价值而战。受到了英国的压迫，为美国自由而战，为高尚的实现民主的事业而战的故事，都只是一张为了隐藏其后更多的人类动机的面具。

历史影响

在美国共和国建立的过程中所涉及的恶言谩骂和政治鼓吹的激情，标志着美国历史上的重要转折点，有效地把美国引领进现代世界。美国革命最直接的影响是，许多幸存的在北美生活的民众的身份发生了变化。在战争中及战后，许多支持英帝国的美国人，被迫逃往加拿大或者英国。许多美国当地印第安人都反对革命，他们正确地认为，而且结果也和他们所预见的一致，殖民地居民比英国人夺走了更多的原属于他们的土地。据估计有百分之十五的殖民地居民支持英帝国统治，其中有三分之一的人在战后离开了美国。大约有七万名英帝国支持者以及两千名美国印第安人逃离美国，其中大部分人搬到加拿大，在那里，他们帮助创建了新布伦瑞克省和安大略省。一些支持英帝国的非洲裔美国人逃到了塞拉利昂。

留在美国的是那些积极支持美国脱离英国并视之前的关系为敌人的人，他们把自己看作是新阶级的人，是从欧洲的旧体系中获得了自由的、独立的，并且与旧世界的事情毫无联系的人。

尽管认为自己对旧世界的事物淡漠，但美国很快开始支持在世界上传播民主。想想他们这样的做法吧，也许美国革命战争的最大讽刺在于，美国国父们是如何利用英国民主中的瑕疵，来协助自己的革命事业。其中一个让英国不全面参战的因素，是议会在口头上反对战争。国父们利用了英国反对派的政治目的，取得了自己的革命目标。他们竭尽全力推动战争，因为他们知道反对派想要一个漫长的战争，以获得成为执政政府的可能，这也就是事实上所发生的事情。如果英国不是议会民主制的国家，而是像法国一样是一个君主制国家，战争的情况可能又是另外一番景象了，英国绝不会这么容易让步。

美国革命的另一个致命的影响是：十三个殖民地被清晰地划分成了南部地区和北部地区。乔治·华盛顿在自己的去职演说中也指出了该问

法国印刷品显示的1776年9月19日美国着火的建筑物和被英军暴打的居民

题：

> 在研究有可能扰乱我们的联邦的种种原因时，使人想到一件至关重要的事情，那就是以地域差别——南方和北方——为根据建立的各种党派……因为那些心怀不轨的人，可能借此造成一种信念，以为地方间真的存在着利益和观点的差异……歪曲其他地区的观点和目标。

这种划分确实非常真实。战争从北方开始，而且在战争开始后的许多年中，南方地区对革命战争并没有什么兴趣。在1780年以前，南方从来没有认真地对待北方提出的、从议会法律中获得自由和商业独立的建议。南方拓荒者更加关注他们自己独立于中央政府之外，一点儿也不关心远在天边的英国。

由于英国想在印第安纳州边境开辟另一个战场，以迫使反叛者两线作战，这才迫使美国南部卷入战争。这就孤立了边疆定居者，他们1775年拒绝参战的原因，就是担心他们要么受到印第安人的攻击，要么被占领。由此，他们最终加入了一直位于南部反叛者前沿的富有的沿海奴隶贸易者的队伍。南部也有可能为自由和财产而战，但是他们那时的财富是奴隶，而自由是他们不惜任何代价都要使奴隶失去的。这些不同的观念一直困扰美国长达七十年之久，直到1861年，一场血腥的内战席卷这片土地。

战争结束后，民主在之前的殖民地建立，在国内外都有影响。新建立的国家对英国一直采取挑衅的态度，然而英国却静静地支持和保护着大西洋那边它的前殖民地及加拿大。英国军队一直驻扎在加拿大，以确保法国不能再次把势力范围扩大至新世界，对美国的利益构成威胁。此外，美国的贸易在英国皇家海军打击大西洋的海盗后得以扩大。总统詹姆斯·门罗可能已经勾勒出针对于欧洲国家的禁区，英国使此得到了强化，以防任何美国的对手从新世界获得领土，从而威胁英国的利益。

战争对法国的影响也非常巨大。法国人给美国叛军提供钱和武器，企图限制英国在新世界的势力。结果这导致了法国经济的衰落，成为了法国大革命的导火索之一。然而，不仅仅是帮助美国革命的花费造成了十三年后的法国大革命，更重要的美国成功地创立了一个共和国，推翻了一个人们认为的专治的和带有压迫性质的王国，在法国社会产生了广泛的影响。在美国积极参与到为自由而战的运动中的人，比如，拉法叶侯爵在返回法国之后，统治者很难再让他悄无声息，他激励他的贵族同胞们努力寻求重塑法国政治体系。而且不仅仅是法国从中汲取了教训，美国革命对其直接的邻国拉美国家也有着巨大的影响。拉美国家在遥远的西班牙和葡萄牙帝国的政府的控制下，美国的经验深远地影响到了当地政府为自由而战。

作为美国女性的化身，哥伦比亚引导着拓荒者们向西进发

美国强行吞并墨西哥大片领土

（1846年）

我们的政府的军事野心没有什么值得让世界害怕的。

——詹姆斯·波尔克

恐外症尤其在弱势的文明和文化中会突现出来，因为这些文明和文化缺乏经济资源、维生之道以及土地。因此，这些文明和文化就会成为侵略者的首批目标。

——安东尼奥·塔布奇

谎言

美国人在美国的领土上流血牺牲。

真相

在美国非法吞并得克萨斯共和国后，美国政府迫使墨西哥进行一场它绝没有机会赢的战争，以使吞并合法有效。

主要参与者

詹姆斯·波尔克，美国第十一任总统。

扎卡里·泰勒，军队领导人，后来成为美国第十二任总统。

桑塔·安纳，墨西哥将军及前任总统。

流传迄今的故事

1821年，在长达十一年的斗争之后，墨西哥最终脱离了西班牙，结束了西班牙对其长达三个世纪的殖民统治，获得了独立。墨西哥那时是由现今的墨西哥和现属美国的加利福尼亚、新墨西哥和得克萨斯州组成。墨西哥政府发现，从首都墨西哥城很难控制国家的边境，因而就允许美国移民在这个人口稀少的区域定居。这些移民称他们自己为得克萨斯人，逐渐对墨西哥政府非常失望不满，其原因如下：第一，墨西哥政府坚持把天主教定为国教；第二，政府制定政策让西班牙人也在得克萨斯定居；第三，墨西哥政府废除了奴隶制。当美国提出要从墨西哥购买得克萨斯时，墨西哥当局政府拒绝了美国的请求。当时在得克萨斯占多数的白人定居者于1836年发动叛乱，从而导致了得克萨斯脱离墨西哥，尽管墨西哥从未正式地认可批准得克萨斯独立的条约。此后，得克萨斯寻求加入美国，这也正是美国政府迫切想要同意的事情……

1846至1848年的美墨战争，是一场实力强大的美国对战贫困潦倒的、从之前的西班牙帝国继承了土地的墨西哥。尽管美国在实际的战争中没有遇到任何麻烦，但美国却费尽周折使墨西哥进入一场它根本无望获胜的战争。最终引发战争并使美国士兵卷入战争的导火索，是所谓的美国人在美国领土上流血牺牲。其实它完全是虚构的，但是新领土和“天定命运”思潮的诱惑力对于詹姆斯·波尔克领导的美国政府来说，实在太强而无法抗拒。

官方版本的故事——美国的血，美国的领土

队长赛斯·桑顿领导的美国龙骑兵的一部分士兵的前景不容乐观。在1846年4月，他们被派去巡逻南得克萨斯由两条河构成的边境地区——美国军队驻扎在纽埃西斯河的北边，里约格兰德河的南边是墨西哥。在那里，他们眼前展现的是一片广阔的棕褐色平原，平原上几乎寸草不生，牧豆树、带刺的灌木和仙人掌一望无际，延伸至他们视线所能及的远处。这幅景象看起来也许很让人生厌，但是结果却远非如此。

这个地区一度十分紧张。得克萨斯州在不顾墨西哥的反对之下加入美国，詹姆斯·波尔克急切地想要保护美国的利益，派出了将军扎卡里·泰勒领导下的武装军队前往里约格兰德保卫美国最新近的所得之地。泰勒将军对墨西哥让他从纽埃西斯河撤军的命令置之不理，继续在马达莫罗小镇对面的里约格兰德河两岸建筑要塞。在墨西哥那一边的边

境上，马里亚诺·阿里斯塔将军被任命来掌控全局，并且他已接到命令准备战斗。

就在这时泰勒将军决定派遣由桑顿指挥的七十名龙骑兵，去初步侦察位于得克萨斯西北三十二公里的布朗维尔小镇，这座小镇地处受争议的领土范围之内。墨西哥人也派遣了一支队伍到同样的地区，其中包括两千名骑兵，由上校阿纳斯塔西奥·托雷洪率领。1846年4月25日，正当美军这一小支侦察兵调查一个位于凯里斯托的牧场带的已被废弃的大庄园时，他们遇到了在附近宿营的墨西哥优势兵力。双方都开始射击，尽管龙骑兵英勇奋战，但经过几个小时的战斗，在十六名美国士兵战死之后，他们被迫投降。桑顿本人在交战中身负重伤，尽管他和其他许多他的官兵在马达莫罗被扣押，有一些人还是设法逃脱返回了里约格兰德新建的要塞，报告了失败的消息。

一个星期后，在马达莫罗的墨西哥大炮开始轰炸美国要塞，美国要塞则用它自己的大炮进行回击。在这场持续了五天的战斗中，美国两名士兵战死，墨西哥军队渐渐地包围了要塞。在一支由两千四百名官兵组成的美国军队到来后，包围才最终被解除。这支军队由扎卡里· 泰勒指挥，在帕洛·阿尔托和拉帕尔玛打败墨西哥军队。美国公众义愤填膺，要求严惩墨西哥。相应地，在1846年5月11日，波尔克总统向国会发表演说，宣布：

> 甚至在从里约格兰德的前线新近传来的消息到达之前，我们的宽容都已经达到了极限。但是现在，在受到一而再、再而三的威胁后，墨西哥已经越过美国国境线，侵犯了我们的领土，是美国人在美国的领土上流血牺牲，墨西哥已经声明战争已开始，两国现在已开始一场战争。

国会的联合会议通过决议决定宣战，只有美国自由党议员中的十四名成员投票反对总统的意愿，其中包括亚伯拉罕·林肯和约翰·亚当斯。美国于1846年5月13日，正式对墨西哥宣战。

真相——得克萨斯州的问题

美墨战争的由来可以追溯到1821年，当时墨西哥受到了它的美国邻居美国独立战争的激励，脱离了西班牙帝国，同时继承了其得克萨斯省。在独立战争之后，墨西哥在政治上和经济上都被大大地削弱，它允许几千名美国定居者搬入人口稀少的得克萨斯。这就如同打开了防水阀门，成千上万的美国人蜂拥而至，穿过边界，寻求能够定居下来并养家糊口的土地。然后，美国想从墨西哥政府购买得克萨斯，但是这个提议遭到了墨西哥政府的断然拒绝，墨西哥政府开始鼓励西班牙语殖民者在这个新省份建立家园。

当墨西哥宣布奴隶制非法时，事情到了关键时刻。许多得克萨斯人都是从美国南部各州搬过去的奴隶主，他们反对这些法律。当墨西哥政府强制实施这些法律以加强其中央集权时，这使得得克萨斯人的恐惧日益加深。因此，得克萨斯不断爆发暴力事件，其间当地居民宣布从墨西哥独立。后来，得克萨斯的叛军打败了墨西哥军队，抓住其统帅桑塔·安纳，获得了大胜。

> 美墨战争中，美国的武器占有优势，先进武器包括：美国最新近制造的后膛装填燧火枪“霍尔”步枪和雷管模型1841步枪。

桑塔·安纳在墨西哥独立战争中获得了一系列胜利，这使他声名远扬，但是时间证明他既没有守卫得克萨斯，也没有打败美国的军事才能。在叛军和美国人的胁迫下，桑塔·安纳同意认可得克萨斯共和国独立，并签订了《贝拉斯科条约》，在其中规定了里约格兰德河是得克萨斯和墨西哥的边境。然而，这却有一个问题。尽管桑塔·安纳是墨西哥的前任总统，但他在进行其结局悲惨的独立运动时已经放弃了执政。结果，新一届墨西哥政府拒绝承认这一系列的谈判，婉拒使《贝拉斯科条约》合法化。随着墨西哥政府反对里约格兰德河是墨西哥和得克萨斯的分界线，坚持认为纽埃西斯河是分界线，得克萨斯和墨西哥产生了正面冲突。

同时，在美国，人们对关于如何在西部获得领土的争论，越来越

安东尼奥·洛佩斯·德·桑塔·安纳

激烈。在那种情况下，得克萨斯的独立肯定在美国的考虑范围之内，因为众所周知，得克萨斯大部分拥有奴隶并且说英语的定居者都赞成加入美国。美国迫切想要得到得克萨斯的自然资源，愿意出钱甚至流血牺牲以使此想法成为现实。因此，美国政府认为得克萨斯独立事实上就意味着它将成为美国的一部分，结果在1845年，他们就决定吞并得克萨斯。鉴于首先墨西哥政府从未正式认可得克萨斯独立，美国很清楚地知道，如果它吞并得克萨斯，这将迫使墨西哥宣战，而且美国的吞并也会遭到现在独立的得克萨斯非白种人居民的强烈反对。美国提出交换条件，如果墨西哥允许美国购买墨西哥领土——新墨西哥和加州两地，美国同意清偿墨西哥欠美国定居者的巨额债务，这使美国扩张领土的野心更加明显。

在1844年，约翰·泰勒最终同意让得克萨斯加入美国，但是参议院不支持他的扩张倾向，他的提案遭到了参议院的反对。泰勒不屈不挠地仍然坚持通过一项议案，想让得克萨斯成为美国的一个州，这个提案只需国会的联合会议认可即可。这个提案在1845年3月1日得到实施，在7月4日得到了得克萨斯的认可，自此得克萨斯成为美国的第二十八个州。从此，美国政府所需要的只是一个进攻墨西哥的借口。正如尤利西斯·格兰特回忆道："我们被派出去挑起战争，但是最重要的是墨西哥需要首先发动战争。"

那时，在美国宣称得克萨斯是美国的领土之后，美国下届总统詹姆斯·波尔克派出一支军队进入有争议的由墨西哥人定居的领土。美国采用了得克萨斯的立场，按照1836年订立的《贝拉斯科条约》把里约格兰德河作为边界线。尽管墨西哥人否认此条约的合法性，但美国还是按照这个条约来提出自己的声明，为战争寻找任何可能的托辞。接下来由桑顿上尉指挥的美国军队和墨西哥军队之间的战斗，以及龙骑兵战士的死亡都正是美国政府一直所寻找的借口。美国政府在道德上占领了制高点，波尔克总统声称墨西哥发动了战争，美国人的血洒在了美国的领土上。

国会的联合会议赞同宣战，南方的民主党人士也热情地支持战争，因为他们更愿意看到墨西哥战败——获得墨西哥的领土对他们来说，是增加了更多的奴隶所有制合法的州。尽管有来自（美国自由党）辉格党方面的干预，国会还是在1846年5月13日通过决议正式对墨西哥宣战，7月7日，墨西哥被迫对美国宣战。

终结游戏

墨西哥根本就不是美国的对手，这从战争伊始就非常明显。事实上，这种局面在十年前墨西哥无法占住得克萨斯就已经形成。墨西哥在战争中失败的主要原因之一，就是墨西哥人的武器不足。墨西哥军队配备的是从拿破仑战争后沿用下来的英式火枪，而早在此前三十年，美军就全部装配了先进的步枪。美国大炮的优势也非常重要，使墨西哥在军队人数上的优势荡然无存。

美国击溃墨西哥仅用了十二个月。加利福尼亚在1847年1月不再属于墨西哥所有，美国军队与宣布独立的殖民者联合起来。桑塔·安纳试图重振他的军事事业，在墨西哥的东北部和扎卡里·泰勒领导的军队战斗，但是却以失败告终。由温菲尔德·史考特将军下令派遣的美国的第二支部队，直捣墨西哥的中心地区。战争的无法逆转的结局是，1847年9月13日，墨西哥城被美国占领。

当1861年美国内战爆发后，许多原本参加美墨战争的官员都会选择发动此次战争。

和历史上其他的战争一样，这场战争也同样地充满暴力和丑陋。美国军队由许多的志愿者来补充，他们这些人要对针对平民所犯的战争罪行负责。士兵的日志记述了在墨西哥剥下平民头皮、奸杀妇女、毁坏和亵渎教堂等种种罪行。

墨西哥战败的严重后果使其除了接受美国政府的肆无忌惮的命令，或者整个国家都被吞并外，别无选择。1848年2月2日，被占领的墨西哥的过渡政府和美国签订了《瓜达卢佩伊达戈条约》，几乎使整个墨西哥都被归属美国支配。按照该条约的条款，墨西哥把其国土的整个西北地区以一千五百万美元的价格出让给美国，这笔钱比美国战前原本提议的数额少了一半多。纽埃西斯河和里约格兰德河之间的两国争夺的区域，成为得克萨斯州的一部分，从此永远都不再属于墨西哥。战争胜利以及获得了长期想要获得的西部领土，使美国的大部分地区的爱国热情和乐观主义情绪高涨起来。美国人在美国领土上流血牺牲的谎言，给予了美国它想要的一切。

历史影响

美墨战争的直接影响非常巨大和深远。美国政府利用美国人民的爱国热情以使他们支持战争，美国从而获得了现今的加利福尼亚州、内华达州、犹他州以及科罗拉多州的一部分，亚利桑那州、新墨西哥州和怀俄明州。美墨在里约格兰德河的边境线，按照胜利者所喜欢的方式进行了划分。美国获得的这笔横财，来自于“墨西哥割让”，构成了其今天被认可的版图的轮廓。美国除了购买路易斯安那州之外，这是在扩大美国领土的进程中美国获得的最大的一块土地，这直接把美国带入一个新的发展和增长期，刺激了美国在十九世纪晚期和二十世纪的繁荣发展。这次战争对推动内战后美国经济的发展，起着尤其重要的作用。

从战争的另一方来看，墨西哥失去了一百三十万平方公里的土地——几乎占到了其国土面积的一半，战争使墨西哥在经济和军事上的情形更加糟糕。墨西哥政府战后的策略是主要定居在北方领土，努力防止其领土像得克萨斯一样被进一步吞并。

在美国内部，领土快速增长带来的直接影响，是打破了南方奴隶制的州和北方自由州的微妙的平衡。拥有奴隶的南方各州担心把加州按自由州接纳会削弱它们的力量，它们于是威胁要脱离联邦。为了避免造成这样灾难性的后果，美国采取了一系列措施，也就是众所周知的《1850年和解协议》。协议规定：加利福尼亚作为自由州加入美国；在哥伦比亚区废除奴隶贸易；新墨西哥州的领土，其中包括现今的亚利桑那州和犹他州将被移交给民选的当地政府；通过《逃亡奴隶法令》，要求所有的美国公民协助遣返逃跑的奴隶；最后得克萨斯州放弃其西部大部分土地，作为补偿，美国政府将给其一千万美元偿还其债务。

尽管和解协议最初能够使美国成功地避开迫在眉睫的战争，但从美墨战争中得到的新领土所释放出来的威力，激发了一系列激烈的关于奴隶制的争论，这最终导致了在此十年之后的内战。

在战后获得了许多领土后，人们还有别的顾虑。为了使战争具有合理性，许多有影响力的人开始使用“天定命运”论来解释他们所支持的、从本质上来说是一场侵略性质的战争。他们坚持认为美国的扩张是其使命，美国要把它的民主和自由的思想传播到所有的地方。这一观点

“天定命运”论的根源

“天定命运”论就是人们认为美国拥有上帝给予的权利，在大洲间传播及实行一个自由的联合自治政府。这个理论最初是在十九世纪四十年代被正式提出，用以支持美国占用美国现如今的西部地区。然而，这种信仰的根源可以追溯至更早的时期。

上帝赋予美国伟大的使命的这一想法，来源于第一批定居者的大多数人的信仰，他们中的许多人都是清教徒，后来还有许多长老会成员——苏格兰和爱尔兰成员的后代到达美国。自十六世纪开始，在众多使西方基督教世界震荡的动乱事件中，一种思潮从中诞生，认为天主教教会颓废堕落，不能真正体现基督教的信仰，这就致使基督教世界出现了许多宗派并都各自认为他们才是真正的基督教徒，认为自己受上帝宠爱，因为他们真正坚持“他的真理”。既然他们坚信每个人都是预先注定被上帝拯救或被罚至地狱，并且只有少数被选定的人才能够被拯救，因此他们坚信他们才是“选民——上帝的选民”。

这些选民们急于逃离世间的邪恶，他们决定离开故土，要在世界上建立上帝许诺的充满希望的王国。这个新国度被选定在北美洲，最初是许多清教徒到达美国，后来又有许多苏格兰和爱尔兰人加入，其中许多人都是虔诚的长老会成员。来自于苏格兰的这些新移民的先辈们最初定居在爱尔兰，认为他们注定要在世界上建立新的耶路撒冷。新的耶路撒冷最初建在苏格兰，但是随着越来越多的移民涌向新世界（美国），选定的地点就被转移至了美国。美国将是一个伟大的基督教国度，受上帝宠爱，注定要成为众多国家中举足轻重的一支力量，由此就形成了一个清晰的“天定命运”的国家的理论。

的支持者，希望美国把自由延伸至其他地区，他们还提倡美国人注定要建立一个伟大的、单一的、对上帝虔诚的国度，国家跨越整个美洲大陆，从大西洋横跨至太平洋。美国轻而易举地战胜了孱弱的墨西哥，这也使得美国扩张的观点具有合理性，这也成为在美国人中流行的信念，

詹姆斯·波尔克总统

正如美国诗人沃特·惠特曼所说的这样：

墨西哥，低效的墨西哥，充满迷信思想，有着凌驾于自由之上的滑稽讽刺表演，少数人对大多数人专政，还怎么能够完成让高尚的种族住在新世界里这一任务呢？这应该是我们的任务……就我们而言，我们不应该对增加领土和实力的举措持怀疑态度，而是要以基督徒对上帝的神力的信仰来完成此任务。

美国对墨西哥开战的一个主要影响在于对其视野的影响，而且这种视野在美国和世界其他地区的关系中，仍然起着强大和有效的作用。"天定命运"的思想在墨西哥战争结束时，本应以其原始的形式消退，然而它的影响力决定着美国接下来许多年的外交政策的发展，比如，在十九世纪八十年代介入古巴，二十世纪介入菲律宾。

人们仍然认为美国对自己促进和捍卫民主的使命的这一信念，继续影响着美国的政治思维，尽管这一思想在两次世界大战中有所衰退。美国认为自己的使命是保护民主政府，比如说在朝鲜和越南的政府。这一思潮最近在乔治·布什领导的政府中又浮出了水面，在他担任总统的第二届任期内，他宣称美国的使命就是要在中东地区建立民主和推进民主进程，在必要的情况下甚至不惜使用武力以达到目的。

“天定命运”论的支持者，也许对挑衅墨西哥以达到目的有一些顾虑，但是用一个谎言来引发一场战争，确实使一些人备感兴趣。在与墨西哥的战争结束前的一个月里，詹姆斯·波尔克在众议院的一次对高度赞扬陆军少将扎卡里·泰勒的议案修订过程中遭到谴责，指责他进行了“一场毫无必要及不符合宪章的战争”。若干年后，美国前总统尤里西斯·格兰特——曾作为一名年轻的军官在泰勒将军的领导下，在墨西哥服过役——回忆道：

> 总而言之，军队的官员对吞并是否圆满完成都很冷漠，但是不是所有的官员都是如此。就我个人而言，我很反对这种方式。现在看来，这个战争是一个强国对弱国发动的非正义的战争。这是美国共和制效仿欧洲王国的一个反面典型，为了满足其获得更多的土地的愿望，根本就不考虑道义。

尽管有来自于美国内部的一些反对之声，但美国战胜墨西哥的确开辟了国家西部地区的领土。令人觉得巧合的是，1848年1月战争的结束时间和在加利福尼亚发现金矿的时间刚好吻合。这就引发了淘金热，大约有三十万名移民把加利福尼亚从一个沉睡的、不知名的、与世隔绝的落后地区，变为生机勃勃的企业和工业中心。道路、学校、教堂和民用机构都迅速建立了起来。铁路也建成了，第一条横跨大陆的铁路在1869年建成，把加州和美国中东部地区连成一片，坐火车六天的车程就能把旅行者迅速地从芝加哥带至旧金山，而坐船则需要长达六个月之久。美墨战争直接带来了所有这些意义深远的变化。

图字：010-2011-0477号

图书在版编目（CIP）数据
历史大谎言：我们不可不知道的历史真相 / ［澳］亚历山大·坎杜希著；王鸿雁，张敬译. -- 北京：群众出版社，2011.8
ISBN 978-7-5014-4888-3
Ⅰ. ①历… Ⅱ. ①坎… ②王… ③张… Ⅲ. ①世界史—研究 Ⅳ. ①K107
中国版本图书馆CIP数据核字(2011)第114428号

历史大谎言：我们不可不知道的历史真相

著　　者：［澳］亚历山大·坎杜希
译　　者：王鸿雁　张敬
出版发行：群众出版社
地　　址：北京市西城区木樨地南里甲1号
邮政编码：100038
经　　销：新华书店

印　　刷：北京通天印刷有限责任公司
版　　次：2012年5月第1版
印　　次：2012年12月第2次
印　　张：20印张
开　　本：787毫米×1092毫米　1/16
字　　数：290千字

书　　号：ISBN 978-7-5014-4888-3/K107
定　　价：38.00元

网　　址：www.qzcbs.com
电子邮箱：exiaoxiaohong@hotmail.com
营销中心电话（批销）：010-83903253
读者俱乐部电话（邮购）：010-83903253
读者服务部电话（门市）：010-83903257
文艺分社电话：010-83901730